단국대학교 한중관계연구소 학술총서

편지로 본 조선 선비의 일상 Ⅱ

- 경주 이중구家 5代 고문서 -

단국대학교 한중관계연구소 편저

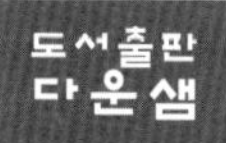

책을 펴내며

19세기 중후반, 동아시아의 오랜 사유체계에 기반하여 축적된 전통 사상과 제도들은 새롭게 유입된 서양의 사조와 문명에 의해 곳곳에서 균열을 일으켰다. 이때로부터 자운(紫雲) 이중구(李中久, 1851~1925)가의 고문서는 축적되기 시작하여 일제에 의해 조선이 강제 병합된 시기까지 총 1만여 건에 이른다. 이 자료는 이중구를 중심으로 조부 이재립(李在立, 1798~1853), 부친 이능덕(李能德, 1826~1861), 아들 이석일(李錫日, 1886~1950), 손자 이인원(李寅源, 1923~?)까지 여주 이씨 경주파의 5대에 걸쳐있다.

회재(晦齋) 이언적(李彦迪, 1491~1553)의 12대손 자운 이중구는 정제(定齋) 유치명(柳致明)의 문인으로 수학하며 학행과 덕망으로 사림의 중망(重望)을 받았던 이능덕과 학봉(鶴峯) 김성일(金誠一)의 후손인 동부승지 김진형(金鎭衡)의 딸에게서 태어났다. 그의 조부 이재립도 1840년(헌종 6) 문과에 급제하여 초계문신(抄啟文臣)을 거쳐 선전관, 사간원(司諫院) 정언(正言)을 역임하기도 했던 학식이 풍부한 인물이었다. 1851년(철종 2) 9월 22일 광암리(匡巖里)에서 태어난 이중구는 1888년(고종 25) 식년시에 급제한 후 승문원 부정자(副正字)를 거쳐 1894년(고종 31)에 홍문관부교리 겸 서학교수(弘文館副校理兼西學教授)에 제수되었다. 그는 세상이 혼란해지자 귀향한 후 학문에 매진하며, 선고(先考)의 유집을 정리하고 친족들의 일을 돌보다가 1925년 3월 향년 75세로 사망하였다.

1백여 년 동안 한 가문이 집안의 모든 문서를 소장하고 있었다는 것은 매우 희귀한 일이다. 특히 간찰(簡札)의 비중이 높은데 발신자와 수신자가 서로의 소식과 안부 등을 주고받는 것으로 생활 제반 사항에 대해 다양한 내용을 담고 있다. 이 때문에 간찰은 당시의 사회와 문화뿐만 아니라, 선비들의 일상을 알 수 있는 일차 자료이다. 그러나 사료적 가치가 높으나 간찰의 경우, 흘려 쓰는 초서(草書)로 이루어져 이를 탈초(脫草), 해제(解題)한 후 연구단계에 이르기까지 많은 전문 인력과 시간이 소모된다는 점에서 접근이 용이(容易)하지 않았다. 다행스럽게도 2017년부터 단국대학교 한중관계연구소(소장 이재령)가 《이중구가 5대 고문서》를 대상으로 한국학중앙연구원의 한국학분야 토대연구지원사업에 선정되어 5년간 탈초·해제작업을 수행하였다. "서간문에 기초한 조선후기부터 구한말까지 민간 생활사 자료 DB 구축 -경주지역 李中久家 五代 古文書 資料를 중심으로-"란 과제명으로 축적된 이 연구결과물들 가운데 조선 후기 선비들의 일상과 민낯을 그대로 보여주는 글들을 뽑아 두 권의 책으로 국역하였다.

첫 번째는 왕가·관리·독립운동가·사림의 편지로 분류하였고, 두 번째는 시사 문제와 적서(嫡庶) 시비 및 과거·혼사 등으로 나누어 그 시대상과 선비들의 인식에 접근하였다. 이 책에는 이중구가 의 고문서를 기반으로 19세기 중반이후 급변하던 국내외 상황과 향촌 지식인들의 현실 인식 및 대응, 전통과 근대의 갈등, 수용, 변용 등 주요 내용이 오롯이 담겨있다.

이중구가의 고문서가 지닌 학술 가치와 역사적 함의는 다양성에 있다. 내용과 형식, 그리고 관련 인물의 다양성은 전근대사회에서 근대사회로의 이행기를 살아가는 향촌 사회의 진면목(眞面目)을 여실히 보여준다.

첫째, 다양한 문건으로, 본 연구팀이 지난 5년 동안 수행한 《이중구가 5대 고문서》의 탈초·해제 및 DB자료화 작업은 바로 조선 후기 민간생활사의 진가를 잘 보여준다. 8천여 건의 고문서에는 그동안 알고 있던 선비사회의 겉모양을 뛰어넘어 감추어진 이면의 세계, 음지의 세상사, 향촌 지식인들의 속살이 그대로 드러난다. 이 문건은 이중구 집안이 살았던 경주와 옥산서원(玉山書院)이라는 지역을 떼어 놓고는 성립하지 않는다. 또 조선의 향촌 지식인인 선비들이 가졌던 사회적 관심사와 범주를 벗어난 것도 아니다. 여기에는 천하를 울린 명문, 선비사회가 이룩한 서원(書院)의 소통 방식인 통문(通文), 시대의 병폐를 거론한 상소문(上疏文), 교지(敎旨), 시회(詩會)에서 지어진 시(詩), 잔치의 초청장, 장례 동안 오행(五行)에 근거한 금기(禁忌)를 적은 문서,

훌륭한 선생의 덕을 추숭하기 위해 형성된 유계(儒契) 기록, 조상의 덕행을 빛내려 명문장가의 솜씨를 빌어 지어진 글, 호적(戶籍), 혼인이나 손자가 태어났을 때 미래를 살펴보는 사주팔자(四柱八字) 풀이 등이 모두 망라되어 있다. 그뿐만 아니라 일제 강점기에 새로운 제도가 정착되며 나타나는 여러 형태의 공문서, 일왕 생일에 행해진 지역민의 축하연, 개성 인삼상회에서 보낸 광고지, 당시 판매된 담뱃갑, 산의 지번에 따른 도형 등등의 것들도 있다.

또 사람이 태어날 때 겪는 산모의 진통, 관혼상제의 절차가 성현이 세운 씨줄을 바탕삼아 변화된 현실에서 조화하는 날줄을 만나볼 수도 있다. 열 살이 넘어서면 혼맥(婚脈)을 만들기 위해 기울이는 양쪽 집안의 정성이 맞닥뜨려 어느 때는 거절하는 핑계, 어느 때는 성사에 필요한 주변 인맥의 동원을 위한 편지들에서 미사여구가 동원되고 있는데 이런 문서들에는 해학적 요소가 깃들어 있다. 기존의 전적(典籍)에서 전해진 것이 아닌 일상에서 생성된 우리말이 한문의 외피를 입은 것도 있다. "종무적병(終無適餅)"이란 '끝내 적병(適餅)이 없다.'라는 뜻인데 우리말의 "입에 맞은 떡이 없다.[無適口之餅]"는 것을 줄여 사용한 것이다. 이처럼 다양한 문건에 다양한 문장이 어우러진 것이 이중구가 5대 고문서의 가치이다.

둘째, 다양한 형식으로, 이중구가의 간찰은 조선조 서간문 형식이 어떻게 변화해 왔는지를 보여주는, 말 그대로 간찰 박물관이다. 한지에 모필로 오른쪽에서 왼쪽으로 정갈하게 써진 한 장의 간찰은 어느 시점부터 변화가 더해지며 켜켜이 쌓였다. 이중구가의 간찰 형식을 분류해 보면 거의 삼십여 가지에 이른다. 이런 다양성은 어느 곳에서도 찾아볼 수 없으며, 한자문화권인 중국과 일본에서도 쉽게 찾아볼 수 없는 독창적 형태로 이번 연구에서 얻어진 최고의 성과라고 할 수 있겠다.

그뿐 아니라 간찰에 곁들여지는 피봉(皮封)을 고종 21년(1884년) 우정총국(郵政總局)이 문을 열기까지, 그리고 그 이후의 변화들도 한 눈에 살펴볼 수 있다. 근대 우편제도 이전의 피봉에서 보이는 겹으로 싼 정중함, 발신인과 수신인을 적는 위치, 발신인과 수신인을 쓰지 않은 경우 피봉을 만들지 않고 편지의 여백으로 피봉을 만드는 등의 여러 형태들이 있다. 우정총국이 문을 연 뒤까지도 여전히 옛 피봉 형식이 고수되는가 하면 일부 계층에서 새로 제정된 제도를 인용하면서 옛 피봉 형식을 따르는 모습 등에서 오랜 전통과 관습이 새로운 제도에 적응하는 것이 얼마나 어려운지를 가늠할 수 있다.

이중구가 5대 고문서에 쓰인 글자들이 모두 초서라서 읽어내는데 쉽지 않지만 중국이 간체자를 만들어 쓰기의 고통을 덜어내듯이, 우리 선조들의 문자 생활에서도 이런 혁신을 도모한 흔적들이 곳곳에 보인다. 예컨대 자형(字形) 생략형으로 毛(모)는 耗(소식 모), 复(복)은 復(회답할 복), 余(여)는 餘(나머지 여)의 자획을 생략한 글자로 쓰이고 있다. 자음(字音) 통용형의 卜(복)은 鰒(전복 복), 宜(의)는 醫(의원 의)의 음을 차용해 쓴 글자들이다. 자훈(字訓) 차용형의 薪(섶 신)은 국어의 훈독(訓讀)에서 '섶'을 '섭'으로 적용한 예이다.

셋째, 다양한 사람이다. 이중구를 전후로 5대가 경주에서 회재 이언적을 받드는 옥산서원의 주인으로 인식되었기에 이 집에 오가는 편지는 당연히 이에 걸맞은 인물들일 수밖에 없다. 조부 이재립은 사간원 정언을 지냈고, 아버지 이능덕은 영남 일대에서 이름을 떨친 유치명의 제자였으며, 이중구는 교리라는 정5품(正五品) 벼슬을 지냈다. 그렇기에 교류의 폭이 넓다고 할 수 있다.

먼저 경화(京華)의 왕족(王族)과 사족(士族)들이 있다. 왕족으로는 대원군의 맏아들 완흥군(完興君) 이재면(李載冕)의 장자이자 고종의 조카로 태어나, 할아버지 대원군과 민씨의 척족 세력이 타도되며 들어선 친일 정권에 의해 두 차례에 걸쳐 국왕으로 추대되려다 실패한 이준용(李埈鎔)이 대표적이다. 그는 안타깝게 친일로 생을 마감한 불운한 왕족이다.

사족으로는 재상 세 사람과 대제학 네 사람을 배출한 대구서씨(大丘徐氏)의 명문거벌(名門巨閥)에서 대제학 서영보(徐榮輔)의 아들로 태어나 대사성, 예조·병조·이조 판서를 지내면서도 집은 비바람에 시달릴 정도여서 청백리에 선정된 서기순(徐箕淳), 명성황후가 임오군란으로 몸을 피신할 때 자신의 충주 장호원 집을 제공하며 병조판서에 오르고 위안스카이(袁世凱)와 개화파 타도에 앞장서다 갑오경장으로 김홍집 내각이 들어서며 전라도 고금도로 유배된 민응식(閔應植), 다산 정약용(丁若鏞)의 맏아들 정학연(丁學淵), 철종 연간에 대사간과 고종 연간에 대사헌, 한성부 판윤, 황해감사, 형조판서를 지내고 고종 12년(1875년) 청의 목종(穆宗)이 죽자 진위 겸 진향 정사(陳慰兼進香正使)가 되어 청나라에 다녀온 강난형(姜蘭馨) 등이 이중구와 편지를 주고받았다.

독립운동에 한 몸을 바친 임시정부의 국무령(國務領)을 지낸 이상룡(李相龍)이 십대 시절 이상희(李象羲)라는 이름으로 보내온 편지, 국파군망(國破君亡)의 시대에 선비란 어떤 길을 걸어야 하는가를 서릿발처럼 논하다 요동의 안동현(安東縣)에서 생을 마감한 지사 안효제(安孝濟), 광무 9년(1905) 을사늑약이 체결되자 을사오적(乙巳五賊) 암살에 가담했다가 투옥된 뒤 풀려나 형제들과 집안사람들을 데리고 만주로 망명하여 통화현(通化縣)에서 김동삼(金東三)·유인식(柳寅植)과 활동하다 주하현(珠河縣) 하동(河東)에서 서거할 때까지 독립운동 일념으로 살았던 허환(許煥), 일본군과 싸움에 패전한 장군을 숨겨주다가 일제에 미움을 사 아들과 함께 온양의 냇가에서 피살당한 예산(禮山)의 이남규(李南珪) 편지가 있다. 그뿐만 아니라 대종교의 2대 교주 김교헌(金教獻)이 자신의 아버지 상사(喪事)에 조문해 준 것에 감사하여 이중구에게 보낸 편지도 있다. 김교헌은 1916년 나철(羅喆)의 뒤를 이어 대종교의 도사교(都司教)에 취임한 뒤 일본의 탄압을 피해 총본사를 동만주 화룡현(和龍縣)으로 옮기고 독립운동과 동포들에 대한 독립정신 교육에 전념하며 청산리 전투에 힘을 보탰다. 김교헌의 편지는 초상을 당한 아들의 마음가짐이 어떠해야 하는지를 밝혀주는 전형적인 편지로서 그 가치가 높다. 그리고 이중구가 고문서에는 우국(憂國) 시인 이육사(李陸史)의 조부 이중직(李中稙)의 편지도 있다.

지난 5년간의 연구가 이중구가 고문서의 정리와 자료정보 수집에 치중했다면, 이제 한 걸음 더 나아가 19세기 중반 이후 영남 일부 지역의 선비들이 그 시대를 어떻게 이해하고, 생활했는지 확인할 필요가 있다. 근대이행기 서양 사상과 문명이 유입되는 과정에서 중앙의 정책 및 통치가 민간사회의 일상과 어떤 조화를 이루었는지 심도 있게 파악할 수 있기 때문이다. 낯선 시대 담론이 향촌 사회에 어떻게 녹아들고 변화를 일으켰는지 이해한다면 한국은 물론 동아시아의 근대성 연구에 한 걸음 더 나아가는 노둣돌 역할을 해낼 수 있을 것이다.

5년이란 짧지 않은 연구기간 동안 많은 분들이 함께 수고하였다. 방대한 양과 난해한 내용에도 불구하고 합심하여 탈초·해제 작업을 수행한 권기갑·이충구·김재열·한재기·임재완·김명환 선생님, 교열·윤문을 맡아준 박성학·김현영·조동영·김철웅·김홍구 선생님께 감사를 드린다. 고문서의 정리와 이미지화를 도와준 대학원 학생들에게도 고마움을 전한다. 아울러 척박한 인문학 연구 환경 속에서 한국학의 발전을 위해 애쓰는 교육부(한국학중앙연구원)의 재정적 지원과 고문서의 대중화와 동양학의 가치 제고를 위해 흔쾌히 출판을 지원해준 단국대학교(산학협력단)에 고마움을 드린다.

과제를 마무리하며 세상에 나온 두 권의 국역본은 김재열, 이충구, 한재기 세 분의 노고가 크셨기에 특별히 감사드린다.

2023년 8월

단국대학교 한중관계연구소장 이 재 령

목 차

◆ 책을 펴내며 ………………………………………………………… 3

1. 시사(時事) / 15

01. 작성자 불명, 1894년 6월 14일
조선 주재 각국 공사(公使)와 영사(領事)의 회동
담론 초고 ………………………………………………………… 17

02. 대조규개(大鳥圭介, 1833~1911) 1894년 6월 26일
일본 공사 오토리 게이스케 (大鳥圭介)의 가증스러운
상주문(上奏文) ………………………………………………… 28

03. 곽종석(郭鍾錫, 1846~1919) 외 6인 1896년 2월 7일
조선의 선비들 일본의 죄를 세계에 천명하다 …………… 34

2. 시비분쟁(是非紛爭) / 45

(1) 병호시비(屛虎是非)

04. 도남단소(道南壇所), 작성일 불명
도남단소에서 답변한 통문(通文) …………………………… 47

05. 병산도회소(屛山道會所), 작성일 불명
병산도회소에서 보낸 통문(通文) ··· 53
06. 작성자, 작성일 불명
병호시비(屛虎是非)의 위차(位次)에 대한 양쪽 논쟁 ··· 58
07. 작성자, 작성일 불명
만송정(萬松亭)에서 낸 통유(通諭)에 대한 답변 ··· 63
08. 김훈(金壎, ?) 1892년 10월 17일
김훈이 병산서원(屛山書院)에 보낸 편지
형식의 통문(通文) ··· 71

(2) 회재(晦齋) 이언적(李彦迪) 후손의 적서시비(嫡庶是非)

09. 작성자, 작성일 불명
옥산서원(玉山書院) 사변(事變) 전말(顚末) 기록 ··· 74
10. 작성자, 작성일 불명
《잠계유고(潛溪遺稿)》의 서문 수정 문제 ··· 88

(3) 손이시비(孫李是非)

11. 작성자, 작성일 불명
회재(晦齋) 이언적(李彦迪)의 학문이 우재(愚齋)
손중돈(孫仲暾)의 영향을 받음 ··· 95
12. 작성자, 작성일 불명
상주(尙州) 도남서원(陶南書院)에서
옥산서원(玉山書院)에 보내는 통문(通文) ··· 102

13. 조유해(曺有海, ?) 작성일 불명
반계 최씨(盤溪崔氏) 문중, 작성일 불명 옥산서원(玉山書院)에 보낸 통문(通文), 조유해가 옥산서원(玉山書院)에 보낸 단자(單子) ······ 112
14. 작성자, 작성일 불명
고산서당(高山書堂)에서 동강서원(東江書院)에 보낸 두 번째 통문 ······ 117
15. 유교영(柳喬榮, 1854~1920) 1905년 3월 25일
손이시비(孫李是非)의 심각함 ······ 124

3. 과거(科擧) / 129

16. 인우(寅瑀, ?) 1860년 5월 25일
과거 응시의 정당성에 대한 심경 토로 ······ 131
17. 이재립(李在立, 1798~1853) 1834년 11월 14일
국왕의 환후 회복을 축하하는 경과(慶科)의 과거 날짜 공고와 복합상소(伏閤上疏)의 이면(裏面) ······ 139
18. 이재립(李在立, 1798~1853) 1831년 2월 2일
과거 응시에 필요한 비용과 시관(試官)에 관한 정보 및 과거 뒤의 숨은 얼굴 ······ 148
19. 작성자, 작성일 불명
과거 응시를 위해 팔도에서 모여든 선비들로 문전성시를 이룬 반촌(泮村) ······ 157
20. 이재립(李在立, 1798~1853) 1853년 1월 10일
과거 급제를 위한 치밀한 물밑 작업 ······ 160

21. 이재립(李在立, 1798~1853) 1840년 4월 8일
과거 급제의 영광과 벼슬길 ······ 166
22. 이응상(李凝祥, ?) 1840년 3월 28일
과거 급제 뒤의 인사치레 비용 ······ 171
23. 유치숭(兪致崇, 1804~1878) 작성일 불명
과거 급제 뒤의 행사인 응방(應榜) ······ 175
24. 승낙(承洛, ?) 작성일 불명
과거 급제 뒤의 응방(應榜)에 필요한 천복(淺服)과 광대 동원 ······ 179
25. 김진하(金鎭河, 1801~1865) 1840년 4월 18일
과거 급제 뒤의 과도한 지출 폐단 ······ 182
26. 최해면(崔海冕, ?) 1891년 8월 23일
과거에 떨어진 자의 비통한 심경 ······ 188
27. 작성자, 작성일 불명
과거 급제 뒤의 분관(分館)에 따른 치열한 경쟁 ······ 192

4. 혼사(婚事) / 195

28. 김규화(金奎華, 1837~1927) 1899년 1월 3일
김규화와 이중구(李中久, 1851~1925) 집안의 통혼(通婚) ······ 197
29. 작성자, 작성일 불명
혼사 연길단자(涓吉單子) ······ 200
30. 김연덕(金然德, ?) 정해년(丁亥, ?) 3월 24일
딸의 혼사에 연길(涓吉)과 신행(新行) 일자 ······ 202

31. 김용복(金容復, 1857~1933) 1898년 9월 9일
입에 맞는 떡을 찾는 자녀의 혼사 일 ······ 206
32. 이중구(李中久, 1851~1925) 1898년 11월 6일
한 집안 두 아들의 혼사 ······ 210
33. 김규화(金奎華, 1837~1927) 1899년 9월 20일
신부가 처음 시집에 들어갈 날짜의 신중한 선택 ······ 214
34. 김면동(金冕東, 1855~?) 1899년 12월 21일
시집간 딸아이를 시중들 늙은 여자 종 ······ 219
35. 김진하(金鎭河, 1801~1865) 3월 14일
사위의 처가 방문할 때 타고 올 말에 대한 장인의 걱정 ······ 224

5. 전염병 외 기타 /229

36. 장인이 사위에게, 1860년 7월 26일
전국적으로 번진 전염병의 공포 ······ 231
37. 안익상(安翊相, ?) 1920년 7월 25일
일제 강점기 경상도 지역에 번지는 전염병 ······ 238
38. 장인 사견(士見)이 사위에게, 무진년(戊辰, ?) 11월 27일
마을을 휩쓴 전염병에 대한 두려움 ······ 242
39. 외할아버지[外祖]가 손자에게, 작성일 불명
이웃집에 찾아든 전염병에 대한 경계심 ······ 244
40. 권응기(權應夔, 1815~?) 1854년 9월 10일
묘소 소재지의 수령에게 산송(山訟) 청탁 ······ 250
41. 최현식(崔鉉軾, 1854~1928) 1893년 3월 23일
동학(東學)이 들불처럼 번지다 ······ 255

42. 김익모(金翊模, 1858~1935) 1899년 2월 20일
시사(時事)와 물가에 대한 걱정 259
43. 김천수(金天洙, 1860~?) 1900년 3월 7일
일상 기호품이 된 담배 263
44. 김대식(金大埴, ?) 1900년 3월 18일
일본인이 철로를 만든다는 핑계로 길가 땅을 점령하다 267
45. 김건동(金建東, ?) 1901년 12월 12일
편지에 오른 도산서원(陶山書院)의 위패 도난 사건 273
46. 박재화(朴在華, ?) 1902년 11월 12일
인생사에서 아들 결혼과 손자를 보는 경사 278
47. 김면동(金冕東, ?) 1903년 3월 13일
사돈에게 전하는 딸에 대한 걱정 282
48. 이석일(李錫日, 1886~1950) 1939년 4월 27일
근대 조선의 사회 변화 287
49. 서병오(徐丙五, 1862~1935) 작성일 불명
부인네들의 옷 짓는 일 291
50. 조병식(趙秉式, 1823~1907) 작성일 불명
충청감사의 시각으로 본 동학도(東學徒) 295

◆ **찾아보기** **301**

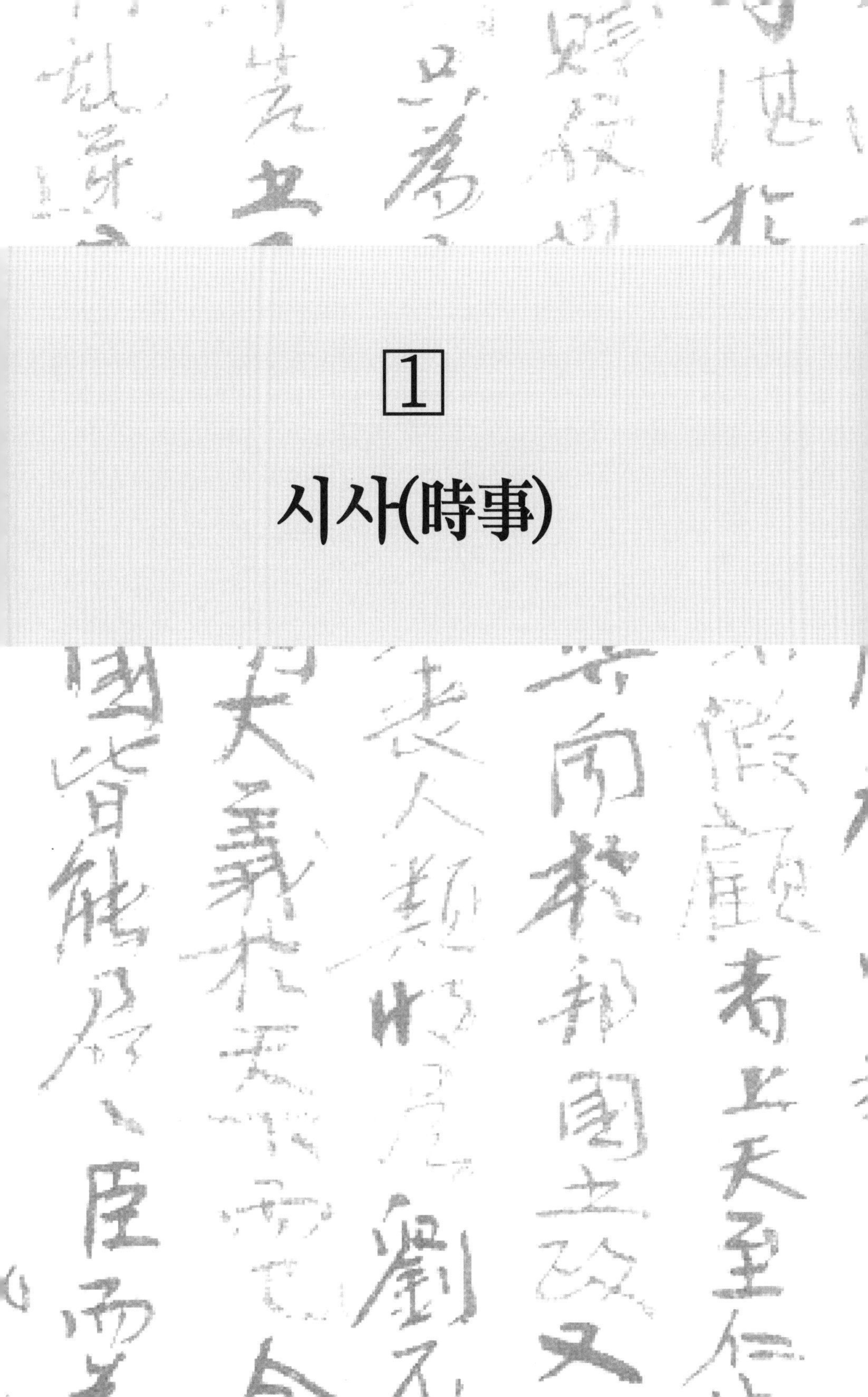

1

시사(時事)

01 작성자 불명, 1894년 6월 14일 조선 주재 각국 공사(公使)와 영사(領事)의 회동 담론 초고

甲午六月十四日, 各國公使領事會同時談草.

督辦趙秉植曰, "初八日會議時, 各公使請以具禮, 定書記參聽, 此次會議時, 使具禮講說向日會議時談稿也." ○具禮講說畢. ○日使曰, "會議時本公使爲領班, 美公使次之, 而初八日會議時, 本公使未參, 則當以美公使爲首, 而談稿中, 清總理袁世凱 爲
首, 何也. 督辦曰, "洋文鈔謄之誤也." 日使曰, "此亦公文, 何可誤也." ○督辦向各國 公使曰, "僉議
以爲如何." ○美使曰, 會議事件甚緊要,至談稿中座次之先後, 曾未及想到者也. 然溯考 前任公使往來公案, 袁總理位次, 在於本公使之下也." ○俄使曰, "袁總理之位次, 不當 列於公使之班. 宜立於領事之列, 與本公使之兼總領事, 無相異同." ○德領事曰, "前者 袁
總理言明, 本總理不在公使之班, 云云." ○英領事曰, "本領事東渡時, 本政府有云, 清 國總
理之派送朝鮮, 職任雖要, 可在各公使位次之外也." ○法使曰, "今日之會, 本使座次, 有違
向日, 事不堪對." ○督辦向日使曰, "一時記錄, 不以坐次次序爲定也." ○日使曰, "本 使不以會
坐之次序爲言, 以記錄之先後爲問耳." ○督辦曰, "逐事何論. 今日會議甚緊要, 亟圖
要辦爲宜, 毋須將記錄之誤, 支離談過也." ○日使曰, "貴督辦旣以此錄入於公文中, 不
容不由貴督辦正誤也." ○督辦曰, "我則已盡我所欲言矣, 請問貴使之意." ○日使曰,

"若
以此記錄爲例則不可, 請改之." ○英領事曰, "日本公使之言, 誠然矣. 本領事意見, 與 日使相
符." ○督辦曰, "請各公使商確此會事件." ○日使曰, "前此會同時, 本公使適有所幹, 不克赴
會, 以亟言明, '亟內所有, 另鈔錄二條', 而本使所謂'斷不能同意'云者, 非謂合意則赴 會,
不合則不赴之謂也. 乃所陳二條, 若與各公使有所異議, 則本公使斷難相同云. 而今見
洋文繙譯, 有所添附耳." ○日使曰, "日前會同時, 英領事言, 外國兵丁之入城, 非由政 府特
許, 則不準云, 所謂政府, 是何國政府乎." ○督辦曰, "英領事第答此言." ○英領事曰, "政府卽
朝鮮政府也. 無論某國兵丁, 非朝鮮政府所許, 則不得入城也." ○日使曰, "他國兵丁之 入
城, 非公使所知也. 惟本國兵之入城, 有壬午約故也." ○督辦向俄使曰, "公使新到敝邦, 第言此
會事案." ○俄使曰, "貴政府以淸日兩兵之入境, 曾有聲, 照於各使以約章內從中善爲調
處等語, 據約言明, 前此會同時, 以仁川一口免兵事, 旣有各使允同, 又有漢城及各口一
切免兵事, 各使俱有發論矣. 本使之意見, 亦無異同也." ○督辦曰, "各公事亦詳言之." ○英
領事曰, "貴督辦向俄使, 更請詳言之." ○督辦曰, "朝鮮政府旣向各使發論, 各使自當有
善措處也." ○英領事畧擧初次會同之由, 向俄使歷述一遍. ○俄使曰, "畧擧一世界, 槪 免兵戎,
則此爲各公使至願. 但此免戎一事, 有各該政府命令, 然後始可施行. 本使現無此

等權利. 雖以大鳥公言之, 亦無此等權利也.” 又曰, “自日兵之來, 朝鮮人之仳離者, 十之八 九, 景色愁慘. 我亦恐有意外之慮, 則日兵不得不請撤也.” ○德領事曰, “自日兵入境以來, 進口 商貨絶少. 德國商民, 亦不安居, 散者過半, 亟撤日兵爲可也.” ○日使曰, “本使雖無盡撤我 兵之權, 然四日前我政府訓令來到, 仁口各國租界內留住之兵, 飭將撤去.” ○德領事曰, “日使聲稱飭將撤兵云, 而掩們日前, 日往仁川, 親見要害之地日兵尚住, 烏在其撤兵之意耶.” ○日使曰, “我政府有仁川各國人居留地撤兵之訓令, 而未奉各處撤兵之命耳.” ○英領事 向日使曰, “請飭貴兵, 使婦女免受恥辱可也.” ○日使曰, “當另飭矣.” ○督辦曰, “今聞會議仁 川居留地內, 果免遭兵, 而漢城未爲議到否.” ○日使曰, “已有談草, 自可諒會矣.” 仍爲先起, 各使亦起.

1894년 6월 14일, 조선 주재 각국 공사(公使)와 영사(領事)의 회동 담론 초고

독판(督辦) 조병식(趙秉植)이 말했다. “초여드렛날 회의 때 각 공사님들이 의식을 갖춰 행하고, 기록하는 사람을 정해 참여해 듣도록 해서, 다음 회의 시간에 의식을 갖춰 행하고서 지난 회의 때의 담론 초고를 낭독하게 하자고 하였습니다.”라고 하고서, 의식을 갖춰 행하고서 담론 발표를 끝냈다.

일본 공사[1]가 말했다. “회의 때 본 공사가 이 회의의 대표자가 되고 미국

---

1) 일본 공사 : 이때 일본 공사는 오토리 게이스케(大鳥圭介)이다. 이 사람은 1893년 6월에 조선 공사로 부임하여 이듬해 10월에 해임되었다.

洋文繙譯有所添附耳。日使曰日前會同時英領事言外國兵丁之入城非由政府特許則不準云所謂政府是何國政府乎。督辦曰英領事旁答此言。英領事曰政府即朝鮮政府也無論某國兵丁非朝鮮政府所許則不得入城也。日使曰他國兵丁之入城非公使所知也惟本國之兵入城有壬午約故也。督辦向俄使曰公使新到敝邦旁言並會事案。俄使曰貴政府以清日兩兵之入境曾有聲照於各使以約章內從中善為調處等語據約言明前此會同時以仁川一口免兵事既有各使允同又有漢城及各口一切免兵事各使俱有共談論矣本使之意見亦無異同也。督辦曰各公事亦詳言之。英領事曰貴督辦向俄使更請詳言之。督辦曰朝鮮政府既向各使共談論各使自當有善措處也。英領事畧承兩次會同之由向俄使歷述一遍。俄使曰若承一世界概免兵戎則此為各公使至願但此免戎一事又有各議政府命令然後始可施行本使現無此等權利雖以大鳥公言之亦無此等權利也。又曰自日兵之來朝鮮人之仳離者十之八九景色愁慘我亦恐有意外之慮則日兵不得不請撤也。德領事曰自日兵入境以來進口商貨絶少德國商民亦不安居散者過半亟撤日兵為可也。日使曰本使雖無盡撤我兵之權然四日前我政府訓令來到仁口各國租界內留住之兵飭將撤去。德領事曰日使聲稱飭將撤兵云而俺們日前日往仁川觀見要害之地日兵向往烏在其撤兵之意耶。日使曰我政府有仁川各國人居留地撤兵之訓令而未奉各處撤兵之命耳。英領事向日使曰請飭貴兵使婦女免受恥辱可也。日使曰當另飭矣。督辦曰今聞會議仁川居留地內果免遭兵而漢城未為議到否。日使曰已有談草自可諒會矣仍為先知各使亦一起

36.5×23.0

甲午六月十四日各國公使領事會同時談草

督辦趙秉稷曰初八日會議時各公使請以具禮定書記參聽此次會議時使
具禮講說向日會議時談稿也○具禮講說畢○日使曰會議時本公使為領班美
公使次之而初八日會議時本公使未參則當以美公使為首而談稿中清總理袁世凱為
首何也督辦曰洋文鈔謄之誤也日使曰此亦公文何可誤也○督辦向各國公使曰僉議
以為如何○美使曰會議事件甚是要至談稿中坐次之先後曾未及想到者也然閱考
前任公使往來公案袁總理位次在於本公使之下也○俄使曰袁總理之位次不當
列於公使之班宜立於領事之列與本公使之意總領事無相異同○德領事曰前者袁
總理言明本總理不在公使之班云云○英領事曰本領事東渡時本政府有云清國總
理之派送朝鮮駐任雖要可在各公使位次之外也○法使曰今日之會本使坐次有違
向日事不堪對○督辦向日使曰一時記錄初不以坐次次序為定也○日使曰本使不以會
坐之次序為言以記例之先後為向耳○督辦曰遂事何論今日會議甚是要亟圖
妥辦為宜毋須將記例之誤支離談過也○日使曰貴督辦既以此錄入於公文中不
容不由貴督辦正誤也○督辦曰我則已盡我所欲言矣請聞貴使之意○日使曰若
以此記例為例則不可請改也○英領事曰日本公使之言誠然矣本領事意見與日使相
符○督辦曰請各公使商確此會事件○日使曰前此會同時本公使適有所幹不克赴
會以函言明函內所有另錄二條而本使所謂斷不能同意云者非謂合意則赴會
不合則不赴之謂也乃所陳二条若與各公使有所異議則本公使斷難相同云而今見

공사가 차석이 되기로 하였습니다. 그런데 초여드렛날 회의 때 본 공사가 참석하지 못했습니다. 그렇다면 당연히 미국 공사가 수석이 되어야 하는데 담론 초고에 청나라 총리 원세개(袁世凱)가 수석이 되어 있습니다. 어째서입니까?" 독판이 말했다. "영어로 베끼는 과정에서의 오류입니다." 일본 공사가 말했다. "이 문건 역시 공문서인데 어떻게 오류일 수 있습니까?"

독판이 각국의 공사들을 향해 말했다. "여러분의 의견은 어떻습니까?"

미국 공사가 말했다. "회의한 안건이 매우 긴요한 일이었으니 담론 초고의 자리 서열 선후에 있어서는 일찍이 생각지 못했던 일입니다. 그러나 전임 공사(前任公使)와의 왕복 공문서를 소급해보면 원 총리(袁總理)의 자리 서열은 본 공사의 다음 자리였습니다."

아라사[俄羅斯, 러시아] 공사가 말했다. "원 총리의 자리 서열을 공사의 반열에 열거하는 것은 부당합니다. 의당 영사(領事)의 반열에 세워서, 본 공사가 총영사(總領事)를 겸직하고 있는 것과 서로 다름이 없게 해야 할 것입니다."

독일[德國] 영사가 말했다. "앞서 원 총리가 언명하기를 '본 총리는 공사의 반열에 있지 않다.'고 운운했었습니다."

영국 영사가 말했다. "본 영사가 동쪽으로 건너올 적에 본국 정부에서 말하기를 '청나라 총리의 조선 파견은, 직임은 요직이지만 각국 공사 자리 서열의 밖에 있을 수밖에 없다.'고 했습니다."

프랑스[法國] 공사가 말했다. "오늘 회의에 본 사신의 자리 서열이 지난번과 다릅니다. 이는 참을 수 없습니다."

독판이 일본 공사를 향하여 말했다. "한때의 기록이지 조금도 자리 서열의 차례로 무엇을 확정하려는 것은 아닙니다."

일본 공사가 말했다. "본 사신이 회의 자리의 차례 서열을 가지고 말하는 게 아니고, 기록에서의 선후를 가지고 묻고 있는 것입니다."

독판이 말했다. "이미 이루어진 일을 왜 거론하십니까? 오늘 회의가 매우 긴요하니 빨리 도모하여 조치를 찾아내는 일이 의당합니다. 기록의 오류를 가지고 지리한 말로 시간을 넘기지 맙시다."

일본 영사가 말했다. "귀 독판께서 이미 이 기록이 공문서에 올라 있다고 했습니다. 귀 독판이 오류를 바로잡을 수 없다는 말은 받아들일 수 없습니다."

독판이 말했다. "나는 내가 하고자 하는 말을 이미 다했습니다. 청컨대 귀 사신의 의견을 묻습니다."

일본 공사가 말했다. "만일 이 기록으로 선례를 삼게 되면 옳지 않으니 고쳐주기를 청합니다."

영국 영사가 말했다. "일본 공사의 말이 참으로 옳습니다. 본 영사의 의견도 일본 공사의 말과 서로 같습니다."

독판이 말했다. "각국 공사가 이 회의 사건을 논의해 확정해 주시기를 청합니다."

일본 공사가 말했다. "앞서 회동 때에 본 공사에게 마침 볼 일이 있어 회의에 참석할 수 없었습니다. 그래서 급히 언명하기를 '급히 우리가 가지고 있는 두 조항을 [담론 초고에] 따로 베껴 기록해 달라는 것'이었습니다. 거기에서 본 공사의 '결단코 동의할 수 없다'는 것은, 합의가 되면 회의에 참석하고 합의가 이뤄지지 않으면 참석할 수 없다는 말이 아닙니다. 진술한 두 조항이 만일 각국 공사들과 의견의 다름이 있을 경우 본 공사는 결단코 서로 함께하기 어렵다고 말한 것인데 지금 영어 번역문을 보니 첨부되어 있습니다."

일본 공사가 말했다. "일전 회의 때 영국 영사가 '외국 군사가 한성(漢城, 서울)에 들어올 때 정부의 특별 허가를 경유하지 않으면 준신(準信)할 수 없다.'고 말씀하셨는데 말씀하신 정부는 어느 나라 정부입니까?"

독판이 말했다. "영국 영사께서 이 말에 대답해야겠습니다."

영국 영사가 말했다. "정부는 바로 조선 정부입니다. 어느 나라 군사를 막론하고 조선 정부의 허락이 없으면 한양성에 들어올 수 없어야 합니다."

일본 공사가 말했다. "다른 나라 군사가 한양성에 들어오는 일은 공사께서 알 바 아닙니다. 본국의 군사가 한성에 들어오는 것은 임오조약(壬午條約)[2)]

---

2) 임오조약(壬午條約) : 1882년 임오년에 맺어진 제물포조약을 말한다. 이 조약은 임오군란(壬午軍亂)의 사후 처리를 위해 조선과 일본이 체결하였다. 임오군란은 고종 19년(1882)

이 있기 때문입니다."

독판이 아라사 공사를 향하여 말했다. "공사께서 우리나라에 새로 부임하였으니 이번 회의의 사안(事案)을 말씀해 보시지요."

아라사 공사가 말했다. "귀 정부가 청나라와 일본 군사가 국내에 들어온 일에 대해 지난번 성명(聲明)하기를, '각국 사신은 조약 조문의 우리 안에서 잘 조치해야 한다.'는 등의 말에 비추어서 조약에 근거해 언명(言明)하라고 하였습니다. 이 앞서 회동 때 인천(仁川) 한 항구 내에서 전쟁하는 일이 없어야 함에 대해서는 이미 각국 사신이 허락하고 동의했습니다. 또 한성(漢城)과 각 곳 항구도 일체 전쟁이 없어야 함을 각국 사신이 함께 의견을 냈었습니다. 본 공사의 의견도 역시 다를 바 없습니다."

독판이 말했다. "각 공사들도 자세히 말씀해 주십시오."

영국 영사가 말했다. "귀 독판께서 아라사 공사에게 다시 자세히 말씀하도록 청해주십시오."

독판이 말했다. "조선 정부가 이미 각 공사들께 의견을 냈으니, 각 사신들

6월 5일에 예전의 5군영(軍營) 소속의 하급군인들이 열악한 처우에 항거하여 일으킨 난리다. 한해 앞선 고종 18년 별기군(別技軍)을 창설하며 저들 5군영 소속의 하급 군인들은 실직하거나 2군영에 편입되며 급료마저 13개월분이 밀려 불만이 절정에 달하였다. 6월 초에 이르러 전라도 세곡(稅穀)이 도착하자 정부는 이들에게 1개월분의 급료를 지급하였다. 이때 지급된 쌀에 겨와 모레가 섞이고 양도 턱없이 모자랐다. 이에 군인들이 집결하여 대원군에게 몰려가 자신들의 대책을 진정하였다. 대원군이 자신의 재집권 기회로 삼고자 이들을 묵인하였다. 군인들은 창덕궁에 난입하였고 급기야 고종은 국무(國務)를 대원군에게 맡기고 뒤로 물러났으며, 명성황후마저 행방을 알지 못해 사망을 발표하게 되었다. 군인들은 일본 공사관을 습격하여 별기군 교관이던 일본인 호리모토 레이조(掘本禮造)를 살해하였다. 이에 일본 공사관원들은 공사관 건물을 불태운 뒤 일본으로 철수하였다. 일본정부는 하나부사 요시모토(花房義質) 공사로부터 군란 소식을 접하고 조선의 사죄와 배상을 요구하며 하나부사를 전권위원으로 정해 군함 4척과 호위병 1개 대대를 이끌고 조선에 들어가게 하였다. 이들은 6월 29일 제물포에 도착하여 7월 3일에 한양에 들어왔다. 7월 7일 고종을 알현하고 7개항의 요구사항을 제시하였다. 그리하여 7월 17일 일본 공사와 우리나라 사이에 제물포조약(濟物浦條約)이 체결되었다. 이것이 임오조약이다. 이 조약에 의해 조선은 막대한 손해배상금을 일본에 지불하고 공사관 호위의 명분으로 일본군의 서울 주둔이 허용되었다. 동시에 수호조규속약(修好條規續約)이 조인되어 일본인 외교관과 그 수행원 및 가족의 조선 여행권이 인정되며 일본의 경제적 침탈이 더욱 확대되었다. 『한국민족문화대백과사전, 연표』·『한국 근현대사를 읽는다, 개화파와 갑신정변』 참조

께서는 응당 잘 조치해야 할 것입니다."

영국 영사가 첫 회동의 사유를 대략 거론하여 아라사 사신에게 낱낱이 쭉 말해주었다.

아라사 공사가 말했다. "온 세계가 하나같이 전쟁을 면하게 하는 것이 각 공사들의 지극한 바람입니다. 다만 여기에서 전쟁을 면할 수 있는 한 가지 일은 각기 해당 정부의 명령이 있은 뒤라야 비로소 시행될 수 있습니다. 본 사신에게도 현재 이런 등속의 권리는 없습니다. 아무렴 오토리 게이스케(大鳥圭介) 공의 처지로 말하더라도 역시 이런 등속의 권리는 없습니다." 또 말했다. "일본의 군사가 들어오면서부터 조선 사람들이 뿔뿔이 떠나는 자가 10에 8~9명입니다. 형편이 슬프고 비참합니다. 나 역시 뜻밖의 우려할 일이 있을까 두려울 정도이니, 일본 군사는 부득이 철수시키기를 청합니다."

독일 영사가 말했다. "일본 군사가 조선 땅에 들어온 이후 항구에 들어오는 외국배의 화물이 극히 줄었습니다. 독일의 무역 상인도 역시 편안히 머무르지 못해 떠난 자가 반수가 넘습니다. 빨리 일본 군사를 철수시키는 것이 옳습니다."

일본 공사가 말했다. "본 사신에게 우리 군사를 모두 철수시키는 권한은 없습니다. 그러나 4일 전 우리 정부의 훈령(訓令)이 도착했는데, '인천 항구의 각국 조계(租界) 안에 머물고 있는 군사를 단속해 철수시키라.'는 것이었습니다."

독일 영사가 말했다. "일본 공사가 말은 군사를 단속시켜 철수시킨다고 운운하지만, 제가 일전에 날마다 인천에 갔었는데 요해지마다 일본 군사가 아직 머물러 있음을 직접 보았습니다. 어디에 군사를 철수시킨다는 뜻이 있는 것입니까?"

일본 공사가 말했다. "우리 정부가 인천의 각국 거류지(居留地)[3] 군사를 철수시킨다는 훈령은 있었으나 각처의 군사를 철수시킨다는 명령은 아직 받들지 못했습니다."

---

3) 거류지(居留地) : 앞에서 말한 '조계(租界)'이다.

영국 영사가 일본 공사에게 말했다. "청컨대 귀국의 군사를 단속시켜 부녀자들이 치욕 당하는 것을 면할 수 있게 해야 옳을 것입니다."

일본 공사가 말했다. "당연히 특별히 단속시키겠습니다."

독판이 말했다. "오늘 회의에서 인천 거류지 내에서는 결과적으로 군사를 맞닥뜨리는 일은 면하였다는 말은 들었습니다. 그러나 한성(漢城)에 대해서는 아직 의논하지 않았습니다."

일본 공사가 "이미 담론 초고가 있으니 스스로 짐작해 알아야 할 것입니다." 하고서 이내 먼저 일어서자 각국 사신들도 역시 일어났다.

이 문건은 갑오년(甲午, 고종31년, 1894) 6월 14일 조선 주재 각국 공사(公使)와 영사(領事)의 회동 담론을 초록한 《이중구가 5대 고문서, B124》 문건이다.

이 문건은 확인되지 않은 기록물이다. 이것이 이중구 집안에 전해진 것은 이 당시 이중구가 홍문관 부교리였으니, 그런 인연에 의해 접할 기회가 있었을 것으로 추측된다.

이 회의에 앞서 6월 8일에 조선에 주재한 각국의 사신들이 인천항의 중립에 관한 논의를 위해 모였다. 일본 공사는 이날 회의에 불참하고 다음 회의에 참여하여 지난 회의록의 참여자 나열 순서를 두고 시비한 것이다.

조선은 이해 정월 11일에 전봉준(全琫準)이 고부군수(古阜郡守) 조병갑(趙秉甲)의 탐학에 항거하여 고부관아(古阜官衙)를 점령하는 혁명을 세상에 알렸다. 이어 전주감영을 점령하자 정부는 청나라에 구원병을 청하여 5월 2일에 제독 섭지초(葉志超)와 정여창(丁汝昌)이 청나라 군사를 이끌고 충청도 아산(牙山)에 도착하였다. 일본도 해군중장 이토 스케유키(伊東祐亨)가 군함 2척을 인솔해 인천항에 상륙하였다.

5월 7일 조선 정부와 동학군과의 화해가 이뤄져 당시 동학 난으로 불렸던 동학군의 농민 항쟁은 스스로 해산되었다. 그런데 일본 공사 오토리 게이스케(大鳥圭介)는 육전대 420명과 포 4문을 이끌고 한양에 들어왔다. 조선 정부가 항의하였으나, 5월 13일 일본의 육군 소장 오시마 요시마사(大島義昌)

는 보병 3천과, 기병 3백 명을 이끌고 인천에 상륙하였다. 이리하여 6월 8일에 우리나라에 주재하고 있는 각국 사신들의 회의가 열린 것이다.

이 회의에서 러시아 공사는 '나 역시 뜻밖의 일이 있을까 두려울 정도이니, 일본 군사는 부득이 철수시키기를 청합니다.'고 하였고, 영국 공사는 일본군을 단속시켜 부녀자들이 치욕당하는 것을 면할 수 있게 하라고 요구하였다. 공사들의 회의에 이런 말이 공사의 입을 통해 제기되다니, 일본군의 횡포가 어떠했는지 짐작된다. 오토리 게이스케는 임오조약(제물포조약)에 의한 정당한 파견이라고 주장하였다. 결과론이지만 며칠 뒤인 6월 21일에 일본군은 경복궁을 점령하고 대원군을 내세운 김홍집(金弘集) 내각을 출범시켰다. 이런 계획을 가지고 있었는데 무슨 군대 철수가 귓가에 들어오기나 했겠는가. 또 이런 꿍꿍이속을 각국 공사도 몰랐고 당시 조선의 대신들도 몰랐다. 허황한 말들이 회의장에서 오간 것이다. 그날 오토리 게이스케는 경복궁을 침탈하며 고종과 명성황후와 궁녀 한 사람만 남고 모두 도망친 대전(大殿)에 칼을 차고 올라가는 무엄함을 보였다. 고종은 일본말을 통역할 사람을 찾았으나 통역할 사람이 없었다. 이것이 1894년 6월의 조선이었다.

대조규개(大鳥圭介, 1833~1911) 1894년 6월 26일
일본 공사 오토리 게이스케 (大鳥圭介)의 가증스러운 상주문(上奏文)

使臣大鳥圭介謹奏. 恭惟

大君主陛下聖德日躋, 兆民沐化, 郅治彌隆, 寰宇獻頌, 無任欽仰之至. 竊想南民, 蠢爾梗化, 敢抗有司, 跳梁一時, 王師爰發, 大張撻伐, 復念滅此朝食之不易, 竟有借隣援之擧, 我政府有聞於此, 以爲事體較重, 乃奉大皇帝陛下諭旨, 令使臣帶領兵員, 回住闕下, 自衛使館商民, 幷念貴國休戚所繫, 如有所求, 兼可一臂相助, 以盡敦隣友誼, 使臣銜命抵京也. 適聞完城克復, 餘黨竄退[逐]. 於是班師善後, 漸將就緖, 此莫非盛德所被, 寔爲內外所共慶頌也. 顧我日本國共處東洋一方, 疆域逼近, 洵不翅輔車唇齒, 况講信修睦, 使幣往來, 今昔不渝, 徵之史冊, 歷然可稽. 方今觀列國衆邦之大勢, 政治敎民, 立法理財, 勸農將商, 無非富强自治, 逞長專能, 而雄視宇內耳. 然則泥守成法, 不思通變達權廣開眼界, 不力爭勢自立, 何能相持介立乎列國環視之間耶. 是以又命使臣, 以會同貴朝廷大臣, 講明此道, 相勸貴政府務擧富强實政, 則休戚相關之誼, 於是乎可始終矣, 輔車相依之局, 於是乎可保持矣. 伏望

陛下聖鑑降旨, 飭令辦理交涉大臣或專委大臣, 會同使臣, 俾盡其說, 庶幾無負我政府至意, 則大局幸甚. 使臣圭介不勝伏望屛息之至. 爰祈陛下洪福無疆, 謹奏. 明治二十七年六月二十六日.

오토리 게이스케(大鳥圭介)는 삼가 아뢰옵니다.

공손히 생각건대 대군주 폐하(大君主陛下)의 성스러운 덕이 날로 흘륭해지며 억조창생이 교화에 흠뻑 젖어있고, 성대한 치적이 더더욱 융성해져서 온 천하가 칭송하고 있으니 지극한 공경과 우러름을 가눌 길 없습니다. 가만히 생각건대 남쪽 백성들이 무지한 벌레 마냥 고집스레 교화를 거절하여 감히 관원에게 항명하고 한동안을 날뛰자 국가가 군사력을 발동하여 신속히 토벌하는 일을 크게 벌였습니다. 그러나 이들을 멸망시킨다고 해도 전쟁을 잊고 아침밥을 편안히 먹는 일이 쉽지 않음을 상기하시고 마침내 이웃 나라의 구원을 빌리는 일을 하셨습니다.

우리[일본] 정부는 이 소식을 듣고서 일의 형편이 매우 중하다고 생각해 마침내 대황제 폐하의 유지를 받들어, 사신에게 군사를 거느리고 궁궐을 빙 둘러싸고 주둔하여, 공사관과 상인(商人)을 스스로 막아 지키도록 하였습니다. 아울러 귀국의 유불리(有不利)와 연계된 일에 만일 귀국의 요구가 있으면, 약간의 힘을 서로 도와[4] 이웃 나라와의 우의를 돈독히 하는 일을 겸할 수 있다고 하였습니다. 신이 명령을 받들고 서울에 도착했을 때 마침 완주성(完州城)이 회복되었고 남은 잔당이 숨거나 도망쳐, 이에 군사를 철수시키면서 뒷마무리가 잘 이루어져 점차 일이 가닥이 잡혀간다는 말을 듣게 되었습니다. 이들 모두는 성대한 덕화를 입은 바이기에 안팎이 함께 경하하고 기리는 바입니다.

우리 일본이 함께 동양의 한 지역에 자리 잡아 강토가 거의 붙어 있으니 참으로 보거순치(輔車脣齒)[5] 정도일 뿐이 아닙니다. 더욱이나 신의를 강구하

---

4) 약간의 힘을 서로 도와 : 이 문장의 원문은 일비상조(一臂相助)다. 일비(一臂)는 한쪽 팔이다. 신체 전체 중 한쪽 팔의 힘으로 남을 돕는다는 뜻이다. 일본의 야욕을 이렇게 표현하다니 그 문장 구사 능력이 놀랍다. 그 결과 조선은 결국 망국의 길로 접어들었다. 한쪽 팔의 힘으로 한 국가의 명운을 빼앗고 이어 제2차 세계대전까지 감행해 간 것이다. 그 결과는 그들에게 핵폭탄이라는 무서운 응징이 기다렸다.

5) 보거순치(輔車脣齒) : 서로 의지하여야만 존재가 유지되는 밀접한 관계를 이르는 말. 보(輔)와 거(車)는 수레를 이루는 하나의 부품이다. 그것들이 수레의 어떤 부품인지에 대해서는 의견이 분분하여 일치하지 않다. 순치(脣齒)는 "입술이 없어지면 이가 시리다.(脣亡齒寒)"라는 말로 우리가 익히 이해하고 있는 말이다. 서로 의존해야만 하는 긴밀한 관계를 이르는 말들이다.

35.1×28.5

며 친목을 닦아 사신과 폐백이 오간 것이 예부터 지금까지 변하지 않았음은 역사책에서 고증하여도 하나하나 살필 수 있습니다. 지금 바야흐로 열국 여러 나라의 대세를 살피면, 정책을 세워 백성을 교화하고, 법조문을 세워 재정을 관리하고, 농사를 권유하고 장사를 장려하고 있습니다. 어느 것 하나 부유하고 강대하게 스스로의 국가를 스스로가 다스리며 장점을 드러내고 능력을 독점하여 천하를 압도하려 하지 않음이 없습니다. 그렇다면 기왕의 법에 얽매여서, 변화를 꿰뚫고 임기응변에 능란하면서 시야의 범위를 넓히지 않고, 형세를 겨뤄 자립에 힘쓰지 않는다면 어떻게 능히 서로 버티며 열국이 사방에서 노려보는 속에 끼어 우뚝 서 있을 수 있겠습니까?

그래서 또 사신에게 또 명령하기를, 귀국 조정 대신과 회동하여 이 방법을 밝혀서 귀국 정부가 부강에 관한 실재 정책을 힘써 거행하도록 돕는다면 귀국의 유불리와 연계되는 우의를 마칠 수 있음이며, 보거(輔車)가 서로 의지하는 국면을 보전하여 지닐 수 있을 것이라 하였습니다.

엎드려 바라옵건대 폐하께서는 성스러운 감별력으로 조서를 내려 판리교섭 대신(辦理交涉大臣)이나 혹 전담 대신에게 사신과 회동하도록 명령하여, 지금의 이런 내용을 다 말할 수 있어, 행여 우리 정부의 지극한 뜻이 저버려지지 않는다면, 전체 국면에 매우 다행일 것입니다. 사신 오토리 게이스케는 삼가 두려움에 숨죽이는 마음을 억누를 길 없습니다. 아울러 폐하의 홍복이 끝없기를 기구하며 삼가 아룁니다.

메이지 27년(1894) 6월 26일

이 문건은 고종 31년(1894) 6월 26일 일본 공사 오토리 게이스케가 고종에게 올린 《이중구가 5대 고문서, B125》 상주문이다.

오토리 게이스케 일본 공사가 6월 21일 경복궁을 침탈해 민씨 세력을 제거하고 연이어 6월 23일 청일전쟁에서 승리를 거둔 뒤 고종에게 올린 글이다. 얼마나 미사여구로 그들의 죄악을 감싸고 있는지 어리둥절할 뿐이다. 오토리 게이스케의 이런 행동 뒤에 일본의 정한론(征韓論)이 자리하고 있다는 점을 감안한다면 이 상주문을 보는 우리의 자세가 달라질 것이다. 오토리 게이스케는 이보다 앞선 6월 8일에 조선의 신정희(申正熙) · 김종한(金宗漢) · 조인승(曺寅承)을 만나 '내치 서정 개혁 방안 강목[擬釐正內治庶政各條綱目]'을 제시하였다. 모두 5조 27조목에 달한다. 이 문건은 B457에 자세히 갖춰져 있다. 그러나 그들의 다정한 그 제시가 조선을 돕기 위한 진정에서 나온 것이 아닌 정한론에서 나온 것이기에 그것들은 무의미한 것이다. 따라서 그 조목들은 여기서 더 거론하지 않는다. 다만 그들의 국권 강탈을 위한 치밀함을 다시 한 번 확인하며 이 상주문을 대해야 한다. 조선이 건국한 지 5백여 년이다. 왜 폐정이 없겠는가. 현 시점에서 세계를 바라봐도 어느 나라가 폐정이 없는 지고지선한 국가인가. 그런데 이 폐정을 기회로 자신들의 야욕을 채우려 5백 년 된 나라와 4천 년의 역사를 무력으로 침탈하고서 이런 주장을 상대 국가에 요구 하다니 참으로 안쓰러운 양두구육(羊頭狗肉)이다. 왜 학문은 이렇게 늘 장기판의 졸로 이용되는지 의문이 생긴다. 공자가 말씀하신 '듣기 좋게 하는 말과 보기 좋게 꾸민 낯빛에 인(仁)한 사람이 드물다[巧言令色 鮮矣仁]'의 한 보기일까.

이 글은『매천야록 권2』고종31년 갑오 6월 20일조에 자세하다. 그러나 이 문장과는 약간의 다름이 있다. 아마도 경주에서 전해들은 말과 구례(求禮)에서 전해들은 말이 서로 달라서였을 것이다.

곽종석(郭鍾錫, 1846~1919) 외 6인 1896년 2월 7일
조선의 선비들 일본의 죄를 세계에 천명하다

布告天下文.

朝鮮士人, 郭鍾錫, 姜龜相, 尹胄夏, 李承熙, 張完相, 李斗勳等, 爲天下布告于萬國公館事. 伏以君君臣臣, 天地之常經. 使天下而禽獸焉則已, 茍人矣, 不能無君臣

之義焉, 使天下而盜賊焉則已, 茍國矣, 不能無君臣之分焉, 是故臣而

不君其君者謂之逆. 是則天下萬古之所同惡也. 在一國則一國之所必討也, 在天下則天下之所必討也. 鄙國雖壤地偏小, 民人質魯, 不能以伎力, 角於天下. 尙賴先聖王德化, 曁父師敎訓, 君君臣臣五百有餘年, 大義炳然, 其或無怪[愧]於天下萬國. 不幸邦運中否, 君綱不振. 始因權貴擅命, 私植其黨援, 馴致群壬弄柄, 脅誘我君臣. 潛招接壤之姦險, 遂作射天

之兇圖, 狡兔營屈[窟]而出沒, 妖狐假威而橫行. 大惡已彰, 顯戮遂加. 而元兇巨猾, 尙或假息覆載之間, 餘蘗之爭權而相軋者, 恐動乘輿, 播寄殊館, 外若護駕, 而其實刼遷也. 熒惑上聽, 擅發禁兵, 日勦椓義旅, 以納媚于外寇, 噫噫尙可言哉. 彼日本者, 寧獨無君臣上下乎. 締結險國逆臣, 以圖其君上. 聲言扈衛, 而光鴻毒砲犯闕, 名托交好, 而大鳥之兇刃上殿, 遂至弑害我國母, 勒剃我主君. 憑仗兵威, 兵以號令我民庶, 其未克, 卽逞凶禍者, 只以群情共憤, 大義可畏耳. 夫一國之逆臣, 卽天下萬古之逆臣也, 一國逆臣之黨, 卽天下萬古逆臣之黨也. 今天下有公法, 以一萬國, 必將爲天下討凶逆, 使得以君君臣臣也. 彼日本者, 顧乃施施然動用兵刃, 以暴天下之民, 以黨於天下之逆臣, 天下萬國無有能討之者, 又從以容而接之. 噫, 今天下萬國, 皆將日本焉已耶. 抑所謂公法者, 亦陪奉天下之逆臣, 陰享其賣國之利耶. 且天下之所同者義理也, 所不能同者風俗也. 星紀分于天, 海岳區于地, 百里異雷, 千

里殊風, 南北之强柔異性, 東西棕白殊形. 書異文, 語異譯, 服異尙, 食異嗜, 政異制, 敎異術. 在昔聖王, 臣服方國, 四征不庭, 猶且各因舊俗, 殊章別飾. 況今六洲之廣, 萬國分峙, 各有舊常, 其何能盡同哉. 將欲强其所不欲, 迫而歐之, 必曰毁爾父母之遺形, 變爾先王之法服, 棄爾先師之素敎而以從我, 人有彝性, 豈肯一朝忘其君父, 背其師敎, 以從殊異之俗哉. 其勢雖日殺而求之, 不可得矣, 適所以亂之而已. 上天有嚴, 首亂者誅. 今日本者, 甘心黨逆, 攘臂造亂. 興其無名之師, 加諸無辜之國, 逞其爪牙之毒, 肆其溪壑之慾. 窃以爲此之不誅, 是使天下萬國之爲人臣者, 無義無命, 惟奸利是饕, 惟詐力是崇, 相率而爲亂逆之事也. 此則天下萬國之所同患也, 豈惟我一國而已哉. 嗚呼, 國破主辱, 生而何心爲禽爲獸, 何以自立. 爲鄙國臣民者, 義不與逆賊共戴一天. 所以白面之類, 投經而弩[怒]目, 蓬頭之氓, 釋耒而搤腕, 群群蝟起, 不呼而應, 雖至血肉膏於原野, 妻子湛[椹]於鋒鏑, 有不假顧者. 上天至仁, 寧不惻然而動心哉. 鄙等窮山之賤儒也, 旣不敢與聞於邦國之政, 又不能效力於倡義敵愾之列, 只爲彝倫斁喪, 人類將盡劉, 不忍恝然而坐視, 區區爲此布告之擧, 要以明大義於天下而已. 今苟使天下萬國, 共仗大義, 以討亂逆, 是天下萬國, 皆能君君臣臣而爲義, 而不永入於禽獸之域矣. 苟或不有我小邦, 環視而不顧焉, 則是天下萬國, 皆不能君君臣臣, 同爲亂逆之黨矣. 我小邦臣民, 有死而已, 誓不爲逆爲賊, 以幷立於亂逆之天下. 情危勢迫, 瀝血奉告. 由此以往, 天下事也, 萬國之責也. 鄙等將其於竄而海於蹈, 保膚髮而畢命, 不欲見天下之無人道也. 惟萬國之垂察焉.

右文告

俄英法美德國公館.

丙申二月七日.

48.4×17.8

천하에 두루 알리는 글

조선의 선비 곽종석(郭鍾錫), 강귀상(姜龜相), 윤주하(尹冑夏), 이승희(李承熙), 장완상(張完相), 이두훈(李斗勳) 등은 천하를 위해 만국 공관(萬國公館)에 널리 알리는 일을 하고자 합니다. 삼가 생각건대 군주가 군주답고 신하가 신하다워야 함(君君臣臣)6)은 천지 불변의 원칙입니다. 천하를 날짐승의 세상이 되게 하고 길짐승의 세상이 되게 하려 한다면 말하지 않겠으나, 진실로 인간의 천하가 되게 하려 한다면 군신의 의리가 없을 수 없으며, 천하를 도적들의 세상으로 만들려 한다면 말하지 않겠으나 진실로 나라답게 하려 한다면

6) 군주가 군주답고 신하가 신하다워야 함(君君臣臣) : 《논어(論語), 안연(顏淵)》에서 제나라 경공(景公)이 공자에게 정치를 묻자 공자가 대답한 말이다.

군신의 분수가 없을 수 없습니다. 그러므로 신하가 군주를 군주로 여기지 않은 경우 역적이라 말하는 것이니, 이런 자는 천하의 긴 역사 속에서 함께 악행으로 여겼습니다. 한 나라 안에 이런 자가 있으면 그 나라가 반드시 토죄하였고 천하 안에 있으면 천하가 반드시 토죄하였습니다. 우리나라는 국토는 좁고 백성들은 질박하고 노둔하여 기량이나 힘으로는 천하와 겨룰 수 없습니다. 그러나 선대 성왕(聖王)의 덕화와 훌륭한 스승의 가르침에 힘입어 군주가 군주답고 신하가 신하다운 5백여 년 동안 대의(大義)가 빛나 혹여도 천하 만국에 부끄러울 것이 없었습니다.

불행히도 국운이 중도에 비색해져 군주의 기강이 진작되지 못했습니다. 시작은 권력자와 세력가가 명령을 멋대로 휘둘러 사사로이 자신의 우호 세력을 심기 시작하더니, 점점 뭇 교활한 자가 국권을 농간해 우리의 군주와 신하를 으르고 달래는 상황이 벌어졌습니다. 그리하여 국경을 접하고 있는 이웃 나라의 간악하고 흉험한 자를 몰래 끌어들이더니 마침내 하늘을 쏘아 맞추는 흉악한 짓[7]이 행해졌습니다. 교활한 토끼가 여기저기 굴을 파두고 출몰하고[8] 요사한 여우가 권위에 가탁하여 횡행하다가 큰 악행이 훤히 드러나며 사형의 형벌이 마침내 내려졌습니다. 그러나 흉악자의 우두머리와 교활한 자의 거두(巨頭)는 여전히 천지 사이에 생명을 이어가고 잔당으로 권세를 다투며 서로 삐걱대던 자들이, 어가(御駕)를 공포로 떨게 하여 남의 나라 공관에 파천[9]하여 머물게 하였습니다. 겉으로는 어가를 호위한 것 같지만 기실 겁박하여 파천케 한 것입니다. 군상의 귀를 흐리게 하여 궁중의 군대를 멋대로 발동시켜 날마다 의병을 무찔러 공격하는 것으로 외국 군대에게 예쁨을 사려 했습니다. 아아! 이를 차마 말로 다할 수 있겠습니까?

저들 일본 만이 어찌 홀로 군주와 신하, 윗사람과 아랫사람이 없는 나라겠습니까?

위험한 국가의 역신(逆臣)과 작당하여 그 군상을 도모하였습니다. 말로는 호위라 떠벌이고서 죽첨광홍(竹添光鴻)은 흉악한 대포로 궁궐을 범하였고[10],

---

7) 하늘을 쏘아 맞추는 흉악한 짓 : 이는 하늘을 두려워하지 않는 악행을 서슴없이 저지름을 비유하는 말이다. 《史記, 殷本紀》에 "제무을(帝武乙)이 무도하여 가죽주머니를 만들어 피를 채워 공중에 매달게 하고서 아래서 쳐다보고 활을 쏘아 맞추며 이를 석천(射天)이라고 했다. (帝武乙……爲革囊, 盛血, 仰而射之, 命曰射天.)고 하였다.

8) 교활한 토끼가 굴을 여기저기 파두고 출몰하고 : 이는 《戰國策, 齊策 4》에서 풍환(馮諼)이 맹상군(孟嘗君)에게 한 말을 인용한 것이다. 맹상군이 제(齊)나라 왕에게 신임을 얻지 못하고 고향 길에 오르자, 풍환은 맹상군에게, "교활한 토끼는 굴 세 개를 파두고서도 겨우 죽음을 모면할 뿐입니다. 지금 주군께는 굴 하나가 있을 뿐이니 베개를 높이 베고 누워있을 수 없습니다. 청컨대 주군을 위하여 굴 두 개를 파드리겠습니다. (狡兔有三窟, 僅得免其死耳. 今君有一窟, 未得高枕而卧也. 請爲君復鑿二窟.)"라고 하였다. 바로 고종의 신하들이 당시 조선, 청, 일본 세 곳을 기웃대며 자신의 안일을 위해 오락가락 하고 있음을 비유한 것이다.

9) 남의 나라 공관에 파천 : 고종이 친일파의 득세를 견제하기 위해 아관파천한 것을 두고 한 말이다. 고종은 1896년 2월 11일에 아관파천을 감행하여 이듬해인 1897년 2월 25일에 경운궁(慶運宮 지금의 덕수궁)으로 환궁하였다. 고종이 아관파천하며 조정에서는 친일내각으로 지칭되던 김홍집(金弘集)이 군중에게 살해되며 무너지고 이완용(李完用), 이윤용(李允用), 김병시(金炳始), 박정양(朴定陽) 등의 친러파 내각이 구성되었다.

10) 죽첨광홍(竹添光鴻)은 흉악한 대포로 궁궐을 범하였고 : 고종 21년(1884)의 갑신정변(甲

명분은 교린국과의 우호를 핑계로 오토리 게이스케(大鳥圭介)[11]는 흉악한 칼을 차고 대전에 오르더니, 마침내 우리 국모를 시해하고 우리 주군의 상투를 깎는데 이르렀습니다. 병장기며 군사의 위엄에 의지하여 군대로 우리 백성을 호령하고자 하면서도 곧바로 흉악한 속셈을 펼치지 못하는 것은 단지 수많은 백성이 함께 분통해하고 대의가 두려워서입니다. 한 나라의 역신은 천하 만고의 역신이고 한 나라의 역신 우호세력은 천하 만고의 역신 우호세력입니다. 지금 천하는 공법(公法)을 두어 수많은 나라를 하나로 규합하면서, 반드시 천하를 위해 흉악한 역적을 토벌하여 군주가 군주답고 신하가 신하답게 하고 있습니다.

저들 일본은 돌아보건대 거들먹이며 군사력을 동원해 그것으로 천하의 백성에게 폭력을 행사하고 그것으로 천하 역신의 우호 세력이 되고 있습니다. 그런데도 천하만국에 그들을 토벌하려는 나라는 없고 더해서 그들을 받아주고 만나주고 있습니다. 아! 지금 천하만국은 모두 일본처럼 되려 하는 것입니까. 소위 공법(公法)이란 것 역시 천하의 역신을 모시고 받들어서 그들이 나라를 팔아 얻은 이익을 몰래 누리려는 것인가요?

申政變)을 이르는 말이다. 김옥균이 우정총국 낙성식을 기회로 정변을 일으켜 낙성식에 참석한 민태호(閔台鎬), 조영하(趙寧夏) 등을 살해하며 일으킨 정변이다. 이때 창덕궁에 머무르고 있던 고종과 민비에게 이들은 청나라가 변란을 일으켰다고 거짓말로 기망하고 고종과 명성황후를 경우궁(景祐宮)으로 이어(移御)하시게 하였다. 일본은 이때 군사 150명을 동원하여 경우궁의 주위를 호위하는 일을 맡았다. 이 정변은 청나라의 반격으로 3일 천하로 막을 내렸다.

11) 오토리 게이스케(大鳥圭介) : 1893년 6월에 조선 공사로 부임하여 이듬해 10월에 해임되었다. 1894년 6월 21일 새벽 군대를 지휘하여 경복궁에 쳐들어가면서 조선 500년의 국권과 제도들은 한꺼번에 와르르 무너져 내렸다. 말 그대로 추풍낙엽이었다. 이어 새로운 권력과 제도들이 생겨났다. 이들이 경복궁을 군대를 몰아 짓밟자 고종을 모시던 신하들과 시위 군사들은 모두 도망쳤다. 고종과 명성황후만 남았다. 오토리 게이스케가 칼을 찬 군사들을 둘러 세우자 고종이 까닭을 묻고자 하였으나 통역할 사람이 없었다. 안경수(安駉壽)가 들어와 통역하였는데 오토리 게이스케가 칼을 휘두르며 대원군을 모셔와 국권을 모두 양여하라고 강요하였다. 이후 내각이 바뀌고, 직제가 바뀌고, 관복도 양복으로 바뀌고, 상투도 깎도록 강요되었다. 군대도 모두 해산시켰다. 이때 왕실에 내려온 모든 보화들이 약탈되어 이날로 인천항으로 보내져 일본으로 실려 갔다. 《매천야록 권2, 고종31년 갑오6월20일조》

천하에서 동일한 것은 의리이고, 동일할 수 없는 것은 풍속입니다. 별자리는 우주에 나뉘어서 자리하고, 바다와 산악은 육지를 구역 지우고 있습니다. 1백 리 거리에서 우렛소리가 있는 곳과 없는 곳의 다름이 있고, 1천 리 안에서도 풍속은 서로 다릅니다. 남쪽과 북쪽은 강함과 부드러움의 기질성이 다르고, 동쪽과 서쪽은 흑인 백인의 모습이 다릅니다. 글자는 문자가 다르고 말은 쓰는 말이 다르며, 의복은 숭상하는 바가 다르고 음식은 기호가 다르며, 정치는 제도가 다르고 교육은 사상이 다릅니다.

예전 성왕 시대는 사방을 신하 국가로 복종시키고서 사방 나라 중 조회(朝會)오지 않는 나라를 정벌하였으나 여전히 각국이 예전 풍속을 따르며, 전장제도를 다르게 꾸밈도 별도로 할 수 있게 하였습니다. 하물며 오늘날 육대주의 광활한 지역에는 수많은 나라가 자리 잡고 독립하여 각기 예전부터의 법도가 있습니다. 어떻게 그것들을 모두 동일하게 할 수 있겠습니까. 만일 억지로 그들 나라가 하고자 하지 않는 것을 핍박하여 몰아가, 반드시 너의 부모가 물려준 형체를 훼손하고, 너의 선왕시대부터의 정해진 의복을 바꾸고, 너의 앞 시대의 스승들이 본디부터 가르쳐 왔던 것들을 버리고 우리를 따르라 한다면, 사람에게는 본디의 본성이 있는데 하루아침에 군주와 어버이를 잊고, 스승의 가르침을 등지고서 전혀 다른 풍속을 따르는 일을 어찌 즐거워하겠습니까. 그런 형태는 날마다 사람을 죽이면서 구현하려 해도 이뤄질 수 없고, 다만 세상만 어지러워질 따름일 것입니다.

하늘은 위엄이 있기에 환난의 괴수를 반드시 벌합니다. 오늘날 일본은 역적의 우호 세력이 되기를 달갑게 여겨 팔을 걷어붙이고 환난을 조성하고 있습니다. 아무 명분 없는 군사를 일으켜 무고한 나라를 침략하여, 군대가 가진 악독을 펼치고 채워질 수 없는 욕심을 부리고 있습니다. 삼가 말씀드리건대 이런 나라를 벌하지 않으면 이는 천하만국의 신하에게 의리를 무시하게 하는 것이고 천명을 무시하게 하며, 법에서 벗어난 이익을 탐하게 하는 것이고 속임수와 폭력을 떠받들게 해서 서로에게 반역의 일을 일삼게 하는 것입니다. 이는 천하만국이 함께 걱정할 일입니다. 어찌 우리 한 나라만의 일일 뿐이겠습니까.

아! 나라는 망했고 군주가 치욕을 당하였는데[12] 살아서 무슨 마음으로 날짐승이 되고 길짐승이 되며, 무엇으로 세상에 사람으로 설 수 있겠습니까? 우리나라의 신민(臣民)된 자들은 의리상 역적과 한 하늘을 함께 이고 살 수 없습니다. 백면서생의 무리가 경전(經傳)을 집어 던지고 눈알을 부라리며, 쑥대머리 백성이 쟁기를 놓아두고 팔뚝을 걷어붙이고서 끼리끼리 들떠 일어나 부르지 않아도 호응하는 까닭입니다. 피와 살이 들녘에 널리고 처자식이 칼날의 바탕이 되는 것쯤은 돌아볼 겨를이 없습니다. 하늘은 지극히 인자하시니 어찌 측은히 여겨 마음을 움직이시지 않겠습니까.

저희는 궁벽한 산중의 비천한 유생(儒生)입니다. 기왕에 감히 국가의 정치에 참여한 적도 없고 또 적개지심으로 의병을 일으키는 대열에 힘을 내보지도 않았습니다. 다만 인간의 기본 질서가 무너지고 인류가 모두 죽어가려는 상황에서 차마 모른 체 앉아있을 수 없기에 구구히 이러한 포고문(布告文)을 알리는 일을 하게 된 것입니다. 대의를 천하에 밝히자는 것일 따름입니다.

지금 만일 천하만국이 함께 대의에 의지하여 반역자를 토벌한다면, 이는 천하만국이 모두 군주의 군주 노릇과 신하의 신하 노릇을 능숙히 의리로 삼음이니 영원히 날짐승과 길짐승의 세상으로 빠져들지 않을 것입니다. 혹여 우리 작은 나라를 마음에 두지 않아 빙 둘러 주시하면서도 외면한다면 이는 천하만국이 모두 군주의 군주 노릇과 신하의 신하 노릇을 해내지 않고서 함께 반역자의 우호 세력이 되는 것입니다. 우리 작은 나라의 신민(臣民)은 죽음을 맞이할 따름일지라도 맹세코 역신(逆臣)이 되고 역적이 되어 반역자의 천하에 생명을 함께하지 않을 것입니다.

정세가 위험스럽고 형세가 급박해져 피를 뿌리며 받들어 고하옵니다. 지

---

12) 군주가 치욕을 당하였는데 : 《사기, 41, 월왕구천세가(越王勾踐世家)》에서, 범여(范蠡)가 그의 군주 월왕 구천을 도와 오나라를 멸망시키고 떠나면서 한 말, "신은 듣자니 군주가 걱정하고 계시면 신하는 노고를 쏟아야 하고, 군가가 욕됨을 당하면 신하는 죽음을 각오해야 한다.[臣聞主憂臣勞, 主辱臣死]"라는 말을 인용한 것이다. 곧 자신들은 죽음을 각오해야 할 처지라는 말이다.

금부터 이후의 일은 천하가 해야 할 일이자 만국이 책임져야 할 일입니다.

저희는 곧 달아나 바다에 목숨을 던져 신체발부(身體髮膚)를 보전해 목숨을 마칠지언정 천하에 인간의 도리가 없어지는 것을 보고자 하지 않습니다.

만국은 살펴주시기를 바랍니다.

이상의 글을 아라사, 영국, 프랑스, 미국, 독일의 공관(公館)[13]에 고합니다.

병신년(丙申年, 1896) 2월 7일

이 문건은 고종 33년(1896) 2월 7일에 곽종석 등 6인이 천하에 일본의 무도함을 포고한 《이중구가 5대 고문서, 1572》이다.

이 만국에 포고한 글은 한주(寒洲) 이진상(李震相)의 제자들이 작성하여 당시 조선에 주재한 각국 공관에 보내 당시 조선을 폭력으로 짓밟고 있는 일본을 응징해 주기를 청원한 문건이다. 여기에 이름이 올려 진 학자 중 이승희는 이진상의 아들이고 그 나머지 학자들도 모두 한주의 제자들이다. 문건을 작성한 분에 대해서는 누구라 특별하게 알려진 분은 아직 없다. 모두의 공동작품일 수도 있다. 또 당시 일본의 가혹한 탄압에서 사발통문 형식이 등장했던 것으로 추정할 때 맨 앞에 등장한 곽종석의 작품일 가능성도 조심스럽지만 점칠 수도 있다. 당시 유림들이 서양을 이적(夷狄)으로 대하고 있던 시절에 국가를 구하기 위해 그들 이적들에게 손을 내민 것은 시대의 변화이자 용단이라 할 수 있다. 또 이 자료의 원본이 확실하게 남아있지 않고 여기저기 사본으로 남겨져 있다. 이중구가의 사본이 이런 점에서 귀하다고 할 수 있다. 몇 곳의 사본들이 대조된다면 당시 원본에서 말하고자 한 내용이 좀 더 정확해질 것이다.

이 문건의 명제는 천하를 위해 만국 공관에 공포하는 글이다. 실재 내용은 우리나라를 일본으로부터 구해달라는 내용이지만, 구차하게 구걸하지 않고 군군신신(君君臣臣)의 천하를 만들기 위해 일본을 토벌해야 하는 의리를 내

13) 공관(公館) : 공사(公使)를 높여 공관이라 쓴 것이다. 편지 형식에서 좌하(座下)라는 말과 같은 뜻이다.

세웠다. 군군신신이 공자의 말이자 불변의 원칙이기에 천하는 이를 지켜야 한다는 주장으로 일본의 죄악을 고발하고, 이어 이를 용인하는 것은 죄악을 용인하여 금수세상을 만들고자 하는 것에 불과하다고 에둘러 당시 서방 세계의 엉거주춤하거나 오히려 그들과 어울리고 있는 것을 성토하였다. 이것이 조선 5백 년이 기른 선비의 주장이다. 세계가 나아가야할 방향이기에 만국은 이 일에 나서야 한다고 주눅 들지 않고 주장하는 이 기개가 5백년 조선 선비의 기개가 왜 아니겠는가.

당시 조선의 상황을 권력을 쥔 자들이 청나라와 일본, 그리고 자국의 군주에게 줄을 대고 자신의 권력을 유지하려한 것에서 군군신신의 대의가 조선 5백 년 역사에서 무너진 것이라고 설파하였다. 당시 서양에서 말하는 소위 공법을 실현하는 길도 여기서 찾아져야 한다며, 이 공법이 무너지며 인류가 죽어가고 있다고 주장하였다.

자신들은 국가의 은혜를 입은 적 없지만 처자식의 안위를 버리고 군군신신의 도리가 무너지는 것을 좌시할 수 없다고 이 문건의 작성 이유를 들었다. 그런데 동양에서 말하는 금수(禽獸)의 세상을 당시 무슨 말로 번역하여 그들에게 보여주었을까. 그들이 금수라는 말이 담고 있는 뜻을 이해나 하였을까?

2

시비분쟁(是非紛爭)*

* 시비분쟁(是非紛爭) : 병호시비(屛虎是非) 이하 시비분쟁에 실린 분쟁은 조선시대 영남 일원에서 치열했던 다툼의 일부이다. 나라가 망하고 문화가 바뀌며 이 다툼도 우리들 의식에서 거의 멀어져 갔다. 여기 올린 통문이나 편지는 이중구가의 가문이 주고받은 편지, 또 참고하기 위해 필사해 모은 것에서 발췌한 것이다. 따라서 이중구가의 이들 문건은 이 시비에 관한 전체 문건을 망라하고 있지 않다. 그러므로 기왕의 소장된 자료를 더듬어 엮었을 뿐 전체를 조명하지 못했음을 밝힌다.

(1) 병호시비(屛虎是非)

도남단소(道南壇所), 작성일 불명 도남단소에서 답변한 통문(通文)

道南壇所答通

伏以陵侮先賢, 決非士子本習, 衛道斯文, 自是吾黨公議, 此義甚明, 敢不敬膺. 惟我西厓先生, 溪門正嫡, 吾林宗長, 環吾東三百年來, 凡我衣冠之族, 莫不尊慕先生, 盖其彝性所同, 自不能不然者也. 何況廬江追享之日, 厓鶴兩先生東西位次, 已有愚翁定論, 而一遵兩先生相處之道, 敦事諸公, 奉行而無異辭焉, 則百世之共議, 從可驗矣. 顧今托籍儒林, 尙論先賢者, 何莫非當日先輩之後承, 則厓鶴兩先生稱號之際, 只依廟內位次, 而不敢改易也明矣, 所謂金景洛以迺家之人, 居先生之鄕, 粗識事體, 略解文字, 此等道理, 庶或有耳目之所及者存, 而敢以私知, 陵侮先生, 憑托一道之章奏, 筆削本家之文字, 恣行貶抑, 無所顧忌, 以迺家則肖祖之悖孫, 以吾黨則斯文之亂類也. 似許妄習, 不容暫貸於吾黨公議, 而獨怪夫河上本家, 聽若不聞, 側耳幾月, 未嘗有一言駁正者, 尤不禁趙之所羞矣. 何幸一綫彝天未盡墜地, 卽接忠孝堂來諭, 辭明義嚴, 有足以打破駭妄之腑, 而扶植一方之名敎. 此所謂一聲千雷, 皷發天心, 氣響所到, 不期而偕應者也. 鄙等雖無似, 其於尊衛先生之道, 不敢或後於餘人, 玆與同志諸人, 齊會定議, 擬以今月十五日, 齊進屛院, 亟圖聲討之擧, 敢此飛文奉告. 伏願僉尊, 濟濟臨會, 爛議敦事, 以爲正士趨衛斯文之地, 幸甚.

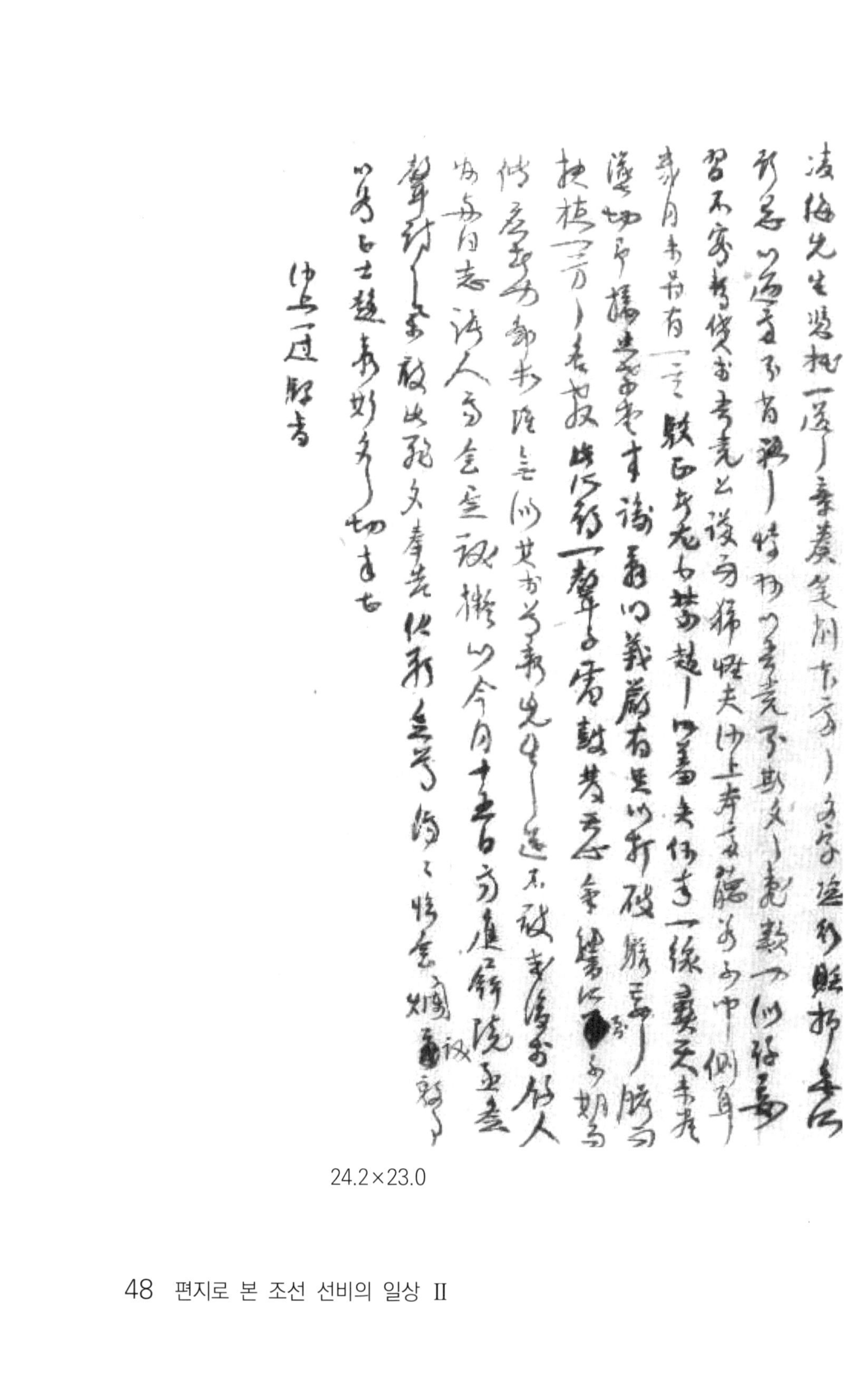

24.2×23.0

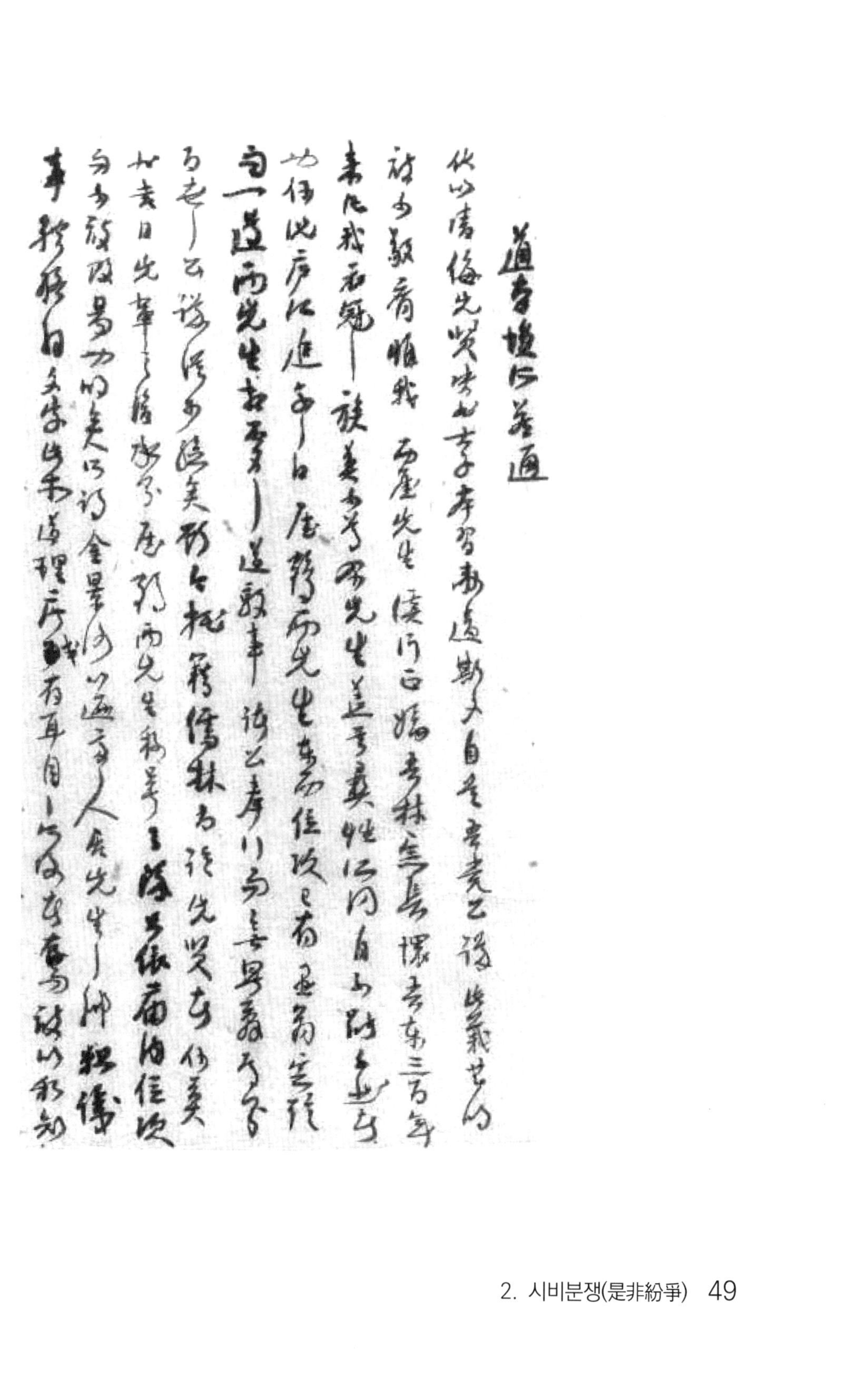

도남단소(道南壇所)에서 답변한 통문(通文)

삼가 생각건대 선현(先賢)을 능멸하는 것은 결코 선비의 본래 습속이 아니고 도덕과 사문(斯文, 유학(儒學))을 옹호하는 것은 우리들의 공론(公論)인 것이 매우 명백하여 경건히 응하지 않을 수 있겠습니까. 우리 서애(西厓, 류성룡) 선생은 퇴계(退溪) 문하의 적전(嫡傳)으로서 우리 사림(士林)의 종장(宗長)이고 우리나라 3백 년 이래에 우리 의관 문물을 차려입은 사족(士族)들은 서애 선생을 존경하지 않는 이가 없습니다. 이는 본성이 같아서 본래 그러하지 않을 수 없는 것입니다. 더구나 여강서원(廬江書院)[1])을 추향(追享)하던 때에 서애와 학봉(鶴峰, 김성일) 두 선생의 동서 배향(配享)의 위차는 이미 우복(愚伏) 정경세(鄭經世)의 정론(定論, 서애를 동쪽, 학봉을 서쪽에 배향함)이 있어서 한결같이 두 분 선생께서 처할 도를 따라 제사를 돈독히 올리는 여러분들이 봉행하여 이의가 없었으니, 백대(百代)에 함께 하는 논의에서 따라 증명할 수 있는 것입니다.

돌아보면 지금 유림(儒林)에 소속된 사람들이 여전히 선현을 논의하는 이들은 어찌 당시 선배들의 후손이 아니겠습니까마는 서애와 학봉 두 분 선생을 호칭할 적에 다만 사당 안의 위차에 의거할 것이고 감히 바꿀 수 없는 것이 명백합니다. 이른바 김경락(金景洛)은 그쪽의 사람으로 사체(事體)도 알고 문자(文字)도 대략 이해하여 이러한 도리에 혹은 보고 들은 것이 있었을 터인데 감히 사사로운 지혜로 서애 선생을 능멸하고 경상도의 장주(章奏)에 의탁하여 본가(本家)의 문자에 써넣거나 줄여서 깎아내리기를 자행(恣行)하여 그의 집안으로는 훌륭한 할아버지의 나쁜 손자이고 우리 고을로는 사문

1) 여강서원(廬江書院) : 경상북도 안동에 1573년에 창건하여 퇴계(退溪) 이황(李滉)을 제향하고, 1676년에 사액(賜額)을 받으면서 호계서원(虎溪書院)으로 이름이 바뀌었다. 1620년에 퇴계의 제자 학봉(鶴峯) 김성일(金誠一)과 서애(西厓) 류성룡(柳成龍)을 배향하는 과정에서 서열 문제로 소위 '병호시비(屛虎是非)'가 일어났다. 그 뒤 이황은 도산서원(陶山書院), 김성일은 임천서원(臨川書院), 류성룡은 병산서원(屛山書院)에 주향(主享)이 되면서 강당만 남았다. 이후 대원군의 서원철폐령 때 철거되고, 1973년 안동 댐 건설로 인해 월곡면 도곡동에서 현재의 위치로 옮겨졌다.

난적(斯文亂賊)입니다. 이렇게 경망한 버릇은 우리들의 공론에 잠시도 용서할 수 없으나 유독 하상(河上, 河回) 본가에서는 들어도 못 들은 체하면서 귀를 기울여 들은 지 몇 개월인데도 한마디 말도 논박해 바로잡은 적이 없으니 더욱 조(趙)나라에서도 수치로 여기는 것[2]을 금하지 못할 것입니다.

다행스럽게도 실 날 같은 명맥의 윤리가 땅에 모두 추락하지는 않아서 충효당(忠孝堂, 하회 마을의 류성룡이 살던 집)에서 보낸 통문을 보게 되니, 말씀이 명백하고 의리가 엄정하여 놀란 심정을 타파하고 한 지방의 명교(名教, 유학)를 유지(維持)하는 것이었습니다. 이는 이른바 한 번 소리치자 천 번 우레가 나서 천심(天心)을 자아내는 것이니, 같은 향기가 이르는 곳에 기약할 것이 없이 함께 호응하는 것입니다.

저희들이 비록 시원치 않으나 서애 선생의 도를 옹호하는 데에는 감히 다른 사람들보다 뒤처지지 못하겠으니, 이에 동지 여러분들과 일제히 모여서 논의를 정하여 이달 15일에 병산서원(屛山書院, 류성룡을 모신 서원)에 일제히 나와 성토하는 거사를 시급히 도모하려고 하여 감히 이 속달 통고문으로 고합니다. 삼가 바라건대 여러분들께서는 모두 모임에 나오셔서 많은 논의로 일을 돈독하게 하시어 선비들의 향방을 바로잡으시고 사문(斯文, 유학)을 옹호해 주시면 매우 다행이겠습니다.

이 문건은 작성일이 불분명한 도남단소(道南壇所)에서 답변한 《이중구가 5대 고문서, B114》 통문(通文)이다.

병호시비(屛虎是非)는 풍산 유씨 류성룡(柳成龍)의 후손과 의성 김씨 김성일(金誠一)의 후손 사이에 벌어진 여강서원(廬江書院) 배향(配享) 위차의 윗

---

2) 조(趙)나라에서도 수치로 여기는 것 : 전국시대 조나라가 진(秦)나라의 침입을 받자, 평원군(平原君)이 초(楚)나라에 군사원조를 요청하러 갔을 때 모수(毛遂)를 함께 데리고 갔는데, 모수가 초왕(楚王)에게 유세하기를 "진나라는 첫 번째 전투에서 〈초나라의〉 언(鄢)과 영(郢)을 함락시키고 두 번째 전투에서 이릉(夷陵)을 불태우고 세 번째 전투에서 초왕의 선조를 욕보였으니, 이놈은 백 대의 원수입니다. 조나라도 수치스럽게 여기는데, 왕께서는 미워할 줄 모르십니다."라고 하여, 합종(合從, 진나라에 대항하는 연합군 동맹)을 성공시킨 고사이다. (《思政殿訓義 資治通鑑綱目》 제1권 하 癸卯年(B.C.258))

서열인 동쪽과 아랫 서열인 서쪽에 누구를 모시느냐는 논쟁에서 서로 윗자리를 차지하려는 시비이다. 이것이 수백 년 동안 조선말까지 계속되어 격렬한 대립을 보였다.

이 시비는 1620년 여강서원(廬江書院)을 건립하면서 서애(西厓) 류성룡(柳成龍)과 학봉(鶴峯) 김성일(金誠一)을 배향(配享) 때 위차(位次) 시비를 계기로 안동(安東)을 비롯한 영남 유림들이 병파(屛派)와 호파(虎派)로 나뉘어 전개된 향전(鄕戰)이다. 여강서원은 퇴계 이황을 주향(主享)으로 하는 서원이므로, 퇴계 사후의 적전화(嫡傳化) 문제와 관련된 것이었다. 서원에 두 선생의 배향이 결정되는 과정도 순탄치 않았거니와, 배향으로 결정된 후 가장 큰 난제가 위차 문제였다. 같은 배향이지만 동(東)이 높고 서(西)가 낮은 데에 대한 인식상의 차등이 있었고, 위차에 따라 두 선생의 지위가 결정되기 때문이었다. 여강서원이 이황의 주향처라는 점에서 위차는 도학(道學)의 고하를 논하여야 하지만 이를 판단하는 것이 쉽지 않은 문제였기에 현실적으로 작위(爵位)와 나이가 그 기준으로 제시되었다.

류성룡 계열에서는 작위를 내세워 영의정을 지낸 류성룡을 동쪽에 두어야 한다고 하였고, 김성일 계열에서는 나이를 내세워 4살 위인 김성일을 동쪽에 두어야 한다고 주장하였다. 이런 논란 속에 당시 영남을 대표하던 정경세(鄭經世, 류성룡의 제자임)의 자문을 받아 류성룡을 동쪽에, 김성일을 서쪽에 두는 '애동학서(厓東鶴西)'로 결정되어 일단락되었다. 김성일 계열에서는 불만이 있었으나, 당시 정경세의 위치 등을 감안하여 그대로 따르면서 논란이 일단락되었다. 이후 19세기 초반 류성룡과 김성일 등의 문묘 종사 청원과 이상정(李象靖)의 서원 추향(追享) 문제 등으로 병파(屛派, 류성룡의 병산서원(屛山書院) 계파)와 호파(虎派, 김성일의 호계서원(虎溪書院) 계파)가 대립하였다.

이 통문은 서애 류성룡을 옹호하는 입장에서 쓰인 것으로 병산서원(屛山書院)에 일제히 나와 김경락(金景洛)을 성토하는 거사를 도모하려고 한 것이다. 모두 모임에 나와서 사문(斯文)을 옹호해 달라고 하였다.

병산도회소(屛山道會所), 작성일 불명
병산도회소에서 보낸 통문(通文)

十五日屛山道會所通文

伏以世降俗偸, 先賢之遺風漸邈, 斯文之型範日墜, 而至於今春烏川上言時, 金景洛之擅改原本句語而極矣. 嗚乎. 惟我厓鶴兩先生, 承嫡傳於陶山, 猶孔門之顔曾, 朱門之黃蔡, 後學之尊慕, 固當一體承奉, 百世不忘. 而至若兩先生稱謂先後, 廬院腏享奏章, 以厓鶴而序, 則東西位次, 一遵愚翁定論, 迄今三百年恪守者也. 噫. 彼金景洛敢以偏私己見, 恣意低仰於宗師莫嚴之地, 貶抑改換於奏御莫重之文, 決非士子尊衛之道. 以洒家言之, 固當警責施罰, 而曾未聞一言. 然則年前所謂花府保合云者, 果何事保合之. 曾不旋踵, 乃有此等情迹耶. 其僞盟尤可駭矣. 夫先賢之定規截嚴, 士林之公論自在, 則不可以後生私情低仰, 而所移易也明矣. 生等俱在尊慕之地, 見先師之挨逼, 不勝憤惋, 齊會本院, 玆發施罰聲討之章, 伏願僉尊, 亟付重罰, 永削儒籍, 俾衛斯道正士趍之地, 幸甚.

15일 병산도회소(屛山道會所) 통문(通文)

삼가 생각건대 세상이 타락하고 세속이 투박해져서 선현(先賢)의 유풍(遺風)이 점차 멀어지고 사문(斯文)의 전범(典範)이 날로 추락해지는데, 지금에

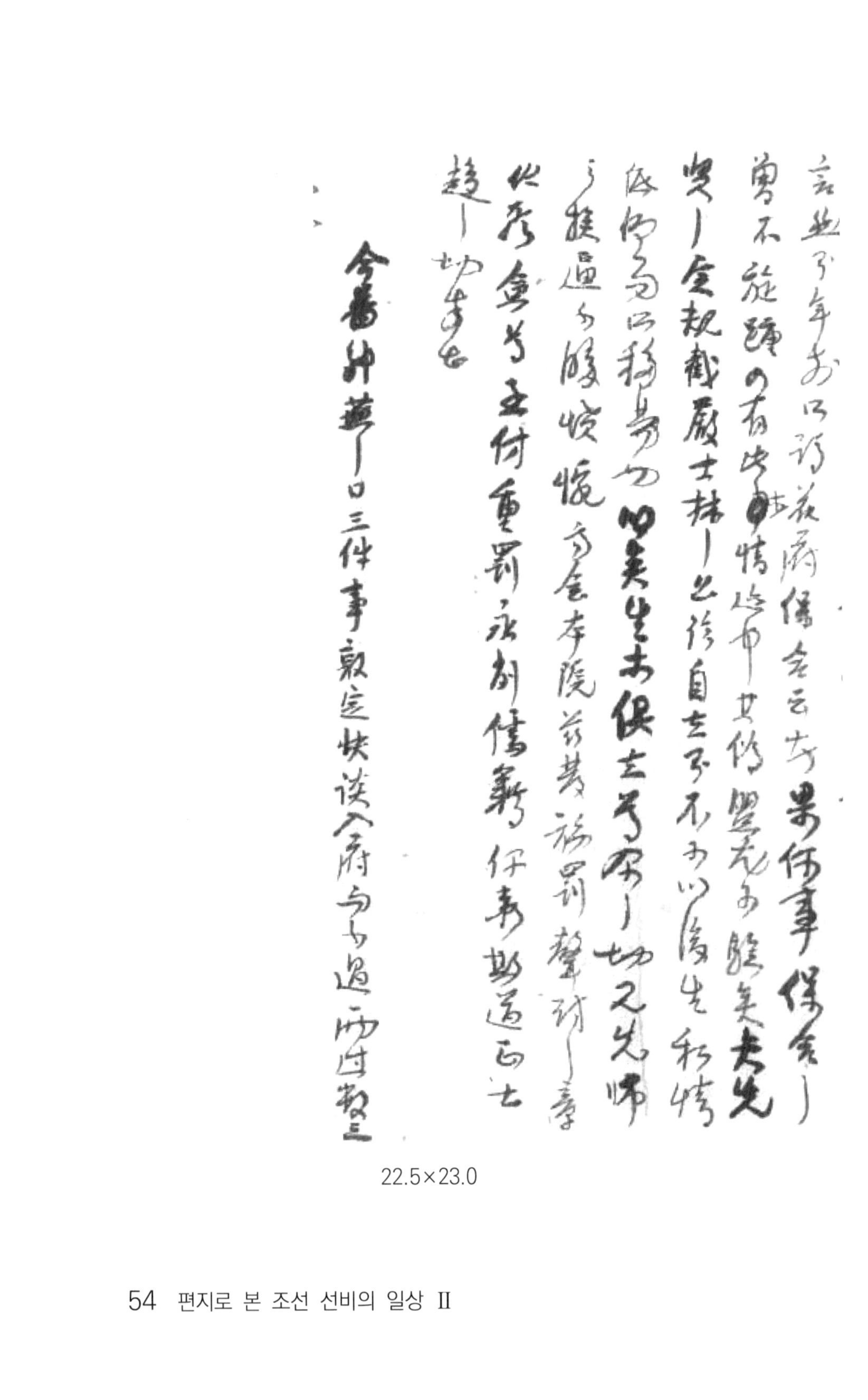

22.5×23.0

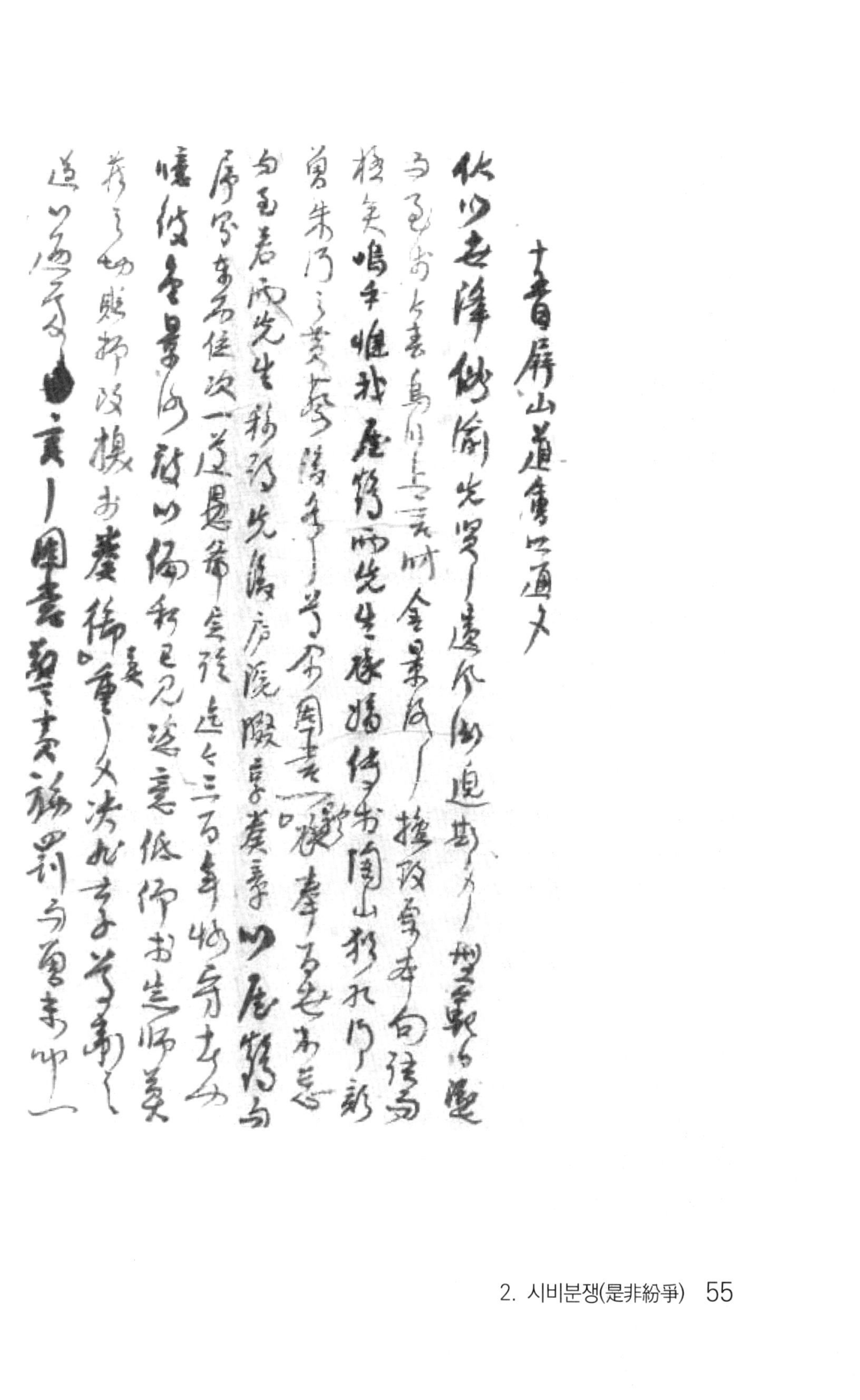

靑屛山道會所通文

[illegible]

와서 오천서원(烏川書院)[3]에서 상언(上言)할 때 김경락(金景洛)이 원본(原本)의 말을 제멋대로 고친 것에서 극도에 달하였습니다. 아! 우리 서애(西厓)와 학봉(鶴峰) 두 선생은 도산(陶山) 퇴계(退溪) 문하의 적전(嫡傳)으로서 마치 공자(孔子) 문하에 안자(顔子), 증자(曾子)와 같고, 주자(朱子) 문하의 황간(黃榦), 채침(蔡沈)[4]과 같아서 후학들이 존경하는 것은 진실로 일체(一體)로 받들어 백대(百代)가 되어도 잊지 않아야 할 것입니다.

그런데 두 선생을 호칭할 때 선후를 말하는 것은 여강서원(廬江書院)[5]의 제향 주장(奏章)에 서애와 학봉으로 순서를 지었으니 〈위패의〉 동서(東西) 위차는 우복(愚伏) 정경세(鄭經世) 어른께서 논의를 정하여 〈서애를 동쪽으로 학봉을 서쪽으로 한 것이〉 지금까지 300년간을 지켜왔던 것입니다.

아! 저 김경락이 사사로이 감히 편벽된 개인의 견해로 마음대로 높은 선생의 매우 엄격한 지위를 상주(上奏)하는 매우 중요한 글에서 깎아내려 바꾸었으니, 결코 선비로서 존중하는 도리가 아닙니다. 그의 집안으로 말하면 진실로 꾸짖어 벌을 주어야 하는데 한마디 말도 들려오는 것이 없습니다. 그렇다면 연전에 말한 화부(花府, 안동부)에서 보합(保合)했다고 한 것은 과연 어떠한 일의 보합입니까. 발길을 돌리기도 전에 바로 이러한 정상(情狀)이 나타나는 것입니까. 그 거짓 맹세가 더욱 놀랍습니다. 선현(先賢)의 규정은 매우 엄격한 것이고 사림(士林)의 공론(公論)은 본래 있는 것이니, 후생(後生)이 개인적 감정으로 올리거나 내려서 위치를 바꾸게 할 수 없는 것이 명백합니다.

저희들은 모두 존경하는 처지에 있어 선사(先師)의 핍박을 보고 분통을 견디지 못하니, 본원(本院, 병산서원)에 일제히 모여 벌을 내려 성토하는 통문

---

3) 오천서원(烏川書院) : 경상북도 포항시 남구 오천읍에 있다. 정습명(鄭襲明)과 정몽주(鄭夢周)를 추모하기 위해 1588년(선조 21)에 지방 유림의 공의로 창건되었다. 1613년(광해군 5)에 '오천(烏川)'이라고 사액되었으며, 1740년(영조 16)에 정사도(鄭思道)와 정철(鄭澈)을 추가 배향하였다. 선현 배향과 지방 교육의 일익을 담당하여오던 중 대원군(大院君)의 서원 철폐령으로 1868년(고종 5)에 훼철되었다가 1975년에 복원되었다.

4) 황간(黃榦), 채침(蔡沈) : 주자(朱子)의 제자이다. 황간(黃榦, 1152~1221)은 자가 직경(直卿), 호가 면재(勉齋), 시호가 문숙(文肅)이며 민현(閩縣) 사람으로, 주자의 사위이다. 채침(蔡沈, 1167~1230)은 자가 중묵(仲默)이고, 평생을 구봉(九峰)에서 은거하였기 때문에 구봉선생(九峰先生)이라 불린다.

5) 여강서원(廬江書院) : 호계서원(虎溪書院)의 옛 이름이다.

을 발송하려 합니다. 삼가 여러분들은 무거운 벌을 빨리 내려 유적(儒籍)에서 영원히 삭제하는 것으로 사도(斯道)를 보호하고 사림의 방향을 바로잡게 한다면 매우 다행이겠습니다.

이 문건은 작성일이 불분명한 병산도회소(屛山道會所)에서 보낸《이중구가 5대 고문서, B116》통문(通文)이다.

이 통문 역시 서애 류성룡(柳成龍)을 옹호하는 입장에서 쓰인 것으로 병산서원(屛山書院, 류성룡을 모신 서원)에 나와 김경락(金景洛)을 성토하는 거사를 도모하려고 한 것이다.

선현(先賢)의 유풍(遺風)이 점차 멀어지고 사문(斯文)의 전범(典範)이 날로 추락해지는 상황은 상주(上奏)하는 매우 중요한 글을 올렸을 때 김경락(金景洛)이 원본(原本)의 말을 제멋대로 고친 것에서 극도에 달하였다고 하였다. 서애(西厓)와 학봉(鶴峰) 두 선생은 후학들이 존경함을 일체(一體)로 받들어 영원히 잊지 않아야 할 것이라고 하고, 두 선생 호칭의 선후와 서원 향사의 동서(東西) 배향(配享) 위차는 우복(愚伏) 정경세(鄭經世)께서 서애를 동쪽으로 학봉을 서쪽으로 논의를 정하여 300년간 지켜왔다고 하였다. 그런데 김경락이 사사로이 자신의 편벽된 견해로 올리는 글을 고쳐서 분통을 이루 다 말할 수 없다고 하였다. 그리하여 병산서원에 모여서 김경락을 유적(儒籍)에서 영원히 삭제하는 것으로 사도(斯道)를 보호하고 사림의 방향을 바로잡자고 하였다.

06 작성자, 작성일 불명 병호시비(屛虎是非)의 위차(位次)에 대한 양쪽 논쟁

今番鄕燕之日, 三件事敦定, 快談入府. 而不過兩邊數三老人, 私次合席, 成文與受日記云. 柳都事曰, 日後若有覆設之令, 則廟內節次, 何以爲之. 金持平曰, 中堂貼壁, 旣是保合, 則更勿相爭. 務歸和平於奉安之日, 豈非保合之至意乎. 僉曰, 此言極是極是. 柳都正止鎬曰, 近聞江右一種之論, 有換次之說恐動云, 信否. 柳丹城曰, 不齊之口, 果有此說. 柳止鎬曰, 此是不成說, 旣有愚伏鄭先生已定之規, 則此等無理之談, 何足掛於齒牙耶云云. 以此正書之際, 彼邊年少大有恐喝于金持平柳止鎬, 則更無意思於愚伏鄭先生已定之規, 而柳止鎬曰, 此後若有承疏之階, 則書以鶴厓爲之, 則四座皆默無言. 柳都事曰, 當各疏云云. 權鍍曰, 旣是保合, 則當合疏爲可, 旣是合疏, 則鶴厓爲之可也. 四座又含默. 元塘李周卿在門外, 直入號令曰, 此席何等重大之地, 安敢發此言也. 權鍍僕僕謝過, 周卿氏憤不得情, 出門, 則良洞進士呼周卿曰, 此丈無此語, 尊何過度也. 周卿曰, 吾非耳聾人也. 若無此言, 俄者謝過何言也. 四座皆失色, 遂爲破座. 柳都事金持平柳止鎬皆出. 伊後, 門長以下若爾人, 留連數日, 改爲日記, 而漏去鄭先生已定之規, 成文與受云. 聞不勝心寒骨戰, 權鍍之妄言, 周卿氏之號令, 自吾門中掩諱, 而自面內參座之人傳出, 權鍍不可無罰, 故通文名帖之人, 方擬此事計耳.

금번 향연(鄕燕, 고을 잔치)하는 날에 세 가지 일을 결정하고 흔쾌하게 담소를 나누며 안동부(安東府)에 들어왔다. 그런데 불과 양쪽의 몇 명 노인들이 개인적으로 합석하여 문장을 작성하여 일기(日記)를 주고받았다. 그 기록에, 유도사(柳都事, 유씨 도사 관원)가 "뒷날 〈여강서원(廬江書院)의〉 서원을 복설(覆設)하는 명이 있게 되면 사당 안의 〈서애(西厓)와 학봉(鶴峰)의 위패(位牌) 서열〉 절차는 어떻게 되나요?"라고 하자, 김지평(金持平, 김씨 지평 관원)이 "중당(中堂)에 첩벽(貼壁, 벽에 붙여짐)되어 있어 이미 보합(保合)되었으니, 다시 다툴 일이 아닙니다. 봉안(奉安)하는 날에 힘써 화평하면 보합의 지극한 뜻이 아니겠습니까!"라고 하였다. 모두 "매우 옳소! 매우 옳소!"라고 하였는데, 도정(都正) 유지호(柳止鎬)가 "근래 들으니 강우(江右, 낙동강 서쪽)의 어떤 논의에서 위패의 순서를 바꾸자는 말이 일어났다고 하는데 사실입니까?"라고 하니, 유단성(柳丹城, 유씨 단성 관원)이 "제각각의 말에 과연 이러한 주장이 있었습니다."라고 하였다. 유지호가 "이것은 말이 안 됩니다. 이미 우복(愚伏) 정경세(鄭經世) 선생께서 〈서애를 동쪽, 학봉을 서쪽으로 봉안한다고〉 이미 정한 규정이 있으니, 이런 무리한 말을 어찌 입에 담을 수 있습니까! ….."라고 하였다.

이렇게 된 것으로 글을 작성하려 할 즈음에 저쪽의 나이 적은 사람이 큰 소리로 김지평·유지호를 협박하였는데, 우복 정선생이 이미 정한 규정을 다시 마음에 둔 것이 아니었다. 유지호가 "차후에 승소(承疏, 상소 비답을 받음)할 경우에 〈학봉을 앞에 놓고, 서애를 뒤에 놓아〉 '학애(鶴厓)'라고 기록할 것입니다."라고 하자, 온 자리가 모두 묵묵부답이었다. 유도사가 "각각 소(疏)를 올려야 할 것입니다. ….."라고 하니, 권도(權鍍)가 "이미 보합하였으니, 합소(合疏, 연합 상소)하는 것이 좋겠습니다. 이미 합소하게 되었다면 〈학봉을 앞에 놓고 서애를 뒤에 놓아〉 '학애'라고 해도 될 것입니다."라고 하였다. 온 자리가 또 묵묵부답이었다. 원당(元塘) 이주경(李周卿)이 문밖에 있다가 곧바로 들어와서 호령하기를 "이 자리가 얼마나 중대한 곳인데 감히 이런 말을 합니까!"라고 하니, 권도가 누차 사과하였다. 이주경 씨가 분함을 풀지 못하고 문밖으로 나가자, 양동 진사(良洞進士, 양동 출신 진사)가 이주경

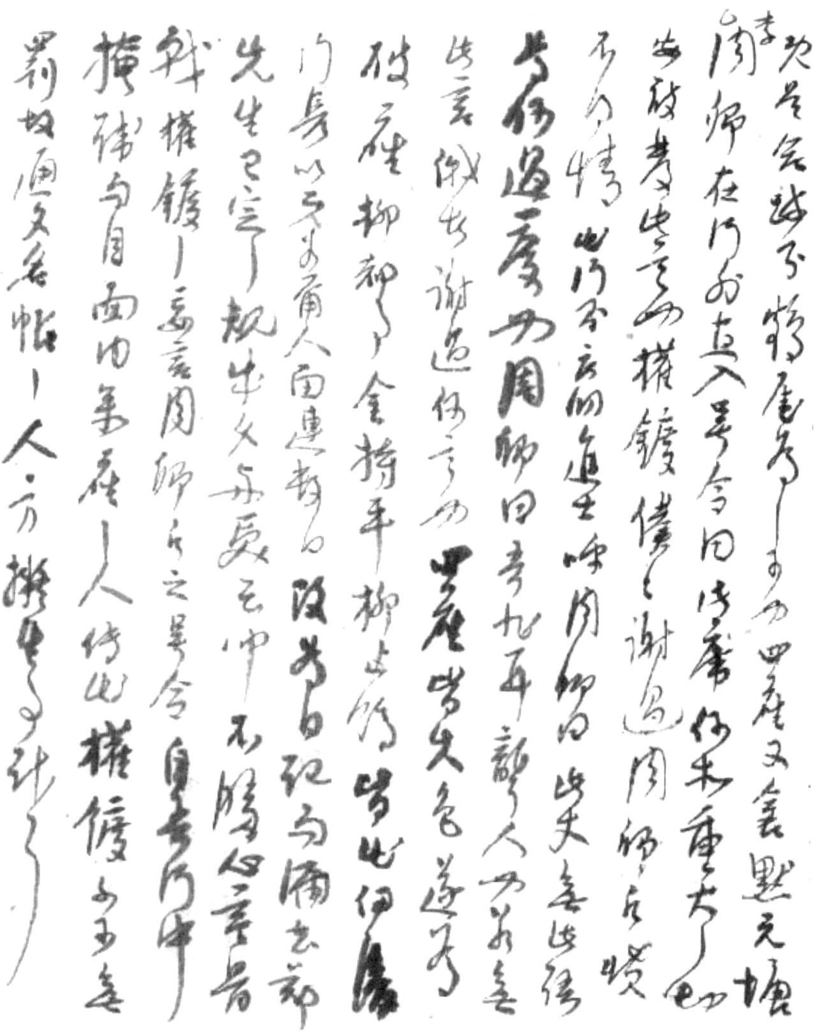

42.0×23.0

을 불러 "이 어른이 이러한 말이 없었는데 귀하께서 얼마나 정도가 지나쳤습니까!"라고 하니, 이주경이 "제가 귀머거리가 아닙니다. 만일 이러한 말이 없었다면 아까 사과한 것은 무슨 말입니까?"라고 하였다. 온 자리가 모두 얼굴빛을 변하였고, 마침내 자리를 마쳤다. 유도사, 김지평, 유지호가 모두

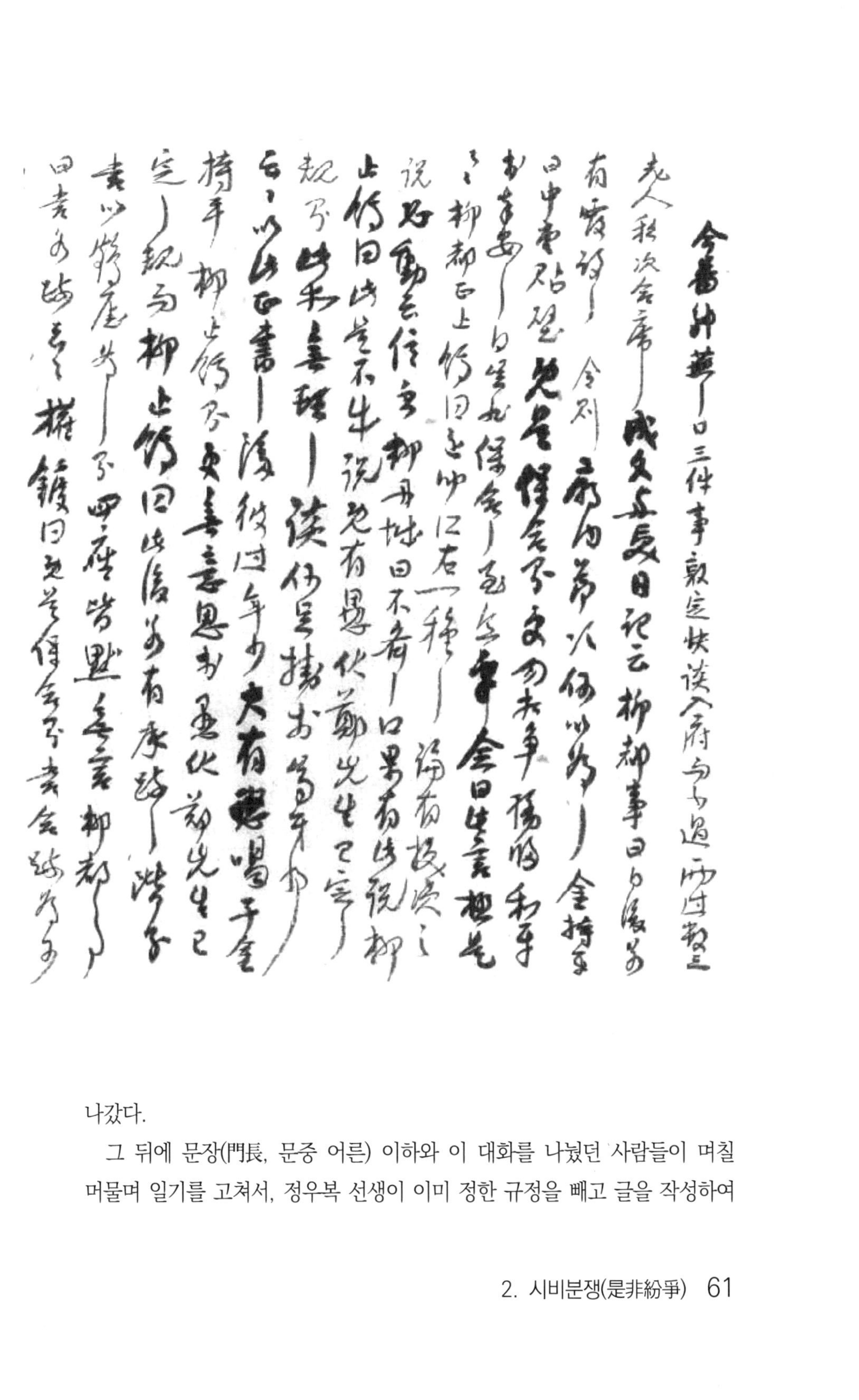

나갔다.

그 뒤에 문장(門長, 문중 어른) 이하와 이 대화를 나눴던 사람들이 며칠 머물며 일기를 고쳐서, 정우복 선생이 이미 정한 규정을 빼고 글을 작성하여 주고받았다고 하니, 이를 듣고는 가슴이 서늘하고 뼛골이 떨림을 가누기 어렵다. 권도의 망칙한 말과 이주경 씨의 호령은 우리 문중에서 감추어야 할 일인데 면내(面內)의 참석했던 사람들이 전파시켰으니, 권도는 벌을 안 줄 수 없다. 그러므로 통문에 이름을 올린 사람들은 막 사단을 일으킬 계책을 어림 중이다.

이 문건은 작성자와 작성일이 불분명한 병호시비(屛虎是非)의 위차(位次)에 대해 논쟁한《이중구가 5대 고문서, B117》이다.

여강서원(廬江書院)의 서애(西厓)와 학봉(鶴峰)의 위패(位牌) 서열 절차에 대해 강우(江右)의 논의에서 위패의 순서를 바꾸자는 말이 일어난 것에 반대하는 의견을 적은 것이다. 차후에 학봉을 앞에 놓고 서애를 뒤에 놓아 '학애(鶴厓)'라고 기록할 논의에 대해 묵묵부답일 때 이주경(李周卿)이 호령하기를 "이 자리가 얼마나 중대한 곳인데 감히 이런 말을 합니까!"라고 하니, 권도가 누차 사과하였고, 온 자리 사람들이 모두 얼굴빛을 변하였고, 마침내 자리를 마쳤다. 권도를 벌주어야겠기에 명함(名貼)이 있는 사람들에게 통문을 보내 이 사건에 대한 계획 수립을 하고자 한다는 것이다.

07 작성자, 작성일 불명
만송정(萬松亭)에서 낸 통유(通諭)에 대한 답변

右文爲通諭事. 伏以尊慕先師, 後生之常德, 攝贊縟禮, 斯文之盛儀. 恭惟我厓老先生賄賜之命, 特出於曠世之盛典. 在本孫地, 當鞠躬盡誠, 祗奉休命, 在士林地, 當整衿齊遬, 庸贊後列. 而仄聞當日議論乖張, 川蜀[6]易處, 風浪交作, 至於爬錄一款, 雖屬文具, 亦吾南諸先輩, 已行之常規, 而卒莫之循例擧行者, 則在會僉君子, 恐不能辭其責, 而引繩以絶抑, 豈無受病者存乎. 及見萬松亭會所通諭, 得審其顚末. 生等始也驚, 中而疑, 終而慨然而長歎也. 噫. 吾林之尊慕我先生, 不下於後承之至情, 而不幸八十年來同室分裂, 趨向乃異, 挨逼之深, 則至稱勳業宰相, 誣陷之過, 則至有杜撰賢錄, 吾黨先父老之血憤未解, 如卷成軸, 今使此孥人, 引進周旋於先生之廟下者, 於情安乎, 不安乎. 於理順乎, 不順乎. 道儒之終始擯斥, 只是有見乎此個義, 而本孫之一切相反, 擠此而右彼者, 抑獨何哉. 噫. 彼數人者, 亦古家遺耆, 藎臣儒望, 耳目自有所逮, 好惡豈至全喪, 但其平日立心, 一我字着得太過, 寧忘辱祖之怨, 而不能忘攻己之怒, 寧改先世之論, 而不欲改自家之言, 執拗文過, 馴成膏肓, 以爲及此盛禮, 可踐新盟, 始也薦署山長, 環告一省, 終焉綢繆往復, 迎納諸家, 乘夜開座, 擯迫同室, 及其將事之際, 左右趨進者, 擧皆前日挨逼誣陷之倫, 而至於門徒後承, 至誠尊慕者, 曾無一人見參於後列. 若使先生在天之靈, 陟降庭止, 其肯曰, 我賢孫擧措得宜乎. 哀彼兩三家, 自知平日獲罪大義, 今見本孫之引誘, 方德之不暇, 何暇念外言之踵至乎. 然而近聞吾南中奏御文字, 亦有惹起前論者, 竊恐河上之五載苦心, 見賣於一邊人機陷也, 何其謬哉. 至若院庭笞罰, 似涉過當, 而

---

6) 川蜀 : 천촉(川蜀)의 촉(蜀)은 산을 이르는 말이다. 《한한대사전》의 촉(蜀)자 자해 3조에, "홀로 우뚝 솟은 산"이라 하고, 그 예문으로《이아(爾雅), 석산(釋山)》: "[山]獨者蜀"이라고 하였다. 곧 川蜀易處는 '산과 내가 뒤바뀌어 졌다.'이다. 하늘이 땅이 되고 땅이 하늘이 되었다는 뜻이다. 전연 턱도 없는 일이 벌어진 것을 비유적으로 이른 말이다.

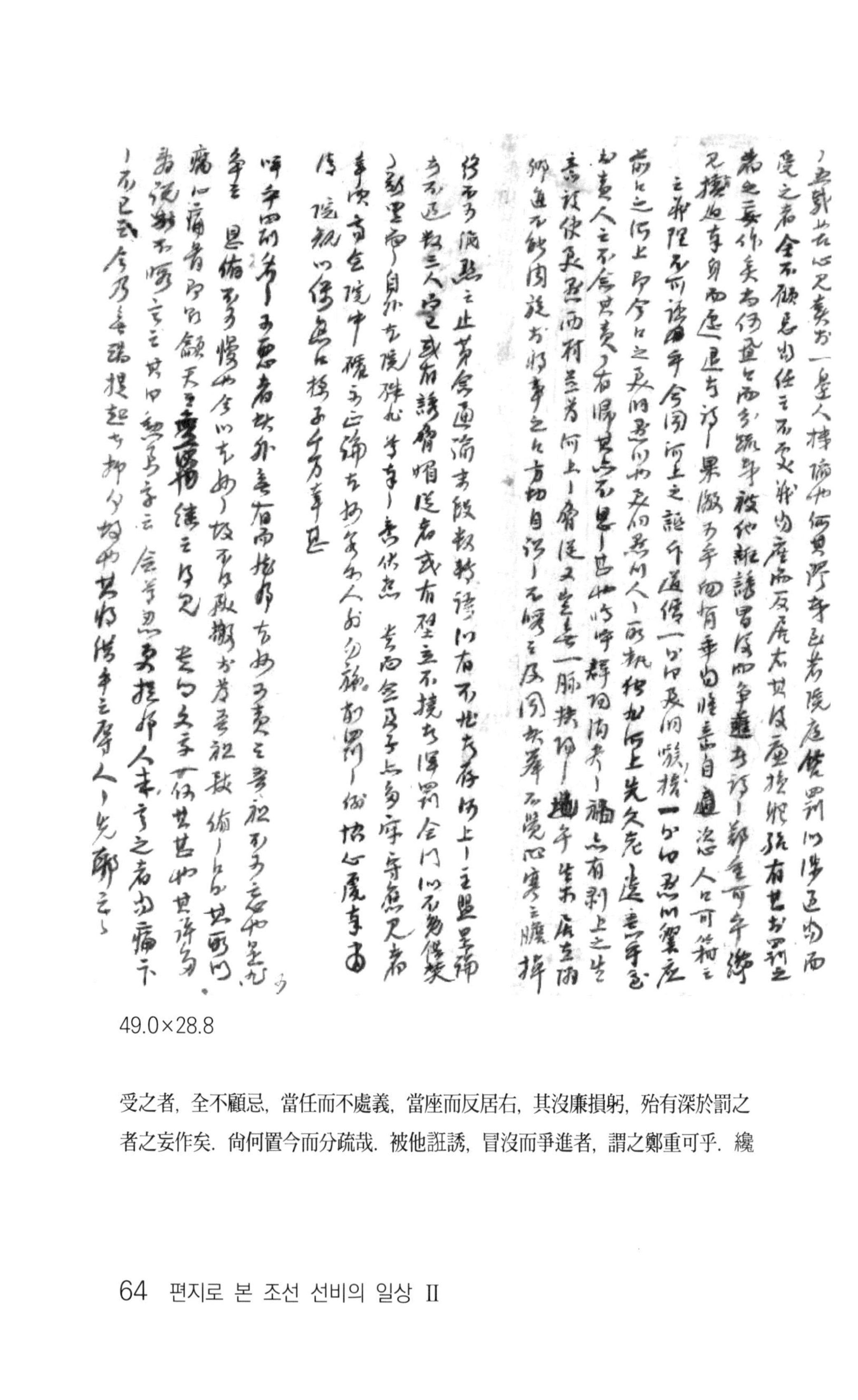

49.0×28.8

受之者, 全不顧忌, 當任而不處義, 當座而反居右, 其沒廉損躬, 殆有深於罰之者之妄作矣. 尙何置今而分疏哉. 被他誑誘, 冒沒而爭進者, 謂之鄭重可乎. 纔

見擯迫, 奉身而遽退者, 謂之果激可乎. 向背乖當, 惟意自恣, 人口可箝, 而□之義理, 不可誣乎. 今聞河上之詆斥道儒, 一則曰美洞指嗾, 一則曰愚川響應, 前日之河上, 卽今日之美洞愚川也. 美洞愚川人之所執, 獨非河上先父老之遺意乎. 至於責人, 而不念其責之有歸, 其亦不思之甚也. 嗚呼. 群陽消盡之禍, 亦有剝上之生

意, 設使美愚兩村, 並爲河上之脅從, 又豈無一脈扶陽之地乎. 生等居在隣鄕, 進不能周旋於將事之日, 方切自訟之不暇, 而及聞此擧, 不覺心寒而膽掉, 終不可泯黙而止. 第念通諭末端數轉語, 似有不然者存. 河上之主盟是論者, 不過數三人而已. 或有誘脅媚從者, 或有壁立不撓者, 渾罰全門, 似不免俱焚之歎. 豊面之自外本院, 殊非尊奉之意. 伏想貴面僉君子, 亦多牢守舊見者, 幸須齊會院中, 確示正論, 本孫若可人外, 勿施削罰之例, 協心虔奉, 肅淸院規, 以保舊日樣子, 千万幸甚.
嗚乎. 罰名之可惡者, 此外無有而然耶. 本孫可責, 而吾祖不可忘也. 是非可爭, 而恩侑不可慢也. 今以本孫之故, 不得致撽於爲吾祖致侑之日, 則其所以腐心痛骨, 卽欲籲天而無所也. 繼而得見貴鄕文字, 一何其甚也. 其許多辭說, 姑不可言, 而其曰勳業字云, 僉尊忍更提耶. 人或言之者, 當痛卞之不已, 而今乃無端提起者, 抑何故也. 其將借手而辱人之先耶云云.

이상의 글에서 알린 일에 대해 답합니다. 삼가 선사(先師)를 존경하는 것은 후생(後生)들의 일상적인 덕이고 거대한 예절로 찬양하는 것은 사문(斯文)의 성대한 예의입니다.

삼가 생각건대 우리 서애(西厓) 선생에게 조정에서 치제(致祭)의 명(命)이 내려진 것은 특별히 세상에 없는 성대한 예전(禮典)에서 나온 것입니다. 본손(本孫)의 처지에 있어서는 몸을 굽혀 정성을 다해 아름다운 명을 경건히 받들어야 할 것이고 사림(士林)의 처지에 있어서도 옷깃을 가다듬어 재빨리 뒤에서 도와야 할 것입니다.

주변에서 듣자니 당일 논의가 어그러지게 펼쳐지며, 산과 시내가 뒤바뀌어 풍파가 번갈아 일어났다고 하였습니다. 파록(爬錄)[7] 한 가지도 비록 문구(文具, 겉치레)에 불과하지만 또한 우리 영남(嶺南)의 여러 선배들이 이미 행해왔던 규정입니다. 그런데 끝내 규정대로 거행되지 못한 것에 대해서는 모임에 있었던 여러 분들이 아마도 그 책임을 면치 못할 것입니다. 그러나

7) 파록(爬錄) : 소임이나 직책을 나누어 맡는 사람들의 이름을 나열하여 적은 기록을 말한다.

법의 잣대를 끌어다 잘라내 억제한다면 어찌 이 병통을 빚은 존재가 없겠습니까.

만송정(萬松亭) 회소(會所)의 통유(通諭)를 보고 나서야 그 전말(顚末)을 알았습니다. 저희들은 처음에 놀랐다가 중간에 의심하고 끝에는 서글프게 장탄식하였습니다. 아! 우리 유림(儒林)들이 우리 선생을 존경하는 것은 후손의 지극한 열정만 못하지 않은데 불행히도 80년 이래에 한 집안이 분열되며 취향이 달라져서, 밀쳐 핍박함의 심함은 훈업재상(勳業宰相)[8]이라 일컫기에 이르렀고, 무함의 지나침은 현록(賢錄)[9]을 엉뚱하게 만들어 내는데 이르렀습니다. 우리 고을 선배 원로들의 피맺힌 분통이 아직 풀리지 않아 두루마리가 권축(卷軸)을 이루었습니다.

지금 이런 하천한 자들을 끌어들여서 선생의 사당에서 일을 주선하게 한다면 정리(情理)에 편안할까요, 편안하지 않을까요, 도리에 순한 일일까요, 순하지 않은 일일까요. 도유(道儒)들이 시종 배척한 것은 다만 이러한 의리를 본 것인데, 본손이 일체 반대하여 이쪽을 해치고 저쪽을 편들고 있으니 아니 어떤 까닭에서 일까요. 아! 저들 몇 사람들은 또한 고풍(古風)이 있는 집안의 원로이자 충실한 신하로 명망이 있는 선비이니 보고 들은 것이 본래 있을 것입니다. 그런데 좋아하고 미워해야 할 것을 모두 상실한 데에 이르렀을까요.

다만 그 평일에 마음을 먹은 것이 '나'라는 '아(我)' 한 글자에 집착함이 너무 과도하여 차라리 조상을 욕보인 원한을 잊을지언정 자기를 공격하는 분노를 잊을 수 없으며, 차라리 선대(先代)의 논의를 고칠지언정 자기의 말을 고치지 않으려 해서입니다. 집요하게 허물을 꾸며댐이 점차 고질적인 병통으로 굳어져, 이런 성대한 예전(禮典)을 행하는 일이 벌어지자 새로운 맹세를 할 수 있다 생각해서입니다. 처음 산장(山長, 서원의 원장)을 천거하는 일로 온 경상도에 두루 알리더니, 마침내는 얽어 왕복하면서 여러 집안들을 맞아

---

8) 훈업재상(勳業宰相) : 서애를 도덕이 높은 분으로 평가하지 않고 공훈이 있는 정승이라고 깎아내리는 말이다.

9) 현록(賢錄) : 안동 지역 현자들의 학행을 엮은 어떤 문건 이름인 듯하다.

들이고 밤을 틈타서 자리를 마련하면서 같은 집안을 배척하였습니다.

제사를 모실 즈음에 이르러 좌우에서 거드는 자들이 모두 지난날 핍박하며 모함했던 무리들이고, 문하생이나 후손으로서 지극한 정성으로 존경하는 이들은 한 사람도 그 대열에 참여한 이가 없었습니다. 만일 하늘에 계신 선생의 신령께서 뜰에 오르내리신다면 기꺼이 “우리 어진 후손들의 조치가 마땅함을 얻었구나.”라고 하겠습니까. 서글프게도 저들 두세 집들이 자신들이 평일에 대의(大義)에 죄를 진 것을 알았다면 오늘날 본손들이 그들을 이끌어 들이며 달래는 것을 알았으니 바야흐로 덕스럽게 여기기에도 여념이 없어야 할 것입니다. 어느 겨를에 외부의 말들이 답지하는 것을 생각할 여가가 있겠습니까? 그런데 근자에 듣자하니 우리 영남에서 군주께 아뢰는 글에 또다시 전자의 말을 야기하는 자가 있었습니다. 아마 하상(河上)에서 5년 동안 고심하다가 그쪽 사람들의 덫에 속은 듯하니, 얼마나 잘못된 것입니까.

서원 뜰에서 매를 때리는 벌을 한 것은 지나친 것 같으나 그 매를 맞은 자가 전혀 꺼리는 생각을 갖지 않아, 임무를 맡아서는 의리로 처리하지 않고, 자리에 앉는 일에서는 도리어 높은 자리에 앉았습니다. 그 몰염치하고 몸을 손상시키는 짓이 벌을 내린 경망한 작태보다 심함이 있습니다. 어찌 지금 버려두어 변명하게 해야 하며, 저들의 속이는 꼬임을 받아서 염치를 무릅쓰고 다투어 나온 자들을 정중하다 말할 수 있으며, 한 몸을 이끌고 급히 물러난 자를 과격하다 말할 수 있겠습니까, 향배가 당연한 도리에서 어긋나 제멋대로 방자하게 굴고 있습니다. 남의 말을 옥죌 수 있으나 의리를 □□한 것을 속일 수는 없습니다.

지금 듣건대 하상(河上)에서 도유(道儒)들을 배척하는 것은 한편으로 미동(美洞)의 사주(使嗾) 때문이라고 하고 한편으로 우천(愚川)에서 맞장구쳤기 때문이라고 하는데, 지난날의 하상은 바로 오늘날의 미동과 우천입니다. 미동과 우천 사람들이 고집하는 것은 하상의 선배 원로들의 남긴 뜻이 아니겠습니까. 남을 꾸짖으면서 그 꾸짖음의 귀결처를 생각하지 않는 것은 또한 사려가 깊지 못한 것입니다.

아, 많은 선류(善類)가 소멸되는 재앙에는 또한 박괘(剝卦 ䷖) 상구(上九)의 생성되는 뜻이 있으니,[10] 설사 미동과 우천이 모두 하상에 협박을 받아 따랐더라도 또한 어찌 일맥 선류가 유지되는 터전이 없겠습니까. 저희가 이웃 고을에 살면서 제삿날 나아가 주선하지 못해 바야흐로 반성하기에 여념이 없었는데, 이러한 일들이 있었음을 듣고서 마음이 서늘하여지며 간이 떨어지는 느낌을 받았기에 끝내 침묵하며 머물러 있을 수 없습니다.

다만 통유(通諭)의 맨 끝 몇 마디 말은 그러하지 않은 것이 있는 듯합니다. 하상에서 이 논의를 주동한 이들은 불과 몇 사람뿐입니다. 혹은 유혹과 위협에 따른 이도 있고 혹은 우뚝 서서 꺾이지 않는 이도 있을 것인데, 온 집안을 모두 벌하면 〈흑백을 가림이 없이〉 모두 불타는 한탄을 면하지 못할 것입니다. 풍면(豊面, 풍산면인 듯함)에서 병산서원의 일을 스스로 도외시하는 것은 존경하는 뜻이 아닙니다. 삼가 생각건대 여러분들은 또한 이전의 견해를 굳게 지키시는 분들이 많습니다. 바라건대 당연히 서원에 일제히 모여서 정론(正論)을 확정해 내보이고, 본손 중에서도 벌을 받을 만한 사람 이외에는 삭벌(削罰)의 규례에 들지 말게 하십시오. 합심하여 제사를 받들고, 서원 규정을 엄숙하게 정비하여 예전의 모습을 보존한다면 천만다행이겠습니다.

아, 벌(罰) 중에 미워할 만한 것이 이 이외에는 다른 조목이 없어서 그러한 것입니까. 본손도 꾸짖을 수는 있으나 우리 조상은 잊을 수 없으며, 시비를 다툴 수는 있으나 은유(恩侑, 임금이 내린 은혜)는 소홀히 할 수 없습니다. 지금 본손 때문에 우리 조상을 제향 하는 날에 제물을 운반할 수 없다면 그 속이 썩고 뼈가 시린 아픔은 하늘에 부르짖으려고 해도 그러할 곳이 없을 것입니다.

이어서 그 고을의 글을 보니 어찌 한결같이 그리 심합니까. 그 허다한 말은 다 말할 수 없으나 '훈업[勳業]이란 말' 운운하는 것을, 여러분들께서 차마 다시 거론할 수 있습니까. 타인이 혹은 말하더라도 통렬히 변론하기를 그치지 않아야 하거늘 지금 까닭 없이 제기하는 것은 무슨 이유입니까. 장차 손

10) 박괘(剝卦 ䷖) 상구(上九)의 생성되는 뜻이 있으니 : 《주역(周易)》 박괘(剝卦) 상구(上九)에 "큰 과일은 먹히지 않는다.[碩果不食]"고 하였는데, 이는 다섯 개의 효(爻)가 모두 음(陰)인 상태에서 맨 위의 효 하나만 양(陽)인 것을 큰 과일로 비유한 것으로서, 하나 남은 양의 기운이 외로운 것처럼 보이지만 결코 끊어지지 않고 계속 이어진다는 뜻을 보인 것이다.

을 빌려서 남의 선조를 모욕하려는 것입니까. 라고 운운하였다.

이 문건은 만송정(萬松亭)에서 낸 통문에 답장 형식으로 작성한 통문으로 《이중구가 5대 고문서, B118》이다.

서애(西厓) 류성룡(柳成龍)에게 조정에서 치제(致祭)의 예전(禮典)을 내리자 이를 행할 제관(祭官) 선정에서 안동(安東) 유림(儒林)끼리 갈등을 빚으며 예전의 규약에 어긋난 것이 있었다. 정작 치제 당일 이런저런 시비로 치제가 제대로 이뤄지지 않았다. 이 일을 당일 예를 집행한 측에서 만송정(萬松亭)에 모여 통문 형식으로 알리자 이것을 받아 든 유씨(柳氏) 측 인사들이 반박 통문을 발송한 것이 이 문건이다.

이 일은 한 집안 같은 안동 유림들이 80년 동안 양측으로 나뉘어 다툰 결과이다. 서애 선생을 일러 훈업재상(勳業宰相)이라 하고, 현록(賢錄)을 엉뚱하게 만들기까지 하였다. 이런 일에 주동이 된 자들을 치제(致祭)의 제관으로 선정하였으니 이게 도대체 맞는 일인지, 기왕에 이런 일을 보고서도 주선하여 보합시키지 못한 것이 정말 부끄러웠다. 그런데 오늘날 이런 일이 일어났다. 통문에서는 하회(河回)의 일부 사람들의 말을 동원하여 미동(美洞)과 우천(愚川) 사람들의 잘못이라고 말하지만 미동과 우천 사람들이 바로 옛 하회 선배들의 뜻이다. 하회에서 이런 논의를 주동한 이는 불과 몇 사람이다. 풍면(豊面)에서 병산서원의 일을 스스로 도외시하는 것은 잘못이다. 일이 이 지경에 이르렀으니 병산서원에 모여 이들을 성토하고 병산서원을 숙정하는 일을 해야 할 것이다. 벌을 내리는 것이 능사가 아니고 옛 모양을 회복해야 할 것이다.

이 문건에서 류성룡을 위하고 병산서원의 일을 도외시하지 않게 하기 위한 노력을 살펴볼 수 있다.

08 김훈(金壎, ?) 1892년 10월 17일
김훈이 병산서원(屛山書院)에 보낸 편지 형식의 통문(通文)

伏惟肇冬, 僉體動止候萬重, 伏遡區區. 就煩竊有所卞明而自

覈者存. 厓鶴兩先生造詣淺深, 固非末學所敢低昂, 而不意

於今春近始齋金先生請贈上言時, 言頭之任, 謬及無似, 而

逮夫河上柳氏之索名之擧, 始知其臨時換草, 大有所未安. 所謂

頭任, 不知其措辭, 則已不可以頭任自處, 故含默以過者, 幾

朔矣. 近聞道論張皇, 通章四出, 此而不卞, 儒林誚謗, 自

有所歸, 其於尊衛之道, 尤極未安, 玆敢控辭仰暴, 伏願諒

此情實, 千万幸甚.

金進士壎簡通屛山書院.

壬辰十月十七日.

삼가 생각건대 초겨울에 여러분들의 생활이 모두 편하신지 궁금합니다. 아뢸 말씀은 저으기 밝혀서 자백한 것이 있었습니다. 서애(西厓)와 학봉(鶴峰) 두 선생의 학문 조예의 깊이는 말학(末學)인 제가 헤아릴 처지가 못 되는데 뜻밖에 이번 봄에 근시재(近始齋) 김해(金垓) 선생의 증직(贈職)을 청하려 상소(上疏)했을 적에 소두(疏頭, 상소의 주동자)의 책임을 외람되이 제가 맡았는데 하상(河上) 유씨(柳氏)들께서 명분을 찾는 조치에 의해 비로소 그 일에 임하여 초고(草稿)가 바뀐 것을 알게 되어 매우 온당치 못하게 되었습니다. 이른바 소두 책임자가 그 글을 작성한 것을 알지 못하니 소두로 자처할 수 없게 되었으므로 잠잠하게 지낸 것이 몇 달이었습니다.

근래에 도론(道論)이 장황하게 일어났고 통장(通章, 통문)이 사방으로 나가니 이를 분별하지 않으면 유림(儒林)의 꾸짖음이 절로 돌아오게 될 것입니다.

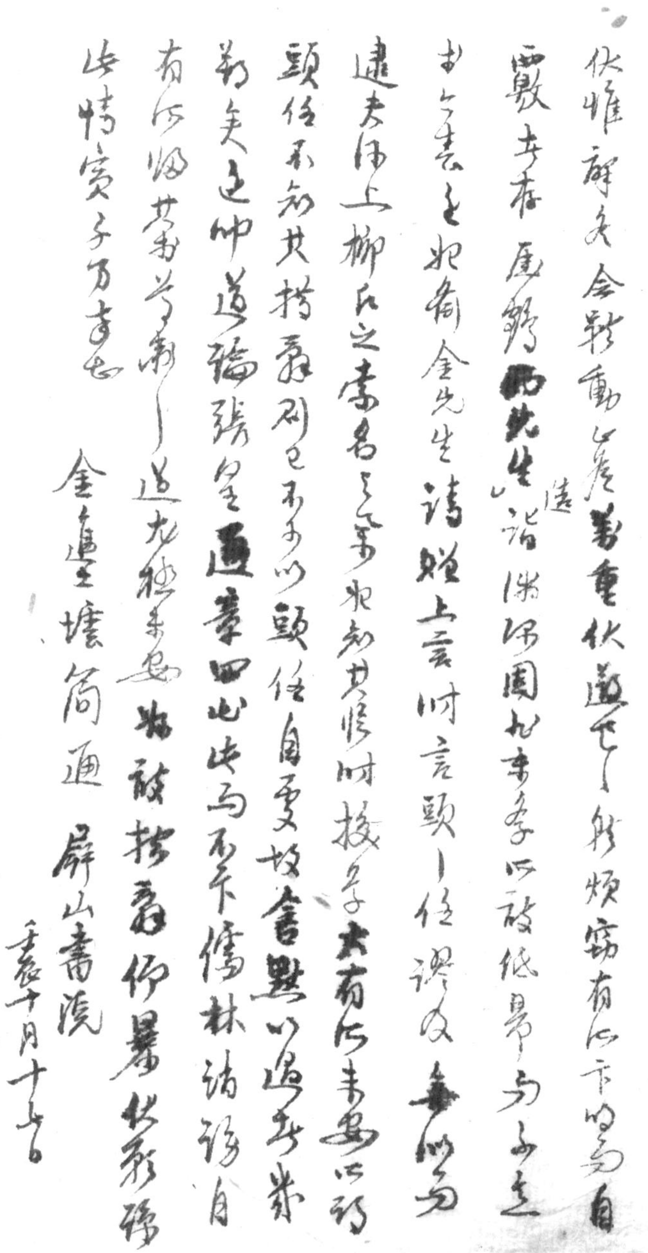

14.5×24.5

사문(斯文)을 보호하는 데에 매우 온당치 못하게 되어서 이에 감히 글을 올려 고하니 삼가 바라건대 이러한 실정을 헤아려주시면 천만다행이겠습니다.

진사(進士) 김훈(金壎)이 병산서원(屛山書院)에 간통(簡通)함.

임진년(壬辰年, 1892) 10월 17일.

이 문건은 1892년 10월 17일에 김훈이 병산서원(屛山書院)에 보낸 《이중구가 5대 고문서, B119》간통(簡通)이다.

김훈이 근시재(近始齋) 김해(金垓) 선생의 시호(諡號)를 청하는 상소(上疏)의 소두(疏頭)를 맡았는데 그 일로 인해 하상(河上) 유씨(柳氏)들에 의해 서애(西厓)와 학봉(鶴峰) 두 선생의 초고(草稿) 기록이 바뀐 것을 알게 되었다고 하였다. 이 문제로 근래에 도론(道論)이 장황하게 일어났고 통장(通章)이 사방으로 나가니 온당치 못하게 되었다고 하면서 사과하는 글을 올린다고 한 것이다.

근시재(近始齋)는 김해(金垓, 1555~1593)의 호인데, 자는 달원(達遠), 본관은 광산(光山)이다. 증광 문과에 급제하였고 예문관 검열을 지냈다. 임진왜란이 일어나자 향리 예안(禮安)에서 의병을 일으켰고, 영남 의병장으로 추대되어 많은 전과를 올렸다. 1595년 홍문관수찬이 증직되고, 1893년 이조판서가 추증되었다. 저서로는 《근시재집(近始齋集)》이 있다.

09 작성자, 작성일 불명 옥산서원(玉山書院) 사변(事變) 전말(顚末) 기록

玉山書院事變顚末

玉李之凌蔑嫡家, 仇視士林, 非一朝一夕之故, 自其先李浚[卽先生庶子全仁之子], 以來已包禍胎, 世構釁端, 蔓及道內. 其始終顚末, 皆具於玉院古乘及道內儒紳家巾衍, 故玆爲撮擧作變次第及年條事實如左.

謹按, 儒先錄中, 曺南冥先生記事曰, "全仁云者, 乃故貳相李某[晦齋諱]之妓産, 其名曰玉剛者也. 李某初出仕, 爲慶州訓導時, 其母爲房妓, 故判書曺潤孫, 時爲慶尙水使, 曾眄此妓. 因李某上京, 潛挑而去. 李某已有身, 潤孫取去, 七箇月而生, 乃名之以玉剛, 以奉其祀. 某[南冥諱]之婦翁,11) 有孽妹, 乃潤孫子義山之妻也. 門戶相連, 詳知顚末, 曺門皆知七月所生, 國人皆笑潤孫之惑. 及潤孫沒, 曺家子壻, 不許旁題, 玉剛尙貪奉祀所傳, 不肯歸其父. 時李某竄在西關, 孑孑孤寓, 某聞而甚悶之.12) 委通信人於玉剛曰, 汝母非不說汝以所生之父, 而今則判書已沒焉, 有所忌而不就貳相乎. 朝議今欲鞫汝母, [時義山擊錚故云.] 汝旣負父, 又欲殺母乎. 玉剛顧戀不去, 猶服養父縗絰, 李某有子, 而爲勢家所奪. 其後乃歸侍貳相於西關, 其名全仁云者, 必就李某, 而後改名也."

---

11) 某(南冥諱)之婦翁 : 南冥先生集(卷2 雜著 解關西問答)에는 "植之婦翁有孽]妹"라고 하여, '某'가 '植(曺植)'으로 되어 있다.

12) 某聞而甚悶之 : 南冥先生集(卷2 雜著 解關西問答)에는 "植聞而愍之"라고 하여, '某'가 '植(曺植)'으로 되어 있다.

按, 院中考往錄, 全仁復姓, 在於嘉靖戊申, 全仁生於丙子, 則戊申復姓時, 年已三十有三, 其子浚及淳, 皆生於曺家而挈來者也.

大抵李浚, 於先生文集請文等事, 不無其勞, 而盤據溪堂延攬使盖, 其凌嫡奪宗之計, 其來已久, 曾在倭亂時, 體察使梧里李相公, 借寓玉山溪亭, 浚以其父祠堂, 冒稱祖考家廟, 偃然以宗家自處, 使大臣不安於出入, 此則梧里相公之所自語也. 陰懷兇計, 欲奪嫡嗣, 往圖於權純性權昐諸公, 皆被斥逐, 如沈一松喜壽李五峯好閔與權縉諸公, 或責叱之, 或麾逐之, 而更謀不測之事. 適逢朝家擧動之日, 冒呈上言, 爲金吾卒所曳出. 凡其做措, 盖多類此.

按, 玉李構釁醸禍之習, 已兆於此, 而其後百二十四年己亥, 有李義聃鶴年等變.

鶴年卽浚之後, 而於己亥庚子間, 投托亂鄕之輩, 作變書院, 無所不至, 而末乃以先生元無立後之說, 唱言於鄕堂公坐中, 士林營府呈卞, 不止一再, 而有嚴覈懲戢之題, 又有道內通章, 竣發嚴斥.

按, 此玉李之第三作變, 而其後二十八年乙丑, 有李成楫成樑鶴年等, 濁亂書院, 竊去文籍變.

乙丑年, 玉山書院居接士林書目, 略曰, 李成楫等七八人, 與數三無賴輩, 作變書院, 毆打接儒任司, 被逐出外是如可, 及渠輩出去後, 考閱院莊(藏)文書, 則由來田畓藏獲文書冊凡四十七卷, 及圖書等物, 盡爲蕩失是乎所, 此必渠輩乘時潛偸莊(藏)置其家是白齊. 此等文書所係甚重, 終不推得, 則本院田畓藏獲, 將不知隱於某處, 玆敢齊聲馳報云云. 自官下帖, 推捉李成楫等八人, 侤捧嚴懲, 推還文券.

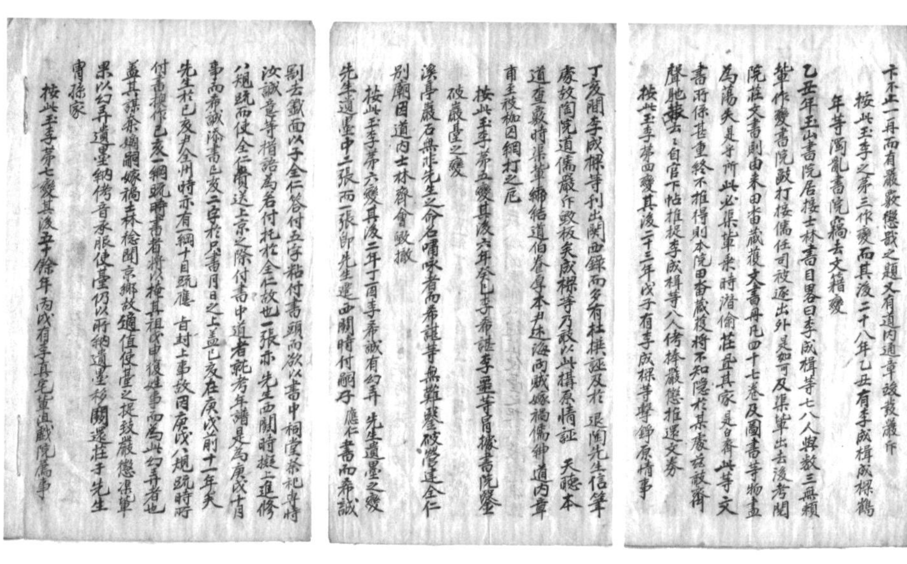

卞不止一再而有嚴[illegible]懲戢之題又有道內通章詆毁巖[illegible]
按此玉李之第三作變而其後二十八年乙丑有李成楫成樑鶴
年等鬧亂書院竊去文籍變
乙丑年玉山書院居接士林書目[illegible]曰李成楫等七八人與數三無賴
輩作變書院毆打接儒任司被逐出外是如可及渠輩出去後考閱
院莊文書則由來田畓藏獲文書幷凡四十七卷及圖書等物盡
爲蕩失是乎所此必渠輩乘時潛偷莊在其家是白齊 此等文
書所係甚重終不推得則本院田畓藏獲將不知隱於甚處茲敢齊
聲馳告ゝ自官下帖推捉李成楫等八人使捧嚴懲推還文券
按此玉李第四變其後二十三年戊子有李成樑等擊錚原情事
丁亥間李成樑等刊出關西錄而多有杜撰誣及於退陶先生信筆
處故陶院道儒嚴斥毁板矣成樑等乃敢以此構原情誣天聽本
道查覈時渠輩締結道伯養厚本尹逃海兩賊嫁禍儒紳道內章
甫至被枷囚網打之厄
按此玉李第五變其後六年癸巳李希諶李噩等冒據書院鑿
破巖臺之變
溪亭巖石無非先生之命名嘯咏者而希諶等無難鑿破營建全仁
別廟因道內士林齊會毁撤
按此玉李第六變其後二年丁酉李希誠有幻弄先生遺墨之變
先生遺墨中二張而一張卽先生遷西關時付嗣子應仁書而希誠
剔去鐵而以子全仁答付立字粘付書頭而欲以書中祠堂祭祀等時
次誠意等措語爲名付托於全仁故也一張亦先生西關時擬上進修
八規既而使全仁賫送上京之際付書中道者既考年譜是爲庚戌十月
事而希誠添書已亥二字於書月日之上蓋已亥在庚戌以前十一年矣
先生於已亥尹全州時亦有綱十目[illegible]旨封上事故因庚戌八規既時
付書捏作已亥一綱既時書者將以棒其祖代申復姓事而爲此幻弄者也
蓋其謀[illegible]綱嫁禍士林[illegible]聞京鄉故值使臺之捉致嚴懲渠輩
果以幻弄遺墨納傳音承服使臺仍以所納遺墨移關還莊于先生
胄孫家
按此玉李第七變其後五十餘年丙戌有李[illegible]光[illegible]藏院儒事

20.7×33.5

按, 此玉李第四變. 其後二十三年戊子, 有李成樑等擊錚原情事.

丁亥間, 李成樑等刊出關西錄, 而多有杜撰, 誣及於退陶先生信筆處, 故陶院道儒嚴斥毁板矣. 成樑等乃敢以此構原情, 誣天聽. 本道查覈時, 渠輩締結道伯, 養厚本尹, 逃海兩賊嫁禍儒紳, 道內章甫, 至被枷囚網打之厄.

按, 此玉李第五變. 其後六年癸巳, 李希諶李噩等冒據書院, 鑿破巖臺之變,

溪亭巖石, 無非先生之命名嘯咏者, 而希諶等無難鑿破, 營建全仁別廟, 因道內士林齊會毁撤.

按, 此玉李第六變. 其後二年丁酉, 李希誠有幻弄先生遺墨之變. 先生遺墨中二張, 而一張卽先生遷西關時, 付嗣子[應仁]書, 而希誠

割去籤面, 以子全仁答付五字, 粘付書頭, 而欲以書中祠堂祭祀, 專恃汝誠意等措語, 爲若付托於全仁故也. 一張亦先生西關時, 擬上進修八規疏, 而使全仁賫送上京之際, 付書中道者, 就考年譜, 是爲庚戌十月事, 而希誠添書己亥二字於只書月日之上. 盖己亥在庚戌前十一年矣. 先生於己亥, 尹全州時, 亦有一綱十目疏, 應旨封上事, 故因庚戌八規疏時所付書, 換作己亥一綱疏時書者, 將以掩其祖戊申復姓事, 而爲此幻弄者也. 盖其謀奪嫡嗣, 嫁禍士林, 稔聞京鄕, 故適値使臺之捉致嚴懲, 渠輩果以幻弄遺墨, 納侤音承服, 使臺仍以所納遺墨, 移關還莊(藏)于先生冑孫家.

按, 此玉李第七變, 其後五十餘年丙戌, 有李眞宅輩沮戱院薦事.

옥산서원 사변 전말(玉山書院事變顚末)

옥리(玉李, 옥산이씨(玉山李氏))들이 적가(嫡家, 적통(嫡統) 집)를 멸시하고 사림(士林)들을 원수로 보는 것은 하루아침 하루저녁에 갑자기 생긴 연고가 아니다. 그들의 선조(先祖) 이준(李浚, 1540~1623)은 바로 회재(晦齋, 이언적, 1491~1553) 선생의 서자(庶子) 이전인(李全仁, 1516~1568)의 아들로서 그 이래로 재앙을 잉태하여 대물려 말썽이 되었고 경상도에 퍼져나갔다. 그 시종(始終)의 전말이 옥산서원(玉山書院)의 옛 사료(史料) 및 경상도 안의 유학자(儒學者) 집의 서고(書庫)에 모두 갖추어 있으므로, 그 변고의 차례와 연조 사실을 다음과 같이 요약해 둔다.

삼가 살펴보건대 《유선록(儒先錄)》에 조남명(曺南冥, 조식, 1501~1572) 선생의 기사(記事)에는 다음과 같이 기록되었다.

"전인(全仁)이라는 사람은 이상(貳相, 의정부 찬성) 회재(晦齋) 이언적(李彦迪)의 기생 첩 아들로 성명이 조옥강(曺玉剛)이다. 회재가 처음으로 경주훈도(慶州訓導) 벼슬을 할 적에 그 어미가 방기(房妓, 수청 드는 기생)였는데, 고(故) 판서(判書) 조윤손(曺潤孫, 1469~1548)이 당시에 경상수사(慶尙水使)로서 일찍이 이 방기를 수청 받은 터였다. 회재가 서울로 가게 되자 조윤손이 몰래 이 기생을 데리고 갔는데, 이미 회재가 임신을 시켰고 조윤손이 데리고 간 지 7개월 만에 아이를 낳아 '옥강(玉剛)'으로 이름을 짓고 제사를 받들게 하였다.

나(조식(曺植) 조남명)의 장인(丈人)의 서얼 누이동생이 조윤손의 아들 조의산(曺義山)의 아내가 되었고, 집안끼리 서로 연통하여 그 전말을 자세히 알고 있었고, 조윤손의 집안에서도 7개월 만에 출생한 것을 모두 알고 있었으며, 나라 사람들은 조윤손의 멍청함을 모두 비웃었다. 조윤손이 죽게 되자 조씨의 아들과 사위들이 방제(旁題)[13]를 '옥강(玉剛)'으로 못 쓰게 하였으나 옥강은 봉사(奉祀)의 전해 받음을 탐내어 아버지 회재에게 가려고 하지 않았다.

이때 회재는 평안도에서 귀양살이를 하였는데 혈혈단신으로 외로이 거처하였다. 나 조식은 그 일을 듣고 매우 안타까워하여 믿을만한 사람을 옥강에게 보내어 말하기를 '너의 어미가 낳아준 아버지 때문에 너를 좋아하지 않음

---

13) 방제(旁題) : 신주의 왼쪽 아래에 쓴 제사를 받드는 사람의 이름이다.

이 아니었다. 지금은 판서(조윤손)께서 이미 돌아가셨는데, 꺼릴 것이 있다고 이상(이언적)에게 가지 않을 것이냐. 조정 논의에 지금 네 어미를 국문하려고 하니[이때 조의산이 격쟁(擊錚)[14]하였으므로 이러한 말이 있게 되었다.] 너는 이미 너의 아버지를 저버린 데다 또다시 어미를 죽이려 하느냐.' 하였으나, 옥강은 미련을 두어 떠나가지 않고 여전히 양부(養父)의 상복을 입었으니, 이회재는 아들이 있는데도 권세가에게 빼앗긴 것이다. 그 뒤에 〈옥강은〉 마침내 이상(이회재)을 평안도로 가서 모셨으니, 그 이름을 '전인(全仁)'이라고 한 것은 반드시 이회재에게 간 뒤에 이름을 바꾼 것이다."

살펴보건대 옥산서원의 〈고왕록(考往錄)〉에는 이전인이 이씨(李氏) 성(姓)을 회복한 것은 가정(嘉靖) 무신년(1548)이었고, 이전인이 병자년(1516)에 태어났으니, 무신년에 이씨 성을 회복할 때는 나이가 이미 33살이었고, 그 아들 이준(李浚), 이순(李淳)은 모두 조윤손의 집에서 태어나서 데리고 온 사람들이다(이상은 1차 변고이다).

대저 이준은 회재 선생 문집을 내는 데에 글을 청하는 등 일에 노력하지 않은 것은 아니지만 시내와 건물에 의거하여 사절(使節)을 맞아들였던 것이니, 그가 적통(嫡統)을 능멸하고 종가(宗家)를 빼앗으려는 계획은 그 유래가 이미 오래되었던 것이다. 일찍이 임진왜란 때에 체찰사(體察使) 오리(梧里) 이원익(李元翼) 상공(相公)이 옥산(玉山) 계정(溪亭)에 잠시 유숙하였는데 이준은 자기 아버지의 사당을 조고(祖考)의 가묘(家廟)라고 거짓으로 일컫고 교만하게 종가(宗家)로 자처하여 대신(大臣)이 출입하는 데에 편치 않게 하였으니 이것은 오리 상공께서 스스로 말한 것이다. 몰래 음흉한 계획을 품고 적사(嫡嗣)를 빼앗으려고 하여 권순성(權純性)·권분(權昐) 등에게 가서 도모하였으나 모두 쫓겨났고, 일송(一松) 심희수(沈喜壽), 오봉(五峯) 이호민(李好閔), 권진(權瑨) 등이 혹은 꾸짖고 혹은 쫓아냈으나 다시 못된 짓을 도모하였다. 마침 임금께서 거둥하신 날을 만나서 거짓을 꾸며 말을 올렸다가 금오

14) 격쟁(擊錚) : 억울한 일이 있는 사람으로서 임금에게 하소연하기 위하여 임금이 거둥하는 길가에서 징이나 꽹과리를 쳐서 하문(下問)을 기다리는 일을 말한다. 격금(擊金)이라고도 한다.

(金吾) 나졸에게 끌려 나왔다. 무릇 그의 행태는 대부분 이와 같았다.

살펴보건대 옥리(玉李)의 재앙을 얽어 빚어내는 버릇이 이미 이와 같았다(이상은 2차 변고이다).

그 후 124년 뒤인 기해년(1719)에 이의담(李義聃) · 이학년(李鶴年) 등의 변고이다. 이학년은 이준의 후손으로 기해년, 경자년(1720) 무렵에 지방의 난동자들에게 의탁하여 서원에 변고를 일으키고 못하는 짓거리가 없어서 마침내는 회재 선생께서 원래 후사(後嗣)를 세우지 않았다는 말을 하고, 이를 마을 공청(公廳)의 좌석에서 앞장서서 말하였다. 사림(士林)들이 감영(監營)과 경주부(慶州府)에 정변(呈卞, 변정하는 글을 올림)한 것이 한두 번뿐만이 아니었는데 엄히 조사하여 징계하라는 제사(題辭)[15]를 받았다. 또 경상도 안에 통장(通章)이 있게 되자 이준은 엄히 배척하였다.

살펴보건대 이것은 옥리(玉李)의 3차 변고이다.

그 후 28년 뒤인 을축년(1745)에 이성즙(李成楫) · 이성량(李成樑) · 이학년 등이 서원을 어지럽히고 문적(文籍)을 훔쳐간 변고이다. 을축년 옥산서원의 거접(居接, 머물러 공부함) 사림(士林) 서목(書目)에 대략 이르기를 "이성즙 등 7~8인이 두셋 무뢰배들과 서원에서 변고를 일으켜서 거접 유생 임사(任司, 담당자)를 때려서 쫓겨나 밖에 있게 되었다가 그들이 떠나간 뒤에 서원 소장의 문서를 살펴보니, '내려온 전답(田畓), 노비(奴婢) 문서책 모두 47권과 도장 등 물건을 모두 잃어버렸던바 이는 반드시 저들이 시기를 틈타 몰래 도둑질하여 자기 집에 소장했을 것이옵니다.' 하였다. 이들 문서는 관계된 것이 매우 중요하지만 끝내 찾아오지 못하니, 옥산서원의 전답, 노비는 어느 곳에 숨겨져 있는지 알지 못해 이에 감히 이구동성(異口同聲)으로 치보(馳報)[16]합니다." 하였다.

관청에서 하첩(下帖)[17]하여 이성량 등 8인을 잡아서 다짐받아 엄히 징계

15) 제사(題辭) : 백성이나 하급 관서에서 제출한 소장(訴狀) 또는 원서(願書)에 대한 관부(官府)의 판결이나 지령(指令)이다.

16) 치보(馳報) : 지방에서 역마를 달려 급히 중앙에 보고하는 일이다.

하고 문서를 되돌려 놓게 하였다.

살펴보건대 이것은 옥리(玉李)의 4차 변고이다.

그 후 23년 뒤인 무자년(1768)에 이성량 등이 격쟁(擊錚)하여 원정(原情, 사정을 하소연함)한 것이다. 정해년(1767) 무렵에 이성량 등이 〈관서록(關西錄)〉을 출간하였는데 틀린 것이 많았고, 퇴계(退溪) 선생의 필적도 속였으므로 도산서원(陶山書院) 유림들에게 배척을 받았다. 이성량 등은 감히 이것을 원정하여 임금까지 속였다. 경상도에서 조사할 때에 저들은 도백(道伯, 관찰사)과 체결하고, 경주부윤을 잘 대접했고, 술(述)과 해(海)라는 두 명 적도(賊徒)들이 유림(儒林)에 재앙을 전파하여 경상도의 선비들이 수감되어 일망타진되는 재앙을 입게 되었다.

살펴보건대 이것은 옥리(玉李)의 5차 변고이다.

그 후 6년 뒤인 계사년(1773)에 이희심(李希諶)·이악(李噩) 등이 옥산서원을 점거하고 암대(巖臺)를 파괴한 변고이다. 계정(溪亭)의 암석(巖石)은 회재 선생이 이름을 짓고 시를 짓던 것인데, 이희심 등이 어려워하지 않고 파괴하고, 이전인의 별묘(別廟)를 세웠는데 경상도 선비들이 모여 철거하였다.

살펴보건대 이것은 옥리(玉李)의 6차 변고이다.

그 후 2년(4년의 잘못임) 뒤인 정유년(1777)에 이희성(李希誠)이 회재 선생의 유묵(遺墨)을 장난친 변고이다. 선생의 유묵 2장 중에 1장은 평안도 적소(謫所)에 계실 적에 '사자(嗣子) 이응인(李應仁, 1535~1593. 양자임)에게 부친[付嗣子應仁]' 편지인데, 이희성이 첨면(籤面, 쪽지 면)을 삭제하고 '아들 이전인에게 답장해 부친다[子全仁答付]'는 5자를 편지 첫머리에 붙여 넣었는데, 편지 속의 '사당 제사는 오로지 너의 성실한 마음을 믿겠다.[祠堂祭祀, 專恃汝誠意.]' 등의 말을 마치 이전인에게 부탁한 것처럼 하려고 하였기 때문이다. 또 1장도 회재 선생께서 평안도 적소에 계실 적에 〈팔규소(八規疏)〉[18]를

17) 하첩(下帖) : 하체. 수령이 내려 보내는 문서이다.

18) 〈팔규소(八規疏)〉 : 이언적이 강계에 안치된 1550년에 명종에게 올리기 위하여 지은 글로

조정에 올리려고 하여 이전인을 시켜 서울로 가지고 가게 할 때에 부친 편지 중에 말한 것이다. 연보(年譜)를 살펴보니, 이것은 '경술년(1550) 10월'의 일이지만, 이희성이 '기해(己亥)'(1539) 두 글자를 보태 써넣었는데 다만 '월일(月日)' 위에다 써넣은 것으로, 기해년은 경술년보다 11년 이전이다. 기해년은 회재 선생이 전주(全州) 부윤이었는데 또한 〈일강십목소(一綱十目疏)〉[19]를 응지(應旨)[20]로 봉사(封事)를 올린 것이다. 그러므로 경술년 〈팔규소〉 때에 부친 편지를 기해년 〈일강십목소〉 때 편지로 조작한 것은 자기 할아버지가 무신년(1548)에 '이전인(李全仁)'으로 성명을 바꾼 것을 엄폐하려고 장난친 것이다. 이희성이 적사(嫡嗣)를 빼앗으려 하고 사림에게 재앙을 전파한 것은 경향에 소문이 났으므로 마침 사대(使臺)[21]가 잡아다가 엄히 징계할 때를 만나서, 그들 무리는 유묵을 장난친 것에 확실한 다짐을 바쳐서 승복하였다. 사대는 바친 회재의 유묵을 회재의 주손(冑孫, 종손) 집으로 도로 옮겨 소장하게 하였다.

살펴보건대 이것은 옥리(玉李)의 7차 변고이다.

그 후 50여년 뒤인 병술년(1826)에 이진택(李眞宅) 무리들이 원천(院薦, 서원 추천)을 저지한 일이다.

이상은 작성자, 작성일이 불분명한 옥산서원(玉山書院) 사변(事變) 전말(顚末) 기록이다.

서, 임금의 학문에 도움이 되는 8개 조목으로 명도리(明道理), 입대본(立大本), 체천덕(體天德), 법왕성(法往聖), 광총명(廣聰明), 시인정(施仁政), 순천심(順天心), 치중화(致中和) 등을 말하였다. 이 글은 이언적이 죽은 후 1566년에 아들 이전인(李全仁)에 의해 임금에게 올려졌다.(《晦齋集 卷8 進修八規》)

19) 〈일강십목소(一綱十目疏)〉: 회재(晦齋) 이언적(李彦迪)이 1539년(중종34) 10월 중종(中宗)의 명에 응하여 올린 상소로 《회재집(晦齋集)》 권7에 수록되어 있다. 일강은 임금의 마음을 바로잡는 것이고, 십목은 엄가정(嚴家政), 양국본(養國本), 정조정(正朝廷), 신용사(愼用舍), 순천도(順天道), 정인심(正人心), 광언로(廣言路), 계치욕(戒侈欲), 수군정(修軍政), 심기미(審幾微)이다. 십목의 세부 조항들은 모두 일강의 확립을 전제 조건으로 하고 있다.

20) 응지(應旨) : 임금의 유지(諭旨)에 응하다.

21) 사대(使臺) : 감사나 사신(使臣)으로서 풍기(風紀)를 단속하는 직임을 띠고 있는 사람을 말한다.

이 문건은 작성자와 작성일이 불분명한 옥산서원(玉山書院) 사변(事變) 전말(顚末)을 기록한 《이중구가 5대 고문서, J233》이다.

조선시대 적자(嫡子)와 서자(庶子)의 지위는 천양지차(天壤之差)라고 할 수 있는데 국가에서 앞장서서 이를 차별하였다. 따라서 그것이 백성들 사이에 미치는 정도는 매우 큰 것이었다. 그런데 예외가 생겼다. 여주(驪州) 이씨(李氏) 문중(門中)의 회재(晦齋) 이언적(李彦迪)의 서자(庶子) 이전인(李全仁)은 회재가 강계(江界)에 유배되었을 때 찾아가서 모셨고, 돌아가시자 시신을 경주까지 먼 길을 걸어 반장(返葬)하였다. 또 회재의 〈진수팔조(進修八條)〉(임금 학문에 필요한 여덟 가지 조목)를 정서하고, 자신이 지은 〈헌진수팔규소(獻進修八規疏)〉를 1566년에 올리는 등 애를 썼고, 회재의 유고(遺稿)를 가지고 퇴계(退溪)에게 가서 질정하고, 아울러 행장(行狀)을 청하여 받았고 퇴계에게 '잠계(潛溪)'라는 호(號)도 받았다. 이전인은 사후에 예빈시정(禮賓寺正)에 추증되고 장산서원(章山書院)에 제향 되어 서자의 신분을 벗었다.

그리고 이전인의 아들 이준(李浚, 1540~1623)은 조부인 회재의 문집을 출간하고, 옥산서원(玉山書院)을 건립하고, 무과(武科)에 합격하여 군수(郡守)가 되어 당당한 양반 대열에 들게 되었다.

그러나 이전인은 서자(庶子)라는 점에서 이후 적서(嫡庶) 문제가 대두되어 한 집안을 넘어서 경상도 전체에 큰 논란거리가 되었다. 이러한 상황에서 적자(양자) 후손과 서자(친자) 후손의 갈등이 발생하고, 이것이 수백 년 동안 대물려 이어졌던 것이다. 그리고 이전인의 《잠계선생유고(潛溪先生遺稿)》의 서문에도 적서 문제가 대두되어 이를 수정하려는 논의가 있게 되었다. 신분 상승을 꾀하려는 이전인의 후손파와 이를 저지하려는 양자(반대파)와의 논쟁에서 위의 문서는 이전인과 그 후손들의 적서 문제의 7가지 현안을 반대파의 입장에서 논의한 것이다.

이 기록은 회재의 양자 이응인(李應仁, 1535~1593)의 후손과 서자 이전인(李全仁, 1516~1568)의 후손의 집안 사이의 시비 전말이다. 양자 집안에서 서자 집안과의 갈등을 기록한 자료로서, 양자 집안의 의견만 제시된 것이어서 이전인 집안의 의견은 없는 것이다. 그리하여 제목에 '사변(事變)'이라 하여 상대편이 변고를 일으켰다고 나쁘게 표현하였다. 작성자, 작성일은 명시되지 않았다. 7개 조항으로 되어 있는데, 문건의 성격을 살피면 다음과 같다.

이 기록 작성자는 회재의 서자 이전인의 후손을 옥리(玉李, 옥산이씨(玉山李氏))라고 지칭하고, 그들이 적통(嫡統) 후손을 멸시하는 것은 갑자기 생긴 연고가 아니라고 하였다. 그들의 선조(先祖) 이준(李浚)은 회재의 서자 이전인의 아들인데, 그로부터 재앙을 잉태하여 대물려 말썽이 되었고 경상도에 퍼져나갔다는 것이다. 그 시종(始終)의 전말이 옥산서원(玉山書院)의 옛 사료(史料) 및 경상도 안의 유학자(儒學者) 집에 모두 갖추어 있으므로, 그 변고의 차례와 연조 사실을 요약해 둔다고 하였다.

이 7차의 변고를 간략하게 요약한다.

1차 변고는 조남명(曺南冥) 선생의 기사(記事)에 의한 것이다. 옥산서원의 〈고왕록(考往錄)〉에 의해 작성된 것으로, 이전인의 출생 경위와 그가 회재의 아들로 인정되면서 성명이 바뀌게 된 전말이다. 이전인은 회재 이언적의 기생 첩 아들로 성명이 조옥강(曺玉剛)이었다. 회재가 경주훈도(慶州訓導) 벼슬을 할 적에 방기(房妓, 수청 드는 기생)를 두었는데 당시에 경상수사(慶尙水使)인 조윤손(曺潤孫, 1469~1548)이 일찍이 수청을 받은 터였다. 회재가 서울로 가자 조윤손이 이 기생을 데리고 갔는데 이미 회재가 임신을 시켰고 조윤손이 데리고 간지 7개월 만에 아이를 낳아 '옥강(玉剛)'으로 이름을 짓고 제사를 받들게 하였다. 조남명의 장인(丈人)의 서얼 누이동생이 조윤손의 아들 조의산(曺義山)의 아내가 되었고 그 전말을 자세히 알고 있었는데 조윤손이 죽게 되자 그 아들과 사위들이 방제(旁題, 신주의 아래 왼쪽에 쓴 제사를 받드는 사람의 이름)를 '옥강'으로 못 쓰게 하였으나 옥강은 봉사(奉祀)의 전함을 탐내어 아버지 회재에게 가려고 하지 않았다. 이때 회재는 평안도에서 귀양살이를 하였는데 여러 곡절 끝에 회재에게로 갔고 이름을 '전인(全仁)'이라고 하였는데 회재가 이름을 바꾸어 준 것이라고 하였다. 이전인(李全仁)이라고 성명을 바꾼 것은 1548년(嘉靖, 戊申)이고, 이전인은 1516년(丙子)에 태어났으니, 성명을 바꾸었을 때는 33세이었고 그의 아들 이준(李浚, 1540~1623)·이순(李淳)은 모두 조윤손의 집에서 태어나서 데려간 사람들이다.

이준은 회재 문집을 내는 데에 애를 썼으나 적통(嫡統)을 능멸하고 종가(宗家)를 빼앗으려는 계획을 하여 임진왜란 때에 체찰사(體察使) 이원익(李元翼)에게 자기 아버지의 사당을 조고(祖考)의 가묘(家廟)라고 일컫고 종가로 자처하여 적사(嫡嗣)를 빼앗으려는 음흉한 계획을 하였다. 심희수(沈喜壽)·이호민(李好閔) 등이 꾸짖었으나 다시 못된 짓을 하여 임금이 거둥하셨을 때에 말을 올렸다가 금오(金吾) 나졸에게 끌려 나왔다. 이준의 종가(宗家) 탈취 계획이 실패한 전말을 기록한 것이다.

2차 변고는 그 후 124년 뒤인 기해년(1719)에 이의담(李義聃)·이학년(李鶴年)의 변고이다. 이학년은 이준의 후손으로 서원에 변고를 일으키고 회재 선생께서 원래 후사(後嗣)를 세우지 않았다는 말을 하고, 감영과 경주부에 정변(呈卞, 변정하는 글을 올림)하였다가 엄히 조사하여 징계하라는 제사(題辭)를 받았다.

3차 변고는 그 후 28년 뒤인 을축년(1745)에 이성즙(李成楫)·이성량(李成樑)·이학년 등이 서원을 어지럽히고 문적(文籍)을 훔쳐간 것이다. 이를 관청에 보고하였는데 관청에서 하첩(下帖)하여 이성량 등 8인을 잡아서 엄히 징계하고 문서를 되돌려 놓게 하였다.

4차 변고는 그 후 23년 뒤인 무자년(1768)에 이성량 등이 격쟁(擊錚)하여 원정(原情, 사정을 하소연함)한 것이다. 이성량 등이 〈관서록(關西錄)〉을 출간하였는데 틀린 것이 많았고 퇴계(退溪) 선생의 필적도 속여서 도산서원(陶山書院) 유림들에게 배척을 받자, 이성량 등은 이것을 원정(原情)하여 임금까지 속였다. 경상도에서 조사할 때에 선비들이 수감되거나 매를 맞기까지 하였다.

5차 변고는 그 후 6년 뒤인 계사년(1773)에 이희심(李希諶)·이악(李噩) 등이 옥산서원을 점거하고 암대(巖臺)를 파괴한 변고이다. 계정(溪亭)의 암석(巖石)은 회재 선생이 이름을 짓고 시를 짓던 곳인데, 이희심 등이 파괴하고 이전인의 별묘(別廟)를 세웠는데 경상도 선비들이 모여 철거하였다.

6차 변고는 그 후 4년 뒤인 정유년(1777)에 이희성(李希誠)이 회재 선생의 유묵(遺墨)을 장난친 변고이다. 선생의 유묵 2장 중에 한 장은 평안도 적소(謫所)에 계실 적에 '사자(嗣子) 이응인(李應仁)에게 부친[付嗣子應仁]' 편지인데 이희성이 고쳐서 '아들 이전인에게 답장해 부친다[子全仁答付]'는 5자를 편지 첫머리에 붙여 넣고, 편지 속의 '사당 제사는 오로지 너의 성실한 마음을 믿겠다.[祠堂祭祀, 專恃汝誠意.]'등의 말을 마치 이전인에게 부탁한 것처럼 하려고 하였다. 또 한 장도 평안도 적소에 계실 적에 〈팔규소(八規疏)〉를 올리려고 하여 이전인을 시켜 서울로 가지고 가게 할 때 부친 편지 중에 연보(年譜)를 살펴 '경술년(1550) 10월'의 일을 이희성이 '기해(己亥)'(1539) 두 글자를 보태 써서 넣어 '월일(月日)' 위에 써넣었는데 기해년은 경술년보다 11년 이전이다. 기해년은 회재 선생이 전주(全州) 부윤이었는데 〈일강십목소(一綱十目疏)〉를 써서 올린 해이다. 경술년 〈팔규소〉를 올릴 때 부친 편지를 기해년 〈일강십목소〉를 올릴 때 편지로 조작한 것은 자기 할아버지가 무신년(1548)에 '이전인(李全仁)'으로 성명을 바꾼 것을 9년 앞당겨 엄폐하려고 장난친 것이다. 적사(嫡嗣)를 빼앗으려 하고 사림에게 재앙을 입힌 것은 경향에 소문이 났으므로 사대(使臺, 풍기(風紀) 단속의 직임을 띤 감사나 사신(使臣))가 잡아다가 엄히 징계하자, 그들 무리는 유묵을 장난쳤다고 자복하였다. 사대는 회재의 유묵을 회재의 주손(胄孫) 집으로 도로 옮겨 보관하게 하였다.

7차 변고는 그 후 50여 년 뒤인 병술년(1826)에 이진택(李眞宅) 무리들이 원천(院薦, 서원 추천)을 저지한 일이다.

이상의 기록은 조옥강(曺玉剛)이 이전인(李全仁)이라고 성명을 바꾼 1548년을 기점으로 하여 1826년에 이진택(李眞宅)이 원천(院薦)을 저지한 때까지 7차에 걸쳐 278년간 시비가 지속되었음을 보이는 것이다. 그 이후로도 시비가 계속되었을 것으로 보이는데 아직 자료를 확보하지 못하였다.

옥리(玉李)들은 회재의 친 자손으로서 관리가 되어 국가적으로 인정받고 옥산서원을 세우고 회재 문집을 출간하고, 그리고 퇴계의 지우를 받는 등 조상과 집안에 많은 공헌을 하고 사회적 인정을 받았다. 그러함에도 적자(嫡子)의 높은 벽에는 오를 수 없었던 것이다.

이전인(李全仁, 1516~1568)은 본관이 여주(驪州), 자가 경부(敬夫), 호가

잠계(潛溪)로, 부친은 회재(晦齋) 이언적(李彦迪, 1491~1553)이다. 천성이 온아(溫雅)하고, 효성이 지극하였으며 몸가짐은 경근(敬謹)하게 하였고, 학문도 깊었다. 1547년에 회재 선생이 을사사화(乙巳士禍, 1545)의 여파인 양재역벽서(良才驛壁書) 사건으로 강계(江界)에 유배되자, 이전인은 직접 유배지로 가서 정성을 다하여 부친을 봉양하였다. 회재 선생이 적소에 간 지 7년 만에 죽자, 시신을 옮겨 한겨울에 혼자서 강계에서 경주 고향까지 먼 길을 걸어 반장(返葬)하였다. 또 1566년에 회재 선생이 생전에 써놓은 〈진수팔조(進修八條, 임금 학문에 필요한 여덟 가지 조목)〉를 정서하고, 자신이 지은 〈헌진수팔규소(獻進修八規疏)〉를 1566년에 올렸다. 이 글을 읽은 명종(明宗)은 감복하여 회재의 관작(官爵)을 복구시켰다. 또한 이전인은 회재의 유고(遺稿)를 가지고 퇴계(退溪)에게 가서 질정하고, 아울러 행장(行狀)을 청하여 받았다. 이때 퇴계는 이전인에게 호가 없음을 알고 '잠계(潛溪)'라고 지어주어 신분을 인정해 주었다. 이전인은 사후에 예빈시 정(禮賓寺正)에 추증되고 장산서원(章山書院)[22]에 제향 되었다. 특히 아버지를 극진히 모시어 심지어 '잠계가 없었다면 회재도 없다[無潛溪, 無晦齋.]'라는 말까지 회자될 정도였다.

이준(李浚, 1540~1623)은 무신(武臣)으로, 이전인(李全仁)의 아들이고, 자가 청원(淸源), 호가 구암(求庵)이다. 여러 명현(明賢)의 문하에서 수학하고 효성(孝誠)이 지극했다. 조부인 회재의 문집 서문을 받아 출간하고, 옥산서원(玉山書院)을 건립했다. 1593년 임진왜란 때 영변에 미곡(米穀)을 헌납하여 군사들의 식량을 도왔다. 또 화왕산(火旺山) 회맹(會盟)에 동참하여 수어(守禦)에 대비하였고, 무과(武科)에 합격했다. 관직은 경산현령(慶山縣令)을 거쳐 군기시첨정(軍器寺僉正) · 만경현령(萬頃縣令) · 청도군수(淸道郡守)가 되었다. 재임 때는 가는 곳마다 청렴(淸廉) · 근신(謹愼)하고 백성을 아끼는 등 선정(善政)을 베풀었다. 저서로 ≪구암유고(求庵遺稿)≫가 있다.

---

22) 장산서원(章山書院) : 1780년(정조 4)에 지방 유림의 공의로 이전인(李全仁)의 학문과 덕행을 추모하기 위해 경상도 영천군 임고면 수성리에 창건하여 위패를 모셨다. 선현배향과 지방교육의 일익을 담당해오던 중 1868년(고종 5)에 대원군의 서원철폐로 훼철되었다. 후손들에 의해 2006년 11월에 복원되었는데, 경주시 안강읍 옥산리로 옮겨졌다.

10 작성자, 작성일 불명 《잠계유고(潛溪遺稿)》의 서문 수정 문제

卽被貴宗兩賢款扉, 宛奉老成典型, 非直爲屋烏之愛也.

仍拜僉下札, 不面先書, 是爲古義, 仰服至意, 銘戢罔喩. 謹審

僉体茂對冲和, 尤庸拱賀, 示意仰悉. 不佞曾謁文元先生祠廟

于玉山, 止宿獨樂堂. 主人出潛溪遺稿, 請弁卷之文, 間已四十年, 而罔克

見副矣. 老者已圽, 少者申懇不休. 故七八年前, 果有泚筆, 而其時未及看詳

年條, 妄書立嗣子云矣. 更檢先生年譜, 則易簀在癸丑十一月, 而送

嗣子祭亡弟, 在是年四月, 則已定嗣于先生在世之時. 故改立嗣之

立字, 爲輔字, 俾之改措矣. 今聞輔嗣子三字, 改以讓宗祀云, 下文旣云,

宗祧有托, 上文又云讓宗祀, 則殆不成說, 是所云手分化現者耶. 此意說與

潛溪後家, 讓宗子三字, 亟改以輔嗣胤, 丕宜丕宜, 且讓之一字, 事關正

名, 恐不容不卽改也. 見改則已, 不必深責, 用傷親懿, 惟在盛德包容

之如何耳. 貴宗眞宅甫許, 以斯事作書送呈, 覽後傳及爲望.[23]

自我不見, 于今幾年. 每一思至, 叵耐窈糾, 卽諗淸和, 起處勝裕, 新芋間已整

頓, 占幽貞之吉否. 憑聞尊先潛溪公遺集, 已付剞劂云, 可驗尊門向先之□

衷, 爲之贊歎. 聞鄙人所述弁卷文中, 一句語爽實云, 何爲其然哉. 初本立嗣胤□

宗祧有托云云, 倘認文元先生嗣子之定, 在易簀之後, 故云爾矣. 謹考先

生年譜, 則先生下世, 在癸丑十一月, 而使嗣子祭亡弟, 在同年四月, 據

此則立嗣之在先可知也. 改立字以輔字, 俾韓君運聖, 報及于座□,

卽聞刊本, 改此以讓宗祀云, 下文旣結以宗祧有托, 而上文云宗子, 則

語意稠疊, 不成体裁, 且讓是辭遜之義, 讓宗之云, 在潛溪分

---

23) 이상은 홍직필(洪直弼, 1776~1852)의 '梅山先生文集 卷之二十六 書 答良洞李氏門中 戊申'에 보인다.

上, 恐欠近理也. 夷齊之讓國, 以父命也, 文元先生何曾有命, 而潛溪公□此克讓之擧乎. 苟使潛溪公有知, 詎肯安於所不能安者哉. 一字不□關正名, 幸卽改之, 毋淹晷刻也. 乃所以潛溪之心爲心, 而尊祖敬□於是焉存, 計應怡渙于雅衷也. 吾心如秤, 豈有所低昂哉. 幸亟見□疾, 日添月加, 與年俱極, 不生不死, 匪鬼匪人, 惟闔符是竢已矣.

귀 종족 두 분께서 찾아주시어 완연히 원로(元老)의 본보기를 받들게 되었으니, 귀 종족 집 지붕의 까마귀도 좋게 생각될[屋烏之愛][24] 뿐만이 아닙니다. 여럿이 보내주신 편지를 읽었는데 만나기 전에 편지를 미리 보내는 것은 고풍의 뜻에 맞는 것이어서 지극하신 성의에 감복하여 마음에 새겨짐을 이루 다 말할 수 없습니다. 삼가 여러분들께서 잘 계시다는 것을 알게 되어 더욱 하례를 올리며 말씀하신 뜻은 잘 알겠습니다.

저는 일찍이 문원공(文元公, 이언적의 시호)의 사당(옥산서원)을 옥산(玉山)에서 알현하고 독락당(獨樂堂)[25]에서 머물렀습니다. 주인이 《잠계유고(潛溪遺稿)》를 내놓으며 서문을 써 달라고 하였는데 그 사이에 이미 40년이 지나도록 부응할 수 없었습니다. 늙은이는 이미 서거하고 젊은이는 거듭 간청하기를 그치지 않았습니다. 그러므로 7~8년 전에 글을 지었는데 그때 연대를 미처 살펴보지 못하고 경망하게 '입사자(立嗣子, 후계자를 세우다)'라고 기록하였습니다. 다시 문원(文元) 선생의 연보(年譜)를 살펴보았는데, 문원 선생의 서거는 계축년(1553) 11월이었고, '송사자 제망제(送嗣子, 祭亡弟, 후계자를 보내어 죽은 아우를 제사했다.)'는 〈서거하기 이전인〉 그해 4월에 있으니, 이미 후계자를 문원 선생께서 생전에 정하였던 것입니다. 그러므로 '입사자(立嗣子)'의 '입(立)' 글자를 〈'보(輔)'로 하여〉 '보사자(輔嗣子, 후계자

24) 귀하의 집 지붕의 까마귀도 좋게 생각될(屋烏之愛) : 그 사람을 좋아하면 그의 집 지붕에 있는 까마귀까지도 좋게 보인다는 뜻으로, 상대방이 찾아온 것을 완곡히 표현한 말이다.
25) 독락당(獨樂堂) : 당호(堂號). 조선 중종(中宗) 때 이언적(李彦迪)이 거처하던 집의 사랑채. 경상북도 월성군 안강면 옥산리에 있다.

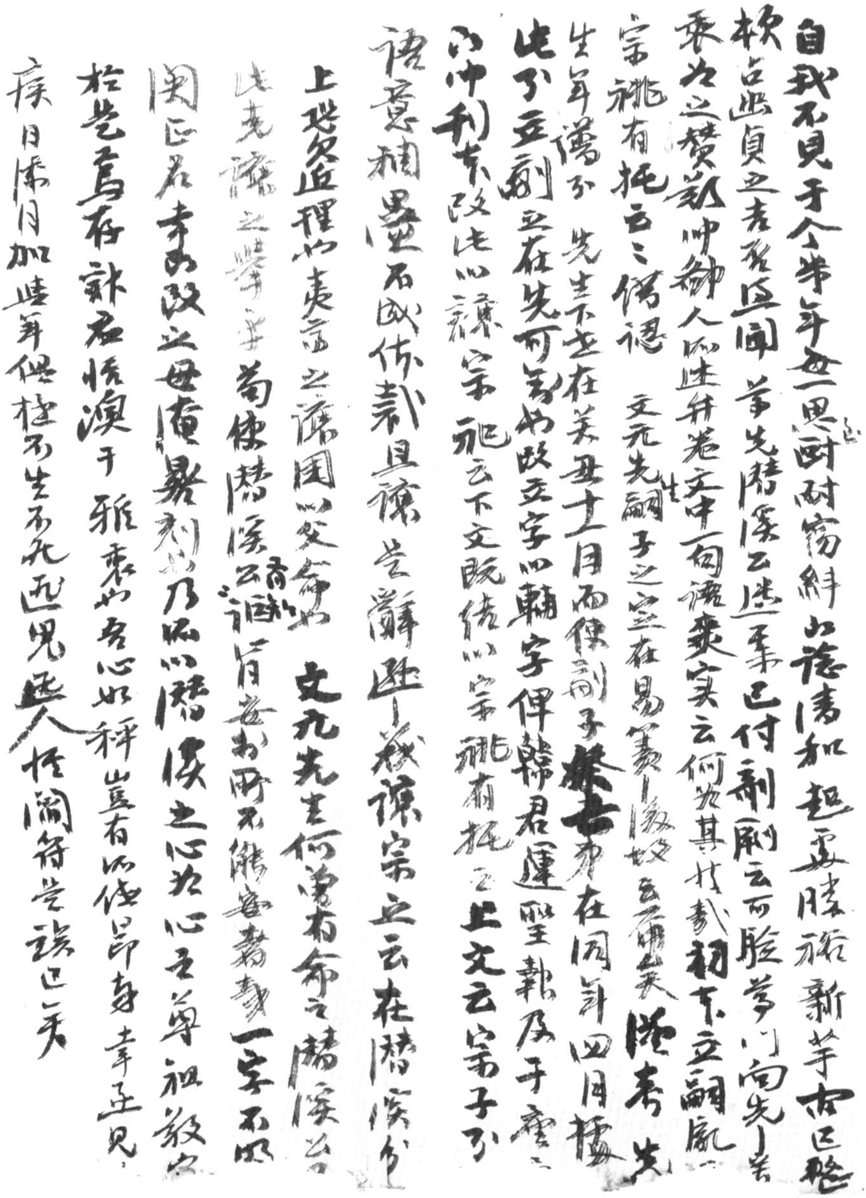

49.0×33.9

以被吾宗兩賢欺罔死事老成典型遂至於危亡之變而
仍相合不札不面先書是於古載何眼色意銘戴因鱗隱書
合作茂蜀仲和尤甫批駁而意偽叢不偽謁 文元先生祠廟
于玉山四宿獨樂堂主人出潛溪遺稿請弁卷之文亦已四十年而因克
見剿矣 先君已均少壯申懇不休收七八年始畢有此筆之兵時未及看詳
年條辛書立嗣子云矣更檢 先生年譜於 昌襄在癸丑之十一月而送
嗣子恭之八月在是年四月於已定嗣子 先生在世之時收改立嗣之
立字於輔字俾之改措矣今申輔嗣子三字改以讓宗祧云下文既云
宗祧有托上文又云讓宗祧於後不成說 是所云手分化視者耶此意說然
潛溪後孫讓宗子三字並改以輔嗣亂丞宜之且讓之一字事關正
名誤不容不以改也見改剿已不世傳責用偽欺讎惟在盛德包容
之此何耶 吾宗真宅甫許以斷事作書送呈 晚後傳及於張

를 돕다)'로 바꾸어 고치도록 조치하였습니다. 그런데 지금 들리는 말에는 '보사자(輔嗣子)' 세 글자를 '양종사(讓宗祀, 종자의 제사를 양보받다)'로 고쳤다고 하는데, 서문의 아래쪽에 이미 '종조유탁(宗祧有托, 종자의 제사를 맡길 곳이 있다)'이 있고, 윗글에 또 '양종사(讓宗祀)'가 있으면, 말이 되지 않으니 이는 이른바 손 가는 대로 변화시킨다는 것입니다. 이 뜻을 잠계의 후손집에 말해서 '양종자(讓宗子, 종자를 양보하다)' 세 글자를 빨리 '보사윤(輔嗣胤, 후계자를 돕다)'으로 고치도록 하는 것이 매우 적합하니, 또한 '양(讓)'이라는 한 글자는 정명(正名)에 관계되는 것이기 때문에 즉시 고치지 않으면 안 될 것입니다. 고쳐졌으면 그만이어서 매우 꾸짖어 친의(親懿)를 손상할 필요가 없으니, 오직 귀하께서 어떻게 포용하느냐에 달려 있을 뿐입니다. 귀하의 종족 진택(眞宅)씨에게 이 일에 대하여 편지를 보내어 살펴본 뒤에 전파하게 하기를 바랍니다.

우리가 만나지 못한 것이 지금 몇 년입니까. 생각날 때마다 얽힌 그리움을 참기 어려운데 지금 청화(淸和)한 날씨에 기거에 편안하심을 알았으나 새 거처[新芋]가 이미 정돈되고 굳센 지조를 지키는 길한[幽貞之吉][26] 조짐을 얻었습니까.

소문에 의하면 귀하 조상의 《잠계유고(潛溪遺稿)》를 이미 간행하는 작업에 들어갔다고 하니 귀하 문중의 조상을 향한 충정(衷情)을 증명할 수 있어 감탄이 됩니다. 들으니 제가 지은 서문 중에 한 구절의 말이 실상과 어긋났다고 하는데 어찌하여 그렇게 되었습니까. 초본(初本)에는 '입사윤(立嗣胤, 후계자를 세우다)'과 '종조유탁(宗祧有托)' 등으로 되어 있는데 혹은 문원 선생께서 후계자를 세우신 것이 돌아가신 뒤로 알았기 때문에 그렇게 말했던 것입니다. 삼가 선생의 연보(年譜)를 살펴보니, 선생의 서거는 계축년(1553) 11월

26) 굳센 지조를 지키는 길한[幽貞之吉] : 원문의 '유정(幽貞)'은 은둔함을 뜻한다. 《주역(周易)》 이괘(履卦) 구이(九二)에 "밟는 길이 평탄하니, 그윽한 사람이라야 정하고 길하리라.[履道坦坦, 幽人貞吉.]" 하였는데, 주희(朱熹)의 본의(本義)에 "밟는 길이 평탄하여 그윽하게 홀로 정(貞)을 지키는 상이 되니, 은자가 이 도를 행하면서 이 점(占)을 만나면 정하고 길할 것이다."라고 한 데서 유래하였다.

이었고, 후계자를 보내어 죽은 아우를 제사하게 한 것은 같은 해(1553) 4월이었으니, 이에 의거하면 후계자를 세운 것이 이전에 있었음을 알 수 있습니다. '입사자(立嗣子)'의 '입(立)' 글자를 '보(輔)' 글자로 하여 〈'보사자(輔嗣子, 후계자를 돕다)'로〉 바꾸어 한운성(韓運聖) 군(君)을 시켜서 귀하께 알리도록 하였습니다. 지금 소문에는 간행본에 이를 고쳐서 '양종사(讓宗祀, 〈잠계가〉 종자의 제사를 양보 받다)'라고 되어 있다는데, 아래 글에 이미 '종조유탁(宗祧有托)'으로 결론하고 윗글에 '종자(宗子)'가 있으니 말의 뜻이 상충되어 체제를 이루지 못합니다. 또 '양(讓)'은 '사양(辭讓)'의 뜻으로 종자를 사양한다고 말한 것이니 잠계의 분수에 있어서 이치상 결함이 있을 듯합니다. 백이(伯夷)와 숙제(叔齊)가 나라를 양보한 것은 아버지의 명령 때문이었습니다. 문원 선생께서 어찌 일찍이 명한 적이 있었고 잠계 공께서 양보한 일이 있었습니까. 만일 잠계 공께서 〈혼령이〉 지각이 있다면 어찌 편안할 수 없는 곳에서 편안하려고 하시겠습니까. 한 글자에 □□ 정명(正名)이 관계되니 바라건대 즉시 고쳐서 시간을 지체하지 마시기를 빕니다. 잠계공의 마음으로 마음을 먹어 조상을 높이고 □□ 이에 있게 될 것이니 계획은 당연히 귀하의 마음에 기쁨이 있게 될 것입니다. 내 마음이 저울대처럼 공평하면 어찌 오르락내리락함이 있겠습니까. 바라건대 빨리 □□병이 날로 달로 더해져서 해마다 심해지니 산 것도 아니며 죽은 것도 아니고 귀신도 아니고 사람도 아닌 채로 오직 염라대왕의 소환통보를 기다릴 뿐입니다.

이 문건은 작성자와 작성일이 불분명한 《잠계유고(潛溪遺稿)》의 서문을 수정한 문제에 관한《이중구가 5대 고문서, G344》이다.

기록 중에 전반부인 "卽被貴宗兩賢款扉, …… 以斯事作書送呈, 覽後傳及爲望." 부분은 홍직필(洪直弼, 1776~1852)의 《매산선생문집(梅山先生文集)》 권26 〈답양동리씨문중 무신(答良洞李氏門中 戊申)〉에 실려 있어, 홍직필이 1848년에 양동(良洞)의 여강 이씨 문중에 보낸 편지임을 알 수 있다. 그리고 이전인의 《잠계선생유고(潛溪先生遺稿)》의 〈잠계이선생유고서(潛溪李先生遺稿序)〉에는 "숭정 4년 기해에 당성 홍직필이 쓰다.[崇禎四己亥唐城洪直弼書]"

라고 하여, 서문이 홍직필에 의해 1839년에 쓰인 것을 알 수 있다. 서문이 쓰인 지 9년 뒤인 1848년에 홍직필이 서문의 일부 내용을 수정하라고 편지를 보낸 것이다.

홍직필은 잠계(潛溪) 이전인(李全仁)의 문집 《잠계유고(潛溪遺稿)》의 서문을 지어 준 적이 있었는데, 그 글 중에 잘못된 부분을 수정해야 한다는 내용을 전하였다. 내용 수정에 대한 당위성만 제시된 발신자 측의 의견만 제시되어 있다.

서문 중에 '입사윤(立嗣胤, 후계자를 세우다)'은 '양자를 세웠다'로 이해되고, '종조유탁(宗祧有托)'은 '조상 제사를 서자에게 맡길 곳이 있다'라고 이해되어 '양자를 세우다'와 '제사를 서자에게 맡기다'로 어긋나게 된다는 것이다. 그러므로 '입(立, 후계자를 세우다)'을 '보(輔, 잠계가 양자를 보조하다)'로 고치고, '양(讓, 잠계가 종자의 제사를 양보 받다)'을 사용하지 말라는 것이다. 이 '양종사(讓宗祀)'는 《잠계선생유고》에 실린 홍직필의 서문에 "찬종사(贊宗祀, 종자의 제사를 돕다)"로 표현되어 있다.

《잠계선생유고》는 저자 이전인이 서거한 지(1568) 279년이 지난 1847년 후손 이기(李耆)와 강태중(姜泰中) 등에 의해 간행되었다. 이때 《잠계선생유고》 서문에 적서를 구별하는 표현이 쓰인 상황을 살필 수 있다.

오늘날 적서의 차별이 사라진 처지에서 살펴보면 당시 신분사회의 불합리한 상황을 타개하려는 노력의 결과가 쌓여서 점차 평등사회로 나아가는 과정을 보이는 것이라 하겠다. 적서의 차별 나아가 반상(班常)의 차별 등은 근대를 거치면서 거의 사라졌다고 하는 점에서 볼 때 평등화는 매우 오랜 갈등을 겪어 달성된 고귀한 가치라고 할 것이다.

(3) 손이시비(孫李是非)

11 작성자, 작성일 불명
회재(晦齋) 이언적(李彥迪)의 학문이 우재(愚齋) 손중돈(孫仲暾)의 영향을 받음

晦齋李先生, 卽孫愚齋諱仲暾之甥也. 李先生早孤, 歸養于舅氏, 從幼受學.【愚齋先生出宰梁山·尙州時, 李先生從學于任所, 實十一歲十七歲. 其後在京時, 亦暫不離侍, 故祭文曰, "觀光筮仕, 旅食京師, 薄宦羈窮, 是資是依."】遂成大賢, 故晦齋祭愚齋文曰, "弘大剛毅, 得之天資, 德成行尊, 不假修爲." 又曰, "矧余鈍頑, 夙遭閔凶. 幼孤無歸, 年未成童. 煢煢悶悶, 惟舅是托. 特加矜念, 誘掖諄切. 誨我養我, 不異己子. 粗識義方, 皆舅之賜." 又曰, "親老乞養, 分符補外. 製錦迷方, 一言求敎. 曰惟莅民, 只生愼怒. 語約理盡, 我病深規. 奉以周旋, 幸不失隳."【晦齋撰愚齋家狀文曰, "公自少勤於學問, 窮理盡性, 居家孝弟, 在官淸直, 德成行尊, 學者仰之若山斗. 余小子夙遭愍凶, 惟公是托, 公愛之如子, 誘掖諄至, 粗識義方, 皆舅氏賜也."】等語. 而不幸此文, 初年遺失, 未及登覽於退溪先生作晦齋行狀時, 故狀文中有曰, "未見有名門授受處." 又曰, "先生上無所受"等語, 而正廟賜侑文亦曰, "不由師承, 直溯閩洛."【此則本孫製進, 而因襲退溪言者也.】及其祭文之出於遺逸中, 而附刊於晦齋集拾遺篇之後, 以後諸賢皆知晦翁學問淵源之出自愚翁, 故鄭立齋曰, "發端啓源, 實有自於先生, 而先生之於文元公, 雖曰如延平之於考亭, 可矣." 蔡樊岩曰, "非公何以成晦齋, 非晦齋何以證公之所學之有單傳密付也." 李大山曰, "傍啓晦翁之淵源, 高明正學." 又曰, "分明一脈源流在, 千古斯文路不迷." 柳鶴西曰, "倡起儒術, 淵源性理之學." 又曰, "授業傳道之有功, 竊慕延平之於朱子." 權淸臺曰, "晦齋先生, 從幼受學, 其薰陶成就, 盖有所自." 洪耳溪曰, "李先生受業於公,

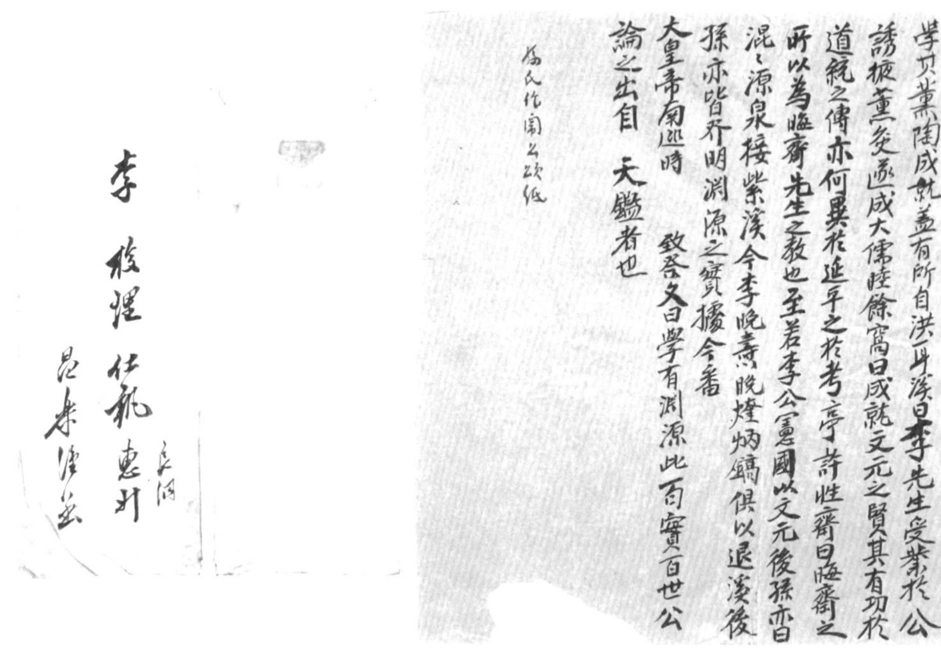

56.3×24.7 (7.4×19.0)

誘掖薰炙, 遂成大儒." 睦餘窩曰, "成就文元之賢, 其有功於道統之傳, 亦何異於延平之於考亭." 許性齋曰, "晦齋之所以爲晦齋, 先生之教也." 至若李公憲國, 以文元後孫亦曰, "混混源泉接紫溪." 今李晩燾·晩煃·炳鎬, 俱以退溪後孫, 亦皆發明淵源之實據. 今番
大皇帝南巡時, 致祭文曰, "學有淵源." 此一句, 實百世公論之出自天鑑者也.
(孫氏作鬧公頌紙)

회재(晦齋) 이선생(李先生)은 바로 손우재(孫愚齋) 이름 중돈(仲暾)의 생질이다. 이 선생은 일찍 고아가 되어 외삼촌(손중돈)에게 가서 부양을 받고 그를 따라 학업도 받았다. 【우재 선생이 양산(梁山)과 상주(尙州)의 수령 노릇을 할 적에 이 선생은 임소에서 학문을 배웠으니 실로 11세~17세 때였다. 서울에 있을 때에도 잠시도 떨어져 있지 않았기 때문에 제문(祭文)에 이르기를 "과거 시험을 보고 벼슬하여 서울에서 객지 생활에 먹고 살며, 낮은 벼슬에 타향의 곤궁함을 의지하였습니다."라고 하였다.】

〈회재가〉 마침내 대현(大賢)이 되었으므로 회재가 우재의 제문에 이르기를 "위대하며 굳센 것은 천품에서 얻은 것이고, 덕망이 이룩되며 행실이 높은 것은 수련을 빌린 것이 아니었습니다."라고 하였고, 또 "더구나 우둔하고 모진 이 몸은 어려서 아버님의 상을 당하였습니다. 의지할 곳 없는 고아가 되어 열다섯 살도 되지 않은 때였습니다. 한없이 외롭고 불우한 시절에 오로지 외숙만을 의탁하였는데, 특별히 불쌍하게 생각하시어 성심으로 이끌어 주셨습니다. 저를 가르치고 기르시기를 친자식과 다름없게 하시니, 사람의 도리를 대략 알게 된 것은 외숙에게 받은 교육 덕분 이었습니다"라고 하였다. 또 "늙은 모친을 봉양하겠다고 조정에 청해서 부절(符節)을 쥐고 수령으로 부임했으나, 비단을 재단하는[27] 방법을 몰라 한마디 가르침을 구하였는데, 이르시길 '백성을 다스리는 것은 노여움을 삼가는 데 있다'라고 하셨습니다. 말씀은 간략해도 조리가 지극하고 나의 병통을 깊이 살펴주셨습니다. 그 말을 받들어 실천하여 다행히 큰 실책을 면했습니다."【회재가 지은 〈우재가장(愚齋家狀)〉에 이르기를, "공께서는 어려서 학문에 부지런하여 이치를 궁구하고 본성을 극진히 연구하였습니다. 집에서는 효도 우애하였고 관직에서는 청렴 정직하였으며 덕망이 이룩되며 행실이 높아서 학자들이 우러러보기를 태산북두처럼 하였습니다. 저 소자는 어려서 아버님의 상을 당하여 공께 의탁하였는데 공께서는 친자식과 다름없게 사랑하시어 이끌어 주며 타일러서 도리를 대략 알게 된 것은 모두 외숙께서 내려주신 것이었습니다."라고 하였다.】라고 하는 등의 말을 하였다.

그런데 불행히도 이 글은 초년에 유실되어 퇴계(退溪) 선생께서 〈회재행장(晦齋行狀)〉을 지을 적에 보지 못하였기 때문에 〈퇴계는〉 행장에 쓰기를 "명문가에게 학업을 받은 것이 있는지 듣지 못하였다."하고, 또 "선생은 위로 전수받은 바가 없다." 등의 말을 하고, 또 정조(正祖)께서 제사를 내린 글에도 "사승(師承)을 말미암지 않고 곧바로 민락(閩洛)[28]으로 거슬러 올라갔다." 하였다.【이것은 본손이 지어 올린 것인데 퇴계의 말로 인습된 것이다.】

그 후에 그 제문이 유일(遺逸, 초야의 숨은 인재)에게서 나오게 되었고, 《회재집(晦齋集)》〈습유(拾遺)〉 편의 뒤에 부쳐 간행할 적에 여러 학자들이 그 사실을 모두 회재 학문의 연원이 우재에게서 나왔음을 알게 되었다. 그러

---

27) 비단을 재단하는 : 원문 '제금(製錦)'은 비단옷을 마름질함이니, 고을을 다스리는 지방관을 의미한다. 춘추 시대 정(鄭)나라 자피(子皮)가 일찍이 윤하(尹何)에게 읍(邑)을 다스리게 하려고 하자, 자산(子産)이 말하기를 "안 됩니다.……당신에게 아름다운 비단이 있다면 그것을 옷 지을 줄 모르는 사람에게 주어 옷 짓는 일을 배우게 하지는 않을 것입니다. 큰 벼슬과 큰 읍은 백성이 몸을 의탁하는 곳인데, 배우는 사람에게 시험 삼아 다스리게 한다는 말입니까. 큰 벼슬과 큰 읍이야말로 그 아름다운 비단보다 훨씬 더 중요한 것이 아니겠습니까. (不可.……子有美錦, 不使人學製焉. 大官大邑, 身之所庇也, 而使學者製焉, 其爲美錦不亦多乎.)"라고 한 데서 유래하였다. 《春秋左氏傳 襄公31年》

28) 민락(閩洛) : 주자(朱子)와 정자(程子)의 학문을 가리킨 말이다. 송(宋)나라 이학(理學)의 4대파 중에서 주희(朱熹)는 민중(閩中)에서 태어났고, 정호(程顥)·정이(程頤)는 낙양(洛陽)에서 태어났으므로 출생한 지명을 따라 일컫은 말이다.

므로 입재(立齋) 정종로(鄭宗魯)는 "계발한 단서가 실로 선생으로부터 시작함이 있으니, 우재 선생이 문원공에 대한 관계는 비록 '연평(延平)이 고정(考亭)에 대한 관계[29]와 같다.'라고 말하더라도 괜찮다." 하였고, 번암(樊巖) 채제공(蔡濟恭)은 "우재 공이 아니면 무슨 수로 회재가 되었겠으며 회재가 아니면 무슨 수로 공의 학문이 한 사람에게 은밀히 전해진 사실[30]을 증명하겠는가."하였고, 대산(大山) 이상정(李象靖)은 "곁으로 회재의 연원을 열어 높고 밝은 정통 학문이다."라고 하였고, 또 "분명한 한 갈래 원류가 있고, 천고 유학(儒學)에 길이 혼미하지 않았다."고 하였고, 학서(鶴棲) 유이좌(柳台佐)는 "유술(儒術)을 창기하고, 성리학(性理學)에 연원을 두었다." 하였고, 또 "학업을 받아 도를 전하는 공이 있으니, 저으기 연평이 주자(朱子)에 대한 관계를 사모한다." 하였고, 청대(淸臺) 권상일(權相一)은 "회재 선생은 어려서부터 학문을 받았으니, 그 훈도(薰陶)가 되어 성취한 것은 유래된 것이 있었다." 하였고, 이계(耳溪) 홍양호(洪良浩)는 "이회재 선생은 우재 공에게 학업을 받아 인도되고 교육되어 마침내 큰 유학자가 되었다." 하였고, 여와(餘窩) 목만중(睦萬中)은 "문원공(文元公)의 현명함을 성취하는 데에는 도통(都統)의 전함에 공이 있었으니, 또한 어찌 연평이 고정에 대한 관계와 다르겠는가." 하였고, 성재(惺齋) 허전(許傳)은 "회재가 회재로 된 이유는 우재 선생의 가르침이다."라고 하였다. 심지어 이헌국(李憲國)은 공(公)과 문원공의 후손들도 "끊임이 없는 원천(源泉)이 자계옹(紫溪翁, 회재의 다른 호)에 닿았다." 하였고, 지금 이만도(李晩燾), 이만규(李晩煃), 이병호(李炳鎬) 등도 모두 퇴계의 후손으로서 또한 모두 연원의 실증을 밝혔다. 금번 태황제(太皇帝, 고종)께서 남쪽을 순수할 때 지은 치제문(致祭文)에도 "학문에 연원이 있다." 하였으니, 이 한 구절은 실로 백대의 공론이 임금으로부터 나오게 된 것이다.

(손씨가 소란을 부리는 데에 쓰는 공송(公頌) 종이)

---

29) 연평(延平)이 …… 관계 : 사제(師弟) 관계로, 연평은 주희의 스승인 이동(李侗)이고, 고정(考亭)은 복건성(福建省) 건양현(建陽縣) 서남쪽에 있는 지명으로, 주자가 이곳에 창주정사(滄洲精舍)를 짓고 강학하였으므로 곧 주희를 가리킨다.

30) 한 사람에게 은밀히 전해진 사실 : 이언적이 손중돈의 학문적 도통을 이어받았다는 말이다.

이 문건은 작성자와 작성일이 불분명한 회재(晦齋) 이언적(李彦迪)의 학문이 우재(愚齋) 손중돈(孫仲暾)의 영향을 받았다는 《이중구가 5대 고문서, H218》이다.

경주의 경주 손씨(慶州孫氏) 문중(門中)과 여강이씨(驪江李氏)는 회재(晦齋) 이언적(李彦迪, 여강이씨)의 학문이 우재(愚齋) 손중돈(孫仲暾, 경주 손씨)의 영향을 받은 여부에 대해 격렬한 논쟁을 벌였다. 우재는 회재의 외삼촌이고 회재는 생질이다. 손씨 측은 우재가 회재에게 큰 영향을 주었다고 주장하고, 이씨 측은 큰 영향을 받지 않았다고 주장하면서 두 집안 및 주위 사림들의 의견이 엇갈렸다.

이 글은 회재의 학문적 연원을 두고, 유림(儒林) 사이에 일어난 논란 중 우재(愚齋) 손중돈(孫仲暾)의 후손이 주장한 글을 베껴서 회재의 후손인 이중구(李中久) 집안에 보낸 글이다.

회재(晦齋)는 우재(愚齋)의 생질로서 어려서 아버지를 여의어, 우재가 양산(梁山)과 상주(尙州)의 수령이 되었을 때 임소에서 학문을 배웠고 서울에 있을 때에도 잠시도 떨어져 있지 않은 것을 회재가 우재의 제문에 밝혔다고 하였다. 그러나 이 글은 불행히도 유실되어 퇴계(退溪) 이황(李滉)이 회재의 행장을 쓸 때 보지 못해서 "회재 선생은 위로 전수받은 바가 없다." 등의 말을 하고, 또 정조(正祖)가 제사를 내린 글에도 "사승(師承)을 말미암지 않고 곧바로 민락(閩洛, 주자와 정자)으로 거슬러 올라갔다."고 하였다. 그 후에 회재가 쓴 제문이 나오게 되어서 《회재집(晦齋集)》〈습유(拾遺)〉 편의 뒤에 부쳐 간행할 적에 여러 학자들이 그 사실을 모두 회재 학문의 연원이 우재에게서 나왔음을 알게 되었다. 그리하여 입재(立齋) 정종로(鄭宗魯)는 우재 선생이 문원공에 대한 관계는 비록 '연평(延平)이 고정(考亭)에 대한 관계와 같다.'라고 말하더라도 괜찮다." 하였고, 번암(樊巖) 채제공(蔡濟恭)은 "우재 공이 아니면 무슨 수로 회재가 되었겠으며 회재가 아니면 무슨 수로 공의 학문이 한 사람에게 은밀히 전해진 사실을 증명하겠는가."하였고, 대산(大山) 이상정(李象靖)은 "곁으로 회재의 연원을 열어 높고 밝은 정통 학문이다." 하였고, 학서(鶴棲) 유이좌(柳台佐)는 학업을 받아 도를 전하는 공이 있으니, 저으기 연평이 주자(朱子)에 대한 관계를 사모한다." 하였고, 청대(淸臺) 권상일

(權相一)은 "회재 선생은 어려서부터 학문을 받았으니, 그 훈도(薰陶)가 되어 성취한 것은 유래된 것이 있었다." 하였고, 이계(耳溪) 홍양호(洪良浩)는 "이 회재 선생은 우재 공에게 학업을 받아 인도되고 교육되어 마침내 큰 유학자가 되었다." 하였고, 여와(餘窩) 목만중(睦萬中)은 "문원공(文元公)의 현명함을 성취하는 데에는 도통(都統)의 전함에 공이 있었으니, 또한 어찌 연평이 고정에 대한 관계와 다르겠는가." 하였고, 성재(惺齋) 허전(許傳)은 "회재가 회재로 된 이유는 우재 선생의 가르침이다." 하였고, 이헌국(李憲國)은 공(公)과 문원공의 후손들도 "끊임이 없는 원천(源泉)이 자계옹(紫溪翁, 회재의 다른 호)에 닿았다." 하였고, 이만도(李晚燾) · 이만규(李晚煃) · 이병호(李炳鎬) 등도 모두 퇴계의 후손으로서 또한 모두 연원의 실증을 밝혔다. 그리고 태황제(太皇帝, 고종)가 남쪽을 순수할 때 지은 치제문(致祭文)에도 '학문에 연원이 있다.'고 언급했다며, 이는 공론이라고 한 것이다.

12 작성자, 작성일 불명
상주(尙州) 도남서원(陶南書院)에서 옥산서원(玉山書院)에 보내는 통문(通文)

尙州陶南書院抵玉院答通

伏以生等跧伏窮鄕, 見識鹵莽, 無所短長於論議之間. 貴鄕以東京誌事, 至有晦齋先生淵源

之論, 以啓孫氏相乖之端, 不勝同室之憂, 實有後人之歎. 迺者良洞李氏門通及貴院之論, 次第見到, 事

實顚末, 槪可以領略矣. 噫. 一則欲以就學之蹟, 崇擬而追刊, 一則又以勘定之案, 難愼而存防. 二者同是

爲斯文上關係, 則聽之者, 唯當按其公私, 詳該其是非而已. 似若不宜遽爲之左右也. 惟文元公淵源之

論, 何等議不敢到之地. 文純公狀德之筆, 又是復起不易之言, 則生等之所尊信者, 此箇道理, 生等

之所傳守者, 亦此箇道理也. 況生等從事之院, 卽吾南道學統緖之所在, 則其於統緖上大謬

錯, 烏可委之以兩家之私而終默焉而已乎. 於乎. 景節公德行風猷之盛, 吾有所受之矣. 邑有

百世不朽之石, 鄕有多士寓慕之祠. 則生等尊奉之誠, 自謂不後於人, 而亦不多讓於貴鄕之人士矣.

然而後生之尊衛先賢, 事在同聲之地則同聲之, 事在愼重之地則愼重之, 同聲愼重, 未必不爲一體

而苦心, 則生等之於今日之論, 不務過重之語, 惟思稱停之道. 此不但爲文元也, 亦所以爲景節也. 夫自有

道學淵源, 幾千百祀, 而此箇名目, 孰不知父不得以傳之子, 姪不得以私之於叔, 則豈可以義篤舅甥,

恩同父子, 遽欲以是名而私之者哉. 況邑誌體例, 惟貴紀實, 先賢定論, 不容移易, 則因人補
註, 不亦苟乎. 而業學二字, 煞有輕重, 攷據書法, 極其稱停. 何不遵先正之的案, 聽士林
之公議, 而欲爲此因便苟且之計乎. 假使一鄕宜之, 李氏肯之, 爲孫氏地, 決不當冒此不韙, 而以
爲尊先光先之道也. 祭四宰文, 不經勘照之說, 妄矣何論. 誠如孫氏之所言, 則老先生其將
以此文中, 德行弘毅之語, 義方求教等字, 看作傳道承緖之重, 而受學字淵源字授受字
/字, 盡在於孫吏判之下, 未見字罔有字自舊字, 更無截然立限於俗學爲己學之間云耶. 是
則尤涉妄率, 切非後生所敢道者也. 歷觀先輩集中, 切已親故, 狀祭稱述之文, 推人之語, 則間有
優於德行弘毅之語, 而則未聞後人以似此句, 而證之於淵源之緖也. 曷敢以就養之義方, 居官求教,
爲泛加混稱於的授正承之語哉. 陶山撰狀之文, 其必勘照於此, 而審的而按書之也明矣. 生等是
甚人, 而敢有所云云於文元淵源授受之證也. 已有退陶勘定之論, 又有先王親製之文, 則卽此
講明之而已. 區區卞明之言, 尤覺狂猥而畏屑, 故姑置而勿論. 至於梁頌改鐫之擧, 誠不任愕然
慨歎之至. 設令梁頌眞有此二字, 此不足爲比案而相軒輊, 亦未敢立證而藉重. 況其義方本
文, 藏之院梁, 而刊在實紀, 旋刪旋仍, 著在手蹟, 而出於單通. 迺若道脈二字, 尤不覺萬萬無
據, 則孫氏今日之事, 實未曉其何所考, 而至於此妄率也. 以李氏言之, 這箇統緖, 眞所謂建天地
而不悖者, 前百後千, 誰敢移易, 而若是其出氣力多辨說者, 得無近於呶呶之甚耶.

39.7×33.5

尙州道南書院抵玉院答通

伏以生等跧伏窮鄕見識固陋無所短長於論議之間貴鄕以東京諸事至有晦齋先生㒷享之論以孫李氏相爭之端不勝同室之憂每有通合欲但者良以李氏门通乃貴院之論決某見到事勢雖未堅可以領略是憑一則欲以貌學之踐常擬而定刊一則又以勘定之業難愼而看傍二者同是爲斯文上關係則聽之者唯當據其公私詳該其是非而已似若不宜處爲之左右也惟文元公㒷享之論何等儀不敢到之地文純公伏德之筆又是再三復起不易之言則生等亦何尊信者此箇道理生等之所傳守者亦此箇道理也況生等殘事之院即是南道講學院諸之所在則其於院諸士大夫錯烏可盡之以兩家之私而強黜焉而已乎於乎晦齋亦德行風猷之盛至貴有所遺之遺邑有百世不祧之祀鄕有多士薰炙之祠則生等尊慕之誠自謂不後於人而亦不多讓於貴鄕之人士矣然而謹遵之尊衛先賢事在同聲之地則同聲之事豈愼重之地則愼重之同聲愼重未必不爲之依而若生等之私合自之論不務過重之說惟思祧享之道非不但爲文元也亦所以爲晦齋也夫自有道學淵源幾千百祀而此箇名目誠不知父不得以傳之子姪亦不得以私之於叔則豈可以義於萬世因同父子處欲以是名而私之者非況邑誌傳例惟貴院無先賢之論不當移易則用人之誰不知爲手而業學二字然有輕重既據書法極其務傳何不遵先正之的業議士林之公議而欲爲此固陋箇且之說乎殿進一鄕直之事文肯之

爲李氏,
迄可休矣. 生等於僉尊, 亦不能無一段慨然之心者. 旣不能爲孫 · 李氏底順之道, 又不能調停鐫
梁改書之擧, 以至造次失當若此之擧也. 梁頌可易, 而先正之論, 不可易也. 公議可遏, 而先王之
言, 不可遏也. 伏願僉尊亟使梁頌歸正, 兩家底順, 無至有所大未安於列聖朝侑祭之文, 兩先生狀德之案, 而永有辭於隣鄕, 則斯文幸甚.

상주(尙州) 도남서원(陶南書院)에서 옥산서원(玉山書院)으로 보내는 답변 통문

삼가 생각건대 저희들은 시골에 웅크리고 있으면서 견해와 학식이 부족하여 논의의 사이에 우열을 따질 것이 못 됩니다. 귀하 지방의 동경지(東京誌) 사건은 회재(晦齋) 선생의 연원(淵源) 논의가 있어 손씨(孫氏)와 서로 어긋나는 단서를 열어서 동실(同室)의 근심을 견디지 못하여 실로 후인의 탄식이 있습니다.

일전에 양동(良洞)의 이씨(李氏) 문중(門中) 통문 및 귀하 서원의 논의가 차례로 도착하여 사실의 전말을 대강 간략히 알 수 있었습니다. 아! 하나는 취학(就學)의 행적을 헤아려서 추후 간행하려는 것이고, 하나는 또 감정(勘定, 조사하여 확정함)의 안건으로 어려워서 그대로 두었습니다. 두 가지는 모두 사문(斯文)에 관계되는 것이어서 듣는 이들은 그 공사(公私)를 살펴 그 시비를 자세히 이해해야 할 것입니다. 만약 황급히 어느 편을 들으면 마땅하지 않을 듯합니다.

문원공(文元公, 회재 이언적의 시호)의 학문 연원의 논의는 어찌 그 논의를 할 수 있겠습니까마는 문순공(文純公, 퇴계 이황의 시호)이 지은 회재(晦齋) 선생 행장은 다시 바꾸지 못할 언쟁을 일으켰는데, 저희들이 높여 믿는 것은 이 도리이고 저희들이 전하여 지키는 것도 이 도리입니다. 더구나 저희

들이 종사(從事)하는 서원은 바로 우리 남도(南道) 학문의 계통이 있는 곳일진댄 그 계통에 크게 어긋나면 어찌 두 집안의 사사로운 데에 맡겨두고 끝내 잠자코 있을 수 있습니까. 아! 경절공(景節公, 손중돈의 시호)의 덕행과 풍도(風度)의 성대함은 우리가 받은 것이 있습니다. 고을에는 백대에 불후(不朽)하게 될 비석이 있고 고향에는 많은 선비들이 사모하는 사당이 있는데 저희들이 높이 받드는 정성은 스스로 남보다 뒤지지 않는다고 생각하고 또한 귀하 지방의 인사들보다도 크게 양보할 것은 아닙니다. 그러나 후생(後生)들이 선현을 떠받드는 것은 일이 같은 취향의 처지에 있어서는 같은 취향이 되고 일이 신중한 처지에 있어서는 신중히 하여 같은 취향과 신중히 함은 반드시 일체로 고심하지 않는 것이 아니니, 저희들은 오늘날 논의에 과중한 말을 힘쓰지 아니하고 알맞은 도리를 생각할 뿐입니다. 이는 문원공을 위할 뿐만 아니라 또한 경절공을 위하는 것이기도 합니다.

도학(道學)에 연원(淵源)이 있는 것은 몇 천백 년이 되었는데 이러한 명목(名目)은 누군들 아버지가 아들에게 전할 수 없는 것이고 조카가 숙부에게 사사로이 받을 수 없다는 것을 모르겠습니까마는, 어찌 정리가 돈독한 외삼촌과 생질로 은혜가 아버지와 아들과 같다고 하여 곧바로 이러한 명목을 사사로이 줄 수 있겠습니까. 하물며 읍지(邑誌)의 체례(體例)는 사실을 기록함이 소중한데 선현께서 정한 논의는 바꿀 수 없는 것이니 사람에 따라서 보충 해석한다면 또한 구차하지 않습니까. '업학(業學)' 두 글자[31]는 매우 경중이 있는데 글 쓰는 법을 살펴보면 지극히 알맞으니 어찌 선정(先正, 퇴계)의 밝은 단안(斷案)과 사림(士林)의 공론을 따르지 않고 이렇게 편의에 따라 구차한 계획을 하려 하는 것입니까. 가령 온 마을이 마땅하다고 하고 이씨(李氏)가 긍정하더라도 손씨를 위한 처지에서는 결코 이 옳지 않은 것을 무릅쓰고서 선조를 높이며 빛나게 하는 방도를 삼아서는 안 될 것입니다. 〈제손사재

31) '업학(業學)' 두 글자 : 퇴계가 회재를 위해 지은 행장의 "이름난 스승의 문하에서 찾아가서 배우지는 않았다. 전수받은 곳이 없이도 스스로 학문에 분발하였다.(未見有名門之師從遊而受業. 無授受之處, 而自奮於斯學.)"(《퇴계집(退溪集)》 권49 〈회재이선생행장(晦齋李先生行狀)〉)라는 구절의 '업학(業學)'을 말한다.

문(祭孫四宰文)〉32)을 살펴보지 않았다는 말은 망발이니 어찌 논의할 것입니까. 진실로 손씨의 말대로라면 노선생(老先生)께서 이 글 속의 '덕행(德行)이 크고 굳세었다.'라는 말과 '의로운 방도로 가르침을 구하였다'라는 등의 글자로 '도를 전하고 계통을 이은 소중함'으로 보고 '학문을 받았다[受學]'는 글자, '연원(淵源)'의 글자, '주고받았다[授受]'는 글자는 글자마다 모두 손이판(孫吏判, 손중돈 이조판서)의 아래에 있는데 '보지 못했다[未見]'라는 글자, '없다[罔有]'라는 글자, '예로부터[自舊]'라는 글자는 다시 속학(俗學)과 자기의 학문을 위하는 사이에 자른 듯이 한계를 세움이 없어서 그러한 것이 아니겠습니까. 이는 더욱 경솔한 것이니 절대로 후생(後生)이 감히 말할 것이 아닙니다.

선배의 문집을 두루 살펴보니 자기 절친(切親)이기 때문에 행장과 제문에 일컬은 글과 남을 추켜올리는 말에는 간간이 '덕행(德行)이 크고 굳세었다.'라는 말을 융숭하게 써 주는데 후인이 이러한 글귀로 연원의 계통을 증명한 것은 듣지 못했습니다. 어찌 감히 나아가 봉양하는 의로운 방도와 관직에 거처하여 가르침을 구하는 데에 '밝게 주어 바르게 계승했다[的授正承]'라는 말을 널리 혼합해 일컬을 수 있겠습니까. 도산(陶山, 퇴계를 말함)이 지은 행장 글은 반드시 이점을 감안하여 밝게 살펴서 기록했을 것이 명백합니다.

저희들이 어떠한 사람이기에 감히 문원공의 연원이 주고받은 증명을 논의하겠습니까. 이미 퇴도(退陶, 퇴계)의 감정(勘定)한 논의가 있고, 또 선왕(先王)께서 친히 지은 글33)도 있으니 이것을 밝힐 뿐입니다. 잗달게 밝히는 글은 더욱 완고하고 외설스러우므로 잠시 보류하고 논의하지 말 것입니다.

상량문[梁頌]34)에 의해 고치게 되었다는 조치에 대하여는 진실로 놀라움

---

32) 〈제손사재문(祭孫四宰文)〉 : 회재가 우재에게 올린 제문이다. 《회재집(晦齋集)》 권11에 실려 있다. 사재(四宰)는 네 번째의 재상이라는 뜻으로 의정부(議政府)의 우참찬(右參贊)을 이르는 말이다. 좌참찬(左參贊)과 함께 서벽(西壁)이라 하였고, 좌참찬을 삼재(三宰)라 하며 우참찬을 사재(四宰)라 하였다. 손중돈은 우참찬을 역임하였다.

33) 선왕(先王)께서 친히 지은 글 : 정조(正祖)가 "〈회재의〉 학문은 스승으로부터 배움을 거치지 않고 곧장 정주로 거슬러 올라갔다.(不由師承, 直溯閩洛.)"(《弘齋全書》권22 〈玉山書院致祭文〉)라고 한 것을 말한다.

과 개탄을 가누지 못하겠습니다. 설사 상량문에 진실로 〈도맥(道脈)이라는〉 이 두 글자가 있다고 해도 이는 비교하여 서로 경중을 따지기에는 부족하고 또 감히 증명하여 중요한 쪽으로 편을 들 수도 없습니다. 더구나 그 의방(義方, 손중돈이 이언적을 의로운 방도로 가르침)의 본문은 서원의 들보에 보관되고 간행되어 실기(實記)에 있는데 바로 삭제하거나 바로 따라서 드러나는 것이 수필(手筆)에 달렸던 것입니다. 그런데 단통(單通)에 나온 '도맥' 두 글자와 같은 것은 더욱 근거가 없는 것에서 나온 것을 알겠으니 손씨(孫氏)의 지금의 일은 실로 무엇을 살펴서 이렇게 경솔하게 되었는지 모르겠습니다. 이씨(李氏)로 말하면 이러한 통서(統緖)는 진실로 이른바 '천지에 세워도 어그러지지 않는다[建天地而不悖]'[35]는 것이니, 이전의 백 년과 이후의 천 년이라도 누가 감히 바꾸겠습니까. 그러나 이와 같이 기력을 내고 변설을 많이 하는 것은 매우 떠들어대는 데에 가깝지 않겠습니까. 이씨를 위해서는 이제 쉬어야 할 것입니다.

저희들은 여러분들에게 또한 일단의 개탄스러운 마음이 없는 것이 아닙니다. 이미 손씨와 이씨에게 순한 도리를 행하지 못하였고 또 상량문을 고쳐 쓰는 일에 조정하지 못하여 구차하게 온당함을 그르쳐 이와 같은 지경에 이르게 되었습니다. 상량문은 바꿀 수 있으나 선정(先正, 퇴계)의 논의는 바꿀 수 없으며 공론은 막을 수 있으나 선왕(先王, 정조)의 말은 막을 수 없습니다. 바라건대 여러분들께서는 빨리 상량문을 바름으로 귀결되게 하고 두 집안이 순하게 되어 열성조(列聖朝)께서 내린 제문과 두 선생께서 공덕을 기술한 글에 크게 온당치 않게 하는 데에 이르지 않게 하여 영원히 고을에 아름다운 말이 있게 된다면 사문(斯文)이 매우 다행일 것입니다.

---

34) 상량문(梁頌) : 상량송(上梁頌)의 준말이다. 또는 아랑송(兒郎頌)이라고도 한다. '兒郎偉'라는 의성어를 불러 대들보를 올릴 때 여러 사람들이 힘을 모아 함께 드는 소리인데, 상하사방의 여섯 방향으로 들보를 드는 것에서 육위(六偉)라고 한다.

35) '천지에 세워도 어그러지지 않는다.(建天地而不悖) : 《중용장구(中庸章句)》 제29장에서 군자의 도(道)를 말한 것이다.

이 문건은 작성자와 작성일이 불분명한 상주(尙州)의 도남서원(陶南書院)에서 옥산서원(玉山書院)으로 보낸《이중구가 5대 고문서, J416, J417》통문(通文)이다.

발신자 자신들은 견해와 학식이 부족하여 회재(晦齋) 선생의 학문 연원에 대해 무어라 말할 수 없지만, 손씨(孫氏)와 서로 어긋나는 단서를 열어서 탄식이 된다고 하였다.

이어서 문순공(文純公, 李滉)이 지은 회재(晦齋) 선생 행장의 뜻을 따른다는 입장을 피력하였으며 손씨 집안에서는 무엇을 근거로 경솔하게 일을 벌이는지 모르겠다고 하면서 여주 이씨 집안을 지지하는 입장을 견지하였다.

《퇴계집(退溪集)》 권49 〈회재이선생행장(晦齋李先生行狀)〉에서 "우리 선생의 경우에는 전수받은 곳이 없이도 스스로 학문에 분발하여, 은은하면서도 날로 드러나는 덕이 행실과 부합되었다.[若吾先生, 無授受之處, 而自奮於斯學 , 闇然日章而德符於行.]"고 하였다.

여주 이씨와 경주 손씨, 두 집안의 다툼은 회재(晦齋) 이언적(李彦迪)의 학문이 외삼촌 우재(愚齋) 손중돈(孫仲暾)의 영향을 받았느냐를 두고 벌인 논쟁을 말한다. 회재 집안에서는 어릴 때 회재가 외삼촌 손중돈에게 배운 것은 사실이지만 도통(道統)은 손중돈에게 이어받은 것이 아니라 정자(程子)와 주자(朱子)의 학문을 곧장 이어 받았다는 입장을 주장하였다.

조유해(曺有海, ?) 작성일 불명
반계 최씨(盤溪崔氏) 문중, 작성일 불명 옥산서원(玉山書院)에 보낸 통문(通文), 조유해가 옥산서원(玉山書院)에 보낸 단자(單子)

盤溪崔氏門中抵玉院通文

右文爲通諭事. 生等以晩生末學, 識陋見淺, 不敢妄議於斯文上大關棙. 而至若義理的確之處, 則

不得不明卞. 故玆敢仰溷, 惟願僉尊財擇焉. 惟我晦齋先生, 卽我東崛起大賢, 私淑諸人也. 其學也, 有

躬行心得之妙, 無師傳弟受之處, 是以正廟朝侑祭文曰, “不由師承, 直溯閩洛.” 退陶先生敍狀中

有曰, “俗學之外, 知有所謂爲己之學. 俗學二字, 未知所指, 而所謂爲己之學, 非先生自得之妙乎.” 又曰, “罔有

淵源之徵,” 繼之曰, “若吾先生, 無授受之處而自奮於斯學.” 夫旣無授受, 則寧有淵源乎. 先生之祭舅氏

文曰, “德成行尊.” 蓋不曰道尊, 改之以行尊者, 其授何也. 先生之於愚齋, 豈無尊追之心. 至於立言傳信, 不敢

濫許溢譽, 舅甥之間, 猶尙恩不掩義, 而況後生乎. 這箇文字公正明白, 吾東章甫之徒, 莫不崇奉,

無敢岐貳於其間者矣. 近聞孫氏一門, 但有尊祖之私心, 不知存道之公議, 乃以文元公莫大淵源, 擬之於

愚齋, 而有此支吾之端. 噫嘻. 一鄕士類, 那不尊奉愚齋, 而若以過重文字, 歸之於愚齋, 則此尊

而不尊, 反忝於先賢也. 孫氏未曉此箇義理, 一向專執, 則先王之文, 先正之言, 何等重大, 而

反無考證, 此生等之爲孫氏慙懼者也. 伏惟僉尊速發歸正之論, 以息鬧端之地, 千

萬千萬.

冑有海呈玉院單

伏以生之月前東院梁頌改奉時, 參涉事, 旣是自取, 則雖曰非本情, 不足以爲辭, 爲人所牽引, 亦未可成說. 此行之跋胡疐尾, 良貝(狼狽)極矣, 罔知攸措. 恭竢僉尊責罰之規者, 有日矣, 尙此厚宥, 其或置勿問之科耶, 抑亦不疐故之厚歟. 大義明正, 重過自不可終然泯默按住. 玆以仰溷, 伏願僉尊亟施重罰, 以警魯愚之質, 以安樵牧之分, 幸甚.

반계 최씨(盤溪崔氏) 문중에서 옥산서원(玉山書院)으로 보내는 통문(通文).

위 글은 통유(通儒)하는 일입니다. 저희들은 늦게 태어난 말단 학자로서 학식과 견해가 미천하여 사문(斯文)의 중대한 일에 대해서는 감히 함부로 논의할 수 없지만 의리(義理)의 확실한 곳에 있어서는 밝게 논변하지 않을 수 없으므로 감히 말씀드리니 바라건대 여러분들께서는 헤아려 채택하십시오.

우리 회재(晦齋, 이언적) 선생은 우리 동방의 우뚝한 대현(大賢)으로 사람들에게 사숙(私淑)을 받고 있습니다. 그 학문은 직접 실천하여 심득(心得)한 오묘한 이치가 있고, 스승과 제자 간에 전수한 것이 없습니다. 그러므로 정조(正祖)께서 제문(祭文)에 말하기를 "스승으로부터 배움을 거치지 않고 곧장 정주(程朱)로 거슬러 올라갔다.[不由師承, 直溯閩洛]"36)라고 하고, 퇴도(退陶, 이황) 선생이 행장을 쓰신 글에 말하기를 "속학(俗學) 이외에 이른바 자기를 위한 학문임을 알겠다. 속학 두 글자는 가리키는 것을 알지 못하겠으나 이른바 자기를 위한 학문은 선생이 스스로 터득한 오묘함이 아니겠는가."라고 하고, 또 말하기를 "연원(淵源)의 증거가 없다."라고 하고, 이어서 말하기를 "우리 선생의 경우에는 전수받은 곳이 없이도 사학(斯學, 유학(儒學))에 스스로 분발하였다."라고 하였으니, 이미 주고받은 것이 없었다면 어찌 연원이 있겠습니까.

36) 정조(正祖)께서 제문(祭文)에 말하기를 "스승으로부터 …" : 《弘齋全書》권22 〈玉山書院致祭文〉에 나온다.

39.7×33.5

회재 선생이 외삼촌(우재)의 제문에 말하기를 "덕이 이루어지고 행실이 고상하였다.[德成行尊]"라고 하였는데 "도가 높았다.[道尊]"라고 말하지 않고 '행실이 고상하였다[行尊]'라고 고쳤으니 그 준 것이 무엇이겠습니까. 어찌 회재 선생이 우재에게 높이 추모하는 마음이 없겠습니까. 말을 하며 확실히 전하는 데에 있어서 감히 지나치게 허여하거나 칭찬하는 것은 외삼촌과 생질 사이에 은혜는 숭상해도 의리는 덮을 수 없거늘 하물며 후생(後生)이겠습니까. 이러한 문자는 공정명백하여 우리 동국의 선비들이 높이 받들지 않음이 없어 그사이에 감히 의심하지 않았습니다.

근래 듣건대 손씨 가문에서는 자신들의 조상(우재 손중돈)만 높이는 사사로운 마음만 있고 도리를 유지하는 공론을 알지 못하여 마침내 문원공(文元公, 이언적)의 막대한 연원을 우재에게 두려고 하여 이렇게 버티는 단서가 있게 되었습니다.

아! 온 고을 선비들이 어찌 우재를 높이 받들지 않겠습니까마는 이렇게 과중한 문자를 우재에게 돌린다면 이는 높여도 높이는 것이 아니어서 도리에 선현(先賢)에게 욕이 될 뿐입니다. 손씨들은 이러한 의리를 알지 못하고 한결같이 고집을 부리니 선왕(先王, 정조)의 치제문(致祭文)과 선정(先正, 퇴계)의 행장(行狀)이 얼마나 중대한데 도리어 고증함이 없으니 이것이 저희들이 손씨를 위하여 부끄러워하며 두려워하는 것입니다. 삼가 바라건대 여러분들께서는 조속히 바름으로 귀결되는 논의를 내셔서 소동이 종식되기를 천만 바랍니다.

조유해(曺有海)가 옥산서원(玉山書院)으로 보내는 단자(單子).

삼가 저희들이 한 달 전에 동강서원(東江書院) 상량문을 다시 봉안할 때 참석한 일은 이미 스스로 취한 것이니 비록 본래 마음이 아니었다고 해도 핑계를 댈 수가 없고 남에게 이끌려갔다는 것도 말이 되지 않습니다. 이번에 갔던 것은 진퇴양난(進退兩難, 跋胡疐尾)[37]의 낭패가 커서 어찌할 줄을 모르겠습니다. 공손히 여러분들께서 벌을 내려주시기를 기다린 지 며칠이 되었는데 오히려 이렇게 후하게 용서하시니, 혹은 불문에 부치는 것인지 아니면 또한 꼬리를 밟지 않는 후함을 내려주시는 것입니까. 대의(大義)가 명백 공정하니 과중하게 절로 끝내 침묵하며 안주할 수 없습니다. 이에 어지러이 말씀드

37) 진퇴양난(進退兩難, 跋胡疐尾) : '발호치미(跋胡疐尾)'는 《시경(詩經)》 〈빈풍(豳風)〉에 있는 말이니, 이리가 앞으로 나가려면 턱 밑에 살이 밟히고 뒤로 물러서려면 제 꼬리에 걸려 넘어진다는 것으로서, 진퇴양난(進退兩難)을 말한 것이다.

리니 삼가 바라건대 여러분들께서는 시급히 중벌을 내려서 우둔한 자질을 일깨워주셔서 나무꾼 같은 저희들을 편안케 해주시면 매우 다행이겠습니다.

이 문건은 작성자와 작성일이 불분명한 반계 최씨(盤溪崔氏) 문중에서 옥산서원(玉山書院)으로 보낸 통문(通文)과 조유해가 옥산서원(玉山書院)으로 보낸 단자(單子) 《이중구가 5대 고문서, J419》이다.

첫째는 발신자 자신들은 견해와 학식이 부족하여 사문(斯文)의 중대한 일에 대해서는 함부로 말을 할 수 없지만 회재(晦齋) 선생은 동방의 대현(大賢)으로 직접 실천하여 심득(心得)한 오묘한 이치가 있고, 스승과 제자 간에 전수한 것이 없다고 하였다. 그런데 손씨 가문에서는 발신자 자신들의 조상(우재 손중돈)만 높이는 사심이 있다고 하면서 손씨를 비판하였다. 아울러 회재 학문의 연원이 정주(程朱)에 있다는 것을 정조(正祖)의 치제문과, 퇴계의 행장을 근거로 들면서 손씨 집안에서 일으킨 소동이 종식되기를 바란다는 등의 내용이다.

참고로 정조(正祖)의 치제문과, 퇴계의 행장 내용은 다음과 같다.

정조는 "스승으로부터 배움을 거치지 않고 곧장 정주로 거슬러 올라갔다.[不由師承, 直溯閩洛.]"(《弘齋全書》 권22 〈玉山書院致祭文〉) 고 하였다.

퇴계는 "우리 선생의 경우에는 전수받은 곳이 없이도 스스로 학문에 분발하여, 은은하면서도 날로 드러나는 덕이 행실과 부합되었다.[若吾先生, 無授受之處, 而自奮於斯學 , 闇然日章而德符於行.]"(《退溪集》 권49 〈晦齋李先生行狀〉)라고 하였다.

둘째는 조유해(曺有海)가 옥산서원(玉山書院)으로 보낸 단자(單子)이다.

동강서원(東江書院) 상량문을 다시 봉안할 때 참석은 하였지만 참으로 곤혹스런 일이라서 어떻게 해야 할지 모르겠으니 우둔한 발신자 자신을 깨우쳐 주었으면 좋겠다고 하였다. 동강서원 상량문 내용 중에 회재 이언적의 학문 연원이 우재 손중돈에게서 나온 것이라는 내용이 있는 것으로 추측된다.

동강서원은 우재 손중돈을 모시는 서원으로 포항시와 경주시에 걸쳐 있는 형제산(兄弟山) 중 제산(弟山)에 있다.

14 작성자, 작성일 불명 고산서당(高山書堂)[38]에서 동강서원(東江書院)[39]에 보낸 두 번째 통문

高山書堂抵東江再通

伏以生等以東江梁頌事, 曾以飛文奉告, 非但出於難愼之意, 亦欲僉尊之無過擧矣. 不意僉尊

之急於遂非, 業已無及於事, 更接僉尊抵本家單剌, 尤恨僉尊處事之若是乖謬也. 僉尊此擧,

蓋欲藉重, 則豈曰本意之不恭, 而其在道理所不敢何哉. 且義方之於淵源, 其爲稱述, 煞有

輕重, 則僉尊尊祖之心亦無怪. 其欲有取舍, 而猶當揆以事理, 不宜一任私意. 蓋以理言之, 則古

今人情, 不甚相遠. 雖曰別有他慮, 而坐視他人鑿改廟梁, 不惟不禁, 而又從而刊於實紀. 夫

豈恒常事所或然, 以來諭言之, 則旣曰李氏之潛鑿, 而又曰往稟先生, 則尊先之所稟, 尊先

自知之. 數百里來往, 尊先自爲之, 而諉之以一夜倉卒之間, 不聞不知者, 又豈事理之所當然

哉. 且夫李氏私改之句, 何以來載於散稿全文之中, 又何以取義於尊先刊布之書也. 是則雖

---

38) 고산서당(高山書堂) : 경상남도 의령군 부림면 입산리 입산마을에 있었다.

39) 동강서원(東江書院) : 경상북도 월성군(月城郡) 강동면(江東面) 유금리(有琴里) 형산강(兄山江) 가에 있다. 조선 숙종(肅宗) 24년(1695)에 건립하여 손중돈(孫仲暾)을 봉향하였다. 선현(先賢) 제향과 지방 교육의 일익을 담당하여오던 중 흥선대원군(興宣大院君)의 서원철폐령으로 1868년(고종 5)에 훼철되었다. 훼철 직후인 1870년에 설단(設壇)하여 단향(壇享)으로 향사를 지내오다가, 1925년에 활원재(活源齋), 1960년에 묘우(廟宇) · 강당 등을 복원하였다. 1980년에 경상북도에서 수복(修復)하였다. 1986년에 동재 · 서재 · 신도비각을, 1999년에 탁청루를 복원하였다.

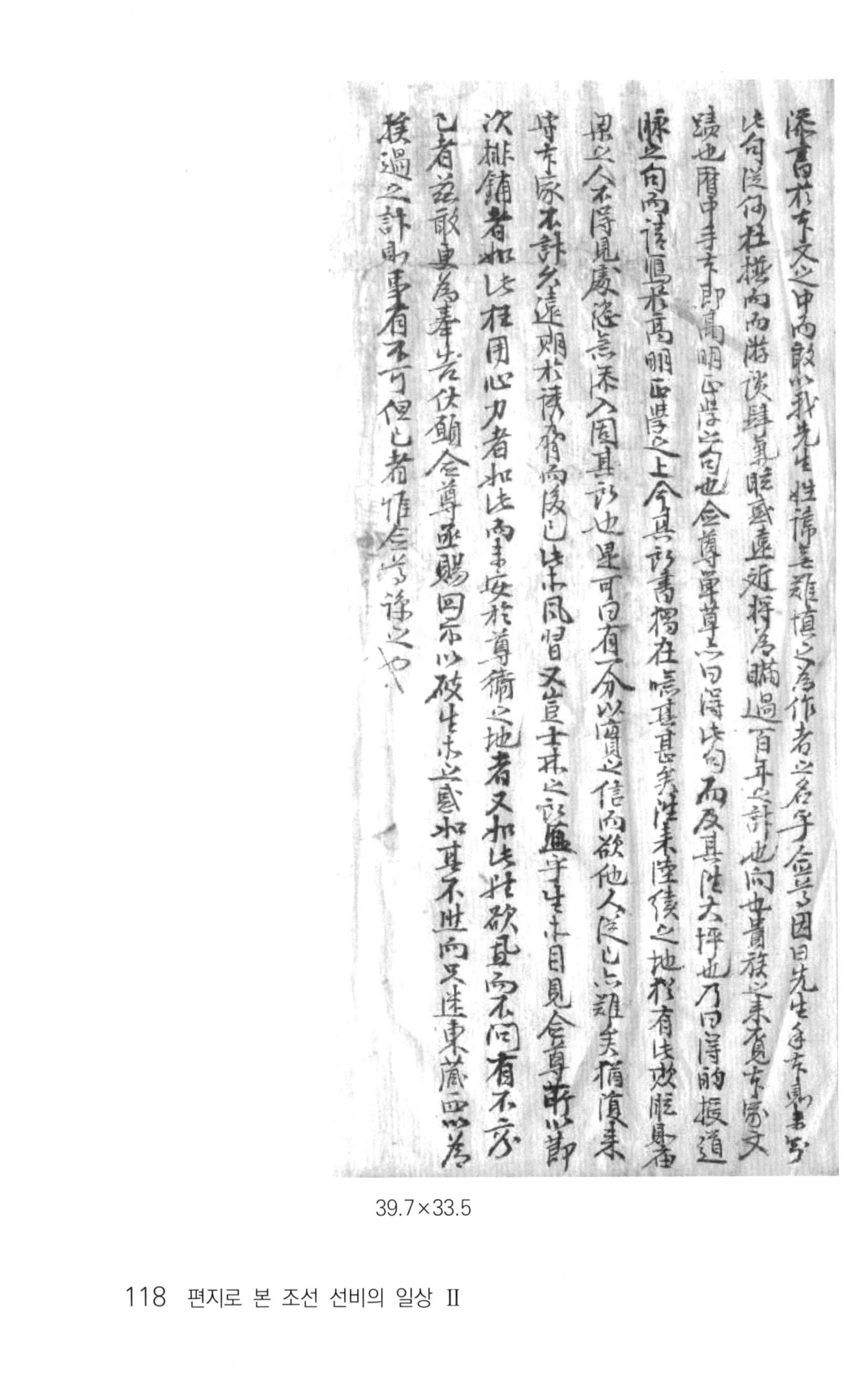

39.7×33.5

高山書堂答東江再通

伏以生等以東江畢頌事曾以鄙文奉告非但出於難慎之意亦欲令尊之一言以平其亂矣不意令尊

之意在於逆此業也至及於事更接令尊答書而單剌尤恨令尊處事之若是乖訛也令尊之此事

蓋欲藉重則豈曰古意之不恭而其在道理亦不敢何哉且我方之於闡隱其為補述態有

輕重則令尊之視之也亦之恠且欲有取舍而猶憚援以事理不宜一任私意蓋以理言之則古

今人情不遠相遠往日別有他慮而坐視他人鑿改面採不惟不禁而又從而利於廣佈夫

豈恒常事哉然以某諭言之則既曰李氏之潛鑿而又曰往稟先生則尊先之所稟尊先

自知之數百里來往尊先自為之而議之以一夜倉卒之間不聞不知者又豈事理之所當然

哉且夫李氏私改之句何以來載於敢稱全文之中又何以取載於尊先刊布之書也是則往

來見當日文蹟之所在而我方之爲初本高明之當之爲改本而今改爲刪仍用初本可以

意推矣往以此兩句而妄自改換稍爲李安之夫者況以元本可援之的證道脈一句實之初本

未見當日文蹟之所在, 而義方之爲初本, 高明正學之爲改本, 而乍改旋刪, 仍用初本, 可以意推矣. 雖以此兩句, 而妄自改換, 猶爲未安之大者, 況以元無可據之的授道脈一句, 謂之初本, 添書於本文之中, 而敢以我先生姓諱, 無難塡之爲作者之名乎. 僉尊因曰, "先生手本," 則未知此句從何杜撰, 而游談肆氣, 眩惑遠近, 將爲瞞過百年之計也. 向也, 貴族之來覓本家文蹟也, 曆中手本, 卽高明正學之句也. 僉尊單草, 亦曰"得此句," 而及其往大坪也, 乃曰, "得的授道脈"之句, 而請寫於高明正學之上, 今其所書獨在. 噫其甚矣. 往來陸續之地, 猶有此欺眩, 則廟梁之人不得見處, 恣意添入, 固其所也. 是可曰有一分以實之信, 而欲他人從己, 亦難矣. 猶復來守本家, 不計久遠, 期於誘脅而後已. 此等風習, 又豈士林之所宜乎. 生等目見僉尊, 所以節次排鋪者如此, 枉用心力者如此, 而未安於尊衛之地者又如此, 雖欲置而不問, 有不容已者. 玆敢更爲奉告. 伏願僉尊亟賜回示, 以破生等之惑, 如其不然, 而只迷東藏西, 以爲挨過之計, 則事有不可但已者. 惟僉尊諒之也.

고산서당(高山書堂)에서 동강서원(東江書院)에 보내는 두 번째 통문

삼가 저희들은 동강서원의 상량문의 일로 일찍이 빨리 글을 보내드렸는데 신중히 하는 뜻에서 나왔을 뿐만 아니라 또한 여러분들의 잘못된 조치가 없도록 하려는 것이었습니다. 뜻밖에도 여러분들께서는 잘못을 알면서도 관철하여 이미 일이 후회막급이 되었는데, 다시 여러분들께서 본가(本家)에 도달

시킨 단자를 살펴보니 더욱더 여러분들의 처리한 일이 이와 같이 잘못된 것에 한스럽습니다. 여러분들의 이러한 조치는 중망(重望)을 이용하려고 한다면 어찌 본래 뜻에 공손하지 않다고 하면서 그 도리에 있어서는 감히 못 할 바라고 하니 어째서입니까. 또 '의방(義方)'[40]의 연원(淵源)에 기록을 한 것은 매우 경중이 있으니 여러분들께서 조상을 높이는 마음은 또한 괴이할 것이 없으나 취하고 버리려고 함에는 마땅히 일의 이치를 헤아려야지 사사로운 뜻대로 함은 마땅하지 않습니다. 이치로 말한다면 고금의 인정(人情)은 그리 서로 먼 것이 아닙니다. 비록 별도로 다른 우려가 있다고 하더라도 타인이 사당의 상량문을 조작해 고치는 것을 좌시하면서 금하지 않을 뿐만 아니라 또 따라서 실기(實記)에 간행해 넣기까지 하였습니다.

어찌 정상적인 일로 그러할 수 있습니까. 귀하께서 보내오신 말에 이미 말씀하시기를 "이씨가 몰래 조작하였다." 하였고, 또 말하기를 "선생께 가서 말씀드렸다." 하니, 그렇다면 귀하의 조상께서 아뢴 것은 귀하의 조상께서 스스로 알 것입니다. 수백 리를 오간 것은 귀하의 조상께서 스스로 하셨는데 하룻밤의 창졸 사이의 듣지 못하고 알지 못한다고 핑계한 것은 또한 어찌 일의 이치의 당연한 것이겠습니까. 또 이씨가 사사로이 고친 구절을 어찌 산고(散稿)의 전문(全文) 속에 기재할 수 있으며, 또 어찌 의리를 귀하 조상이 간행해 반포한 글에서 취할 수 있습니까.

이는 비록 그 당시 글에 있는 것을 보지 못하였더라도 '의방(義方)'이라고 초간본에 기재되었는데 '고명정학(高明正學, 높고 밝으며 바른 학문)'이라고 개정본에 기재되어 수시로 고쳐가면서 그대로 처음 책을 사용하니 그 뜻을 미루어 볼 수 있습니다. 비록 이 두 구절이지만 경망하게 스스로 고쳐 바꾼 것도 오히려 매우 온당치 못한 것이거늘 하물며 원래 근거할 수 없는 '적수도맥(的授道脈, 〈우재가 회재에게〉 분명히 도맥을 전수해주었다)'는 한 구절을 초간본이라고 하여 본문 속에 더해 써넣고는 감히 우리 선생의 성명(姓名)을 어려움이 없이 작자(作者)의 이름으로 써넣을 수 있습니까. 여러분들께서

40) 의방(義方) : 의로운 방도라는 뜻으로, 회재가 우재의 가르침에 의해 사람의 도리를 알았다는 뜻으로 쓰인 것이다.

는 이것으로 인하여 말하기를 "선생의 수필본(手筆本)입니다."라고 하지만, 이 구절이 어디에서 잘못 지어진 것인지 알지 못하겠으나 방자한 기세로 유세하고 원근을 현혹시켜서 장차 백 년을 속여 지나갈 궁리를 하는 것입니까. 일전에 귀하의 종족께서 오셔서 본가의 글을 찾았는데 책력 속의 수필본이니, 바로 '고명정학(高明正學)'의 구절이었습니다. 여러분들의 별단(別單) 초기(草記)에도 또한 "이 글귀를 얻었다."라고 하였는데 대평(大坪)[41]을 가서 보게 되어서는 말하기를 "적수도맥(的授道脈, 분명히 도맥을 전수해주었다)"이란 구절을 얻게 되었고 이를 '고명정학(高明正學)'의 위에 써 넣기를 청했던 것인데 지금 그 쓴 것이 홀로 남아 있습니다.

아! 심합니다. 계속 왕래하면서 여전히 이렇게 속였습니다. 사당의 상량문을 지은 사람은 〈적수도맥(的授道脈) 등의 글을〉 볼 수 없는 곳에서 제멋대로 보태 넣었으니 진실로 당연한 짓입니다. 이를 조금이나마 진실한 믿음이 있다고 할 수 있겠습니까. 그리고 타인에게 자기를 따르게 하려 하니 또한 어렵습니다. 그런데도 다시 와서 본가를 지켜서 원대한 계획을 하지 않으니 기어코 유혹 협박을 하고야 말 것입니다. 이러한 풍습은 또한 어찌 사림(士林)에게 마땅한 것이겠습니까. 저희들이 보기에 여러분들이 절차(節次)를 꾸며댄 것이 이와 같고, 마음과 힘을 잘못 쓴 것이 이와 같고, 존위(尊衛)의 처지에 온당하지 못한 것이 또한 이와 같으니, 비록 버려두고 묻지 않으려고 해도 그만둘 수 없습니다.

이에 감히 고합니다. 삼가 바라건대 여러분들께서는 시급히 답장을 주시어 저희들의 의혹을 풀어 주십시오. 만일 그렇지 아니하고 다만 동쪽으로 미혹되고 서쪽으로 숨기려 하면서 시일을 끌기 위한 계획을 한다면 일이 그대

---

41) 대평(大坪) : 유치명(柳致明)의 거주지이다. 대산(大山) 이상정(李象靖)이 지은 동강서원(東江書院)의 상량문(上樑文)이 1백여 년 동안 훼손되었다가 다행히 바로잡을 수 있는 기회를 만났기에 대산의 후손에게 대산의 필적을 확인하고, 이어 그의 제자인 대평(大坪)의 유치명 선생에게 질정하여 상량문을 바로잡아 이를 고유하였다. 이를 추진하는 과정에서 소호(蘇湖, 이상정의 거주지)의 단자(單子)와 고산서원(高山書院, 이상정을 모신 서원)의 통문이 나오고 옥산서원(玉山書院)에서 협박하고 진실을 현혹하는 통문이 나오기에 이르렀다. 그러나 대산의 필적이 분명하다는 대산 집안 후손 3대의 정중한 확인이 있었다.

로 그만둘 수만은 없겠으니 여러분들께서는 헤아려 주십시오.

이 문건은 작성자와 작성일이 불분명한 고산서당(高山書堂)에서 동강서원(東江書院)에 보낸 두 번째 《이중구가 5대 고문서, J420》통문(通文)이다.

여주 이씨와 경주 손씨 두 집안에서는 회재(晦齋) 이언적(李彦迪)의 학문이 외삼촌 우재(愚齋) 손중돈(孫仲暾)의 영향을 받았느냐를 두고 오래 동안 논쟁을 벌였다.

문제의 발단은 동강서원 상량문(上樑文)에 '적수도맥(的授道脈, 분명히 도맥을 전수해주었다)'이란 구절에 기인하였다. 조금 더 풀이하면 손중돈이 도맥(道脈)을 이언적에게 전수하였다는 의미이다. 당시 이 상량문으로 인하여 두 사람의 학통 연원(淵源) 문제가 상당히 소란스러웠다.

1773년에 동강서원(東江書院)을 중수할 때 상량문을 대산(大山) 이상정(李象靖, 1711~1781)이 지었다. 상량문의 '의방(義方, 손중돈이 〈회재에게〉 사람의 도리를 가르쳤다)'이라는 말을 손씨 집안에서 '연원(淵源)'이란 말로 바꾸었는데 이것이 문제가 되자 다시 의방으로 바꾸었다고 하였다.

1905년에 간행된 손중돈의 《우재선생실기(愚齋先生實記)》에는 두 사람과 학문적인 전수와 관련된 이상정의 상량문이 실린 것으로 추측된다. 이 상량문의 내용 중에는 '적수도맥(的授道脈)'이라는 말이 없었는데, 《우재선생실기》에 들어 있어 문제가 된 것이다.

고산서당에서는 '적수도맥'이란 말을 인정하지 않으면서 동강서원에 구체적인 입장을 밝히라는 의미로 통문을 보낸 것이다.

동강서원은 포항시와 경주시에 걸쳐 있는 형제산(兄弟山) 중 제산(弟山)에 있으며 손중돈을 모시는 서원이다.

15 유교영(柳喬榮, 1854~1920) 1905년 3월 25일 손이시비(孫李是非)의 심각함

一別十禩, 無由晤睞, 書字替面, 又從
而闕之. 江海愁緖, 與日俱長, 專价
委書, 致意勤至, 重重欣感. 伏審
花辰,
靜養體節, 連護萬重, 允舍侍
愉吉旺, 溪山花卉, 品題管飮俱叶,
區區仰頌. 戚弟奉老受新, 喜懼
交幷, 而跧伏窮巷, 了無悰緖, 浩歎奈何.
頫教貴門之與孫氏相持, 詳悉來
諭. 固知其彼中之得罪, 從這擧措駭
悖, 而向者孫儒之齎冊而來也, 拒絶
而逐之, 已示其本意矣. 聞已自鄙院
出通峻攻, 罰已行矣. 奚有未盡警勉,
而必欲使鄙中前矛袒胸於戈戟睢
盱之地乎. 且國憂方殷, 固非吾輩
私相是非之日. 幸望勿使血氣之勇,
體念先先生當日舅甥之誼, 不較短
長, 自守寬大, 則彼雖駭妄, 焉敢不
悔其過耶. 今又檜淵文字已出云. 相
與貴院齊聲共討, 則不爲孤孑. 以是措
處, 無使鄙中難當如何. 時狀如此,
不遑他暇. 且弟之本心, 不欲厠名於
是非之文, 所以前日見漏者此也. 撫念昔

今相與之誼, 何可護孫而泛然於尊
門也. 千萬無此, 幸勿過誅, 恕其事
槩, 如何如何. 恃其厚誼, 言不知擇, 尤極愧
悚. 那當面叙. 臨楮悵茫, 不備謝禮.
家君前以示意, 仰達耳.
丙午三月念五, 戚弟柳喬榮拜謝.

한 번 헤어진 지 10년에 만나볼 길도 없고, 편지로 만남을 대신하는 것도 또 따라서 못하였습니다. 강해(江海)에서 수심이 날로 깊어져 가는 터에 전용 심부름꾼으로 편지를 보내주시니, 관심을 기울여주심이 끝없고 지극하여 거듭거듭 감격이 됩니다.

삼가 꽃 피는 때에 조용히 지내시는 몸이 건강하게 지내시고 아드님도 귀하를 모시며 편안히 지내시며 강산의 꽃들을 완상하며 술잔을 드는 것이 모두 알맞게 되는 것을 알겠으니, 제 마음에 우러러 찬송이 터집니다.

척제(戚弟)인 저는 부모를 모시고 새해를 맞아 한편 기쁘고 한편 두려움[喜懼][42]이 아울러 교차하는데 곤궁한 마을에서 은거하고 있어 조금도 즐거운 일이 없어 크게 탄식한들 어찌하겠습니까.

편지 중에 말씀하신 귀문(貴門)과 손씨(孫氏) 집안이 서로 대치하는 것은 주신 편지를 통해서 자세히 알게 되었습니다. 본래 저들이 죄를 짓고 있음은 이번에 놀랍고 패악한 행동에서 알고 있었기에 지난번에 손씨(孫氏) 선비가 책을 가지고 찾아왔기에 거절하고 쫓아내 저 본인의 뜻을 보였습니다. 듣자니 우리 서원에서도 이미 통문을 내어 고치게 하고 벌을 이미 행했다고 하였습니다. 어떤 점에서 경계시키고 분발하게 하는 일에 미진함이 있다고 굳이 우리 문중을 창끝이 부딪고 눈알을 부라리는 곳에 앞세워 가슴을 열어 그것

42) 한편 기쁘고 한편 두려(喜懼) : 부모가 고령(高齡)임을 나타낸 말이다. 《논어(論語)》 〈이인(里仁)〉의 "부모의 연세에 관심을 두지 않을 수 없나니, 한편으로는 오래 사셔서 기쁘기도 하지만 또 한편으로는 살아 계실 날이 얼마 남아 있지 않을까 두렵기 때문이다.(父母之年 不可不知也 一則以喜 一則以懼)"라는 공자(孔子)의 말에서 연유한 것이다.

78.5×22.5 (7.6×20.0)

들을 받아내게 하고자 하십니까. 또 국가 우환이 한창이니 진실로 우리들이 사사로이 시비를 다툴 때가 아닙니다. 바라건대 혈기(血氣)의 용맹을 부리지 말고 생질(甥姪)인 선선생(先先生, 회재(晦齋) 이언적(李彦迪) 선생)과 외삼촌인 우재(愚齋, 손중돈(孫仲暾))의 정의(情誼)를 잘 살펴서 장점과 단점을 비교하지 말고 스스로 마음을 관대하게 하면 저들(손씨)이 비록 해괴망측한 행동을 하였더라도 어찌 그 잘못을 후회하지 않겠습니까. 지금 또 회연서원(檜淵書院)[43]에서도 문자가 이미 나왔다고 하는데 귀하의 서원과 함께 일제히 성토하면 외롭게 되지 않을 것입니다. 이렇게 조처하여 저희 쪽에서 난처하지 않게 해주시는 것이 어떻겠습니까. 시국 상황이 이와 같아서 다른 일에 신경 쓸 여가가 없고 또 저의 본심은 시비(是非)를 가리는 글에 끼어들고 싶지 않기 때문에 일전에 참여하지 않았던 것은 이 까닭이었습니다. 옛날과 지금의 서로 함께하는 정리를 생각해 보면 어찌 손씨를 두둔하고 귀하 집안에 소홀

43) 회연서원(檜淵書院) : 정구(鄭逑, 1543~1620)를 모신 서원. 경북 성주군 수륜면 동강한강로 9(신정리)에 있다. 정구가 제자들을 교육하던 회연초당(檜淵草堂)이 1627년(인조 5) 지방 사림의 여론에 따라 서원이 되었으며, 1690년(숙종 16) 사액을 받았다.

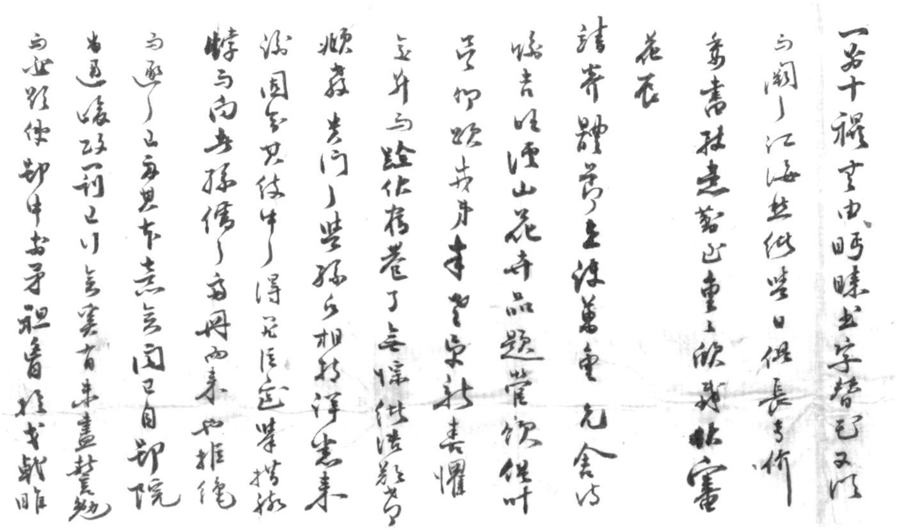

히 할 수 있습니까. 절대로 이러한 일은 없을 것이니, 행여 지나치게 꾸짖지 마시고 그 일의 대강을 이해해 주시는 것이 어떻겠습니까. 두터운 정리를 믿고 말을 가려서 해야 함을 알지 못해 더욱 죄송합니다.

언제 만나 대화를 할 수 있을까요. 편지를 쓰며 아득한 생각에 이만 줄이고 답장을 올립니다.

가군(家君)께도 편지에서 말씀하신 뜻을 전해 올렸습니다.

병오년(丙午年, 1905) 3월 25일에 척제(戚弟) 유교영(柳喬榮) 배사(拜謝).

이 편지는 1905년 3월 25일에 유교영(柳喬榮)이 이중구(李中久)에게 보낸 《이중구가 5대 고문서, I414》이다.

이 편지에서 손이시비(孫李是非)가 언쟁에 그치지 않고 체형을 가하는 심각한 지경까지 이른 실상을 보여주는 내용이다.

이러한 대물린 시비 중에 위의 편지는 회재 후손인 이중구에게 "옛적에 생질인 회재(晦齋) 선생과 외삼촌인 우재(愚齋) 선생의 정의(情誼)를 잘 살펴서 스스로 마음을 넓히고 있으면 저들 손씨 집안이 해괴망측한 행동들을 후회하지 않겠는가."라고 하고, 발신자 자신은 그 시비(是非)를 가리는 일에 끼어들고 싶지 않은 심정임을 밝힌 것이다.

유교영(柳喬榮)은 철종 5년(1854)에 태어나서 1920년에 서거한 문신 관료이다. 본관은 풍산(豊山), 자는 세경(世卿), 호는 하당(荷堂)으로 청하군수(淸河郡守), 공주군수(公州郡守) 등을 역임하였다.

3

과거(科擧)

16 인우(寅瑀, ?) 1860년 5월 25일 과거 응시의 정당성에 대한 심경 토로

二湖逢別, 倏爾踰歲. 迺蒙辱賜手書, 遠投塵
案, 莊讀屢回, 警發爲多, 其何感幸如之. 伊後月三
易, 瞻仰更勞. 伏惟潦暑打乖,
萱闈節宣神衛,
省定動引嘉嗇, 允玉善茁. 古鏡重磨, 日有照管, 群書
博涉, 漸臻精約, 必有可聞而益者. 區區傾嚮, 如水東注. 弟
老親當暑善愆候, 祗自煎懼. 所謂所業, 只是悠泛愒日, 匪直無
餘力而然也, 亦由於存察之無工也, 愧汗愧汗. 示喩縷縷, 無非箴警之
語, 讀之令人感僕. 而無繫留無將迎之間. 操要制煩云者, 隱然有
自勉而勉人底意, 與人爲善說得親切處. 然在僕, 猶高遠難行,
燭理未明, 涵養未熟, 豈可遽道此工夫乎. 時文窠臼, 終不能捨
者, 亦坐此耳. 幸須更爲賜教焉. 大抵學者工夫, 寧近毋遠, 寧淺
毋深, 寧下毋高. 故者之教人, 不過小學法大學格致誠正而已. 今則朝
/家取士, 專以時文之工拙. 以本不若古人之性質, 作虛誕之文, 壞了
性, 敗了質, 其何以能追武古人乎. 來喩以此功用, 反復抑揚,
要致意焉. 弟竊惑焉者, 弟之誤了平生, 在於時文, 老兄所素
/知, 而反以是勉焉, 何也. 況弟之於此, 捨去不得者, 又從以聳
動之乎. 且云反不如有所住心處, 此尤所未喩者也. 陶山夫
子, 嘗以蔡伯靜家狀, 示門人爲戒. 如老兄, 旣廢此
時文功用, 宜以示門人之戒
爲戒, 豈以反不如爲說耶. 然
兄之爲此說, 亦出於愛人之
至意, 弟果有狷嗇之性, 不

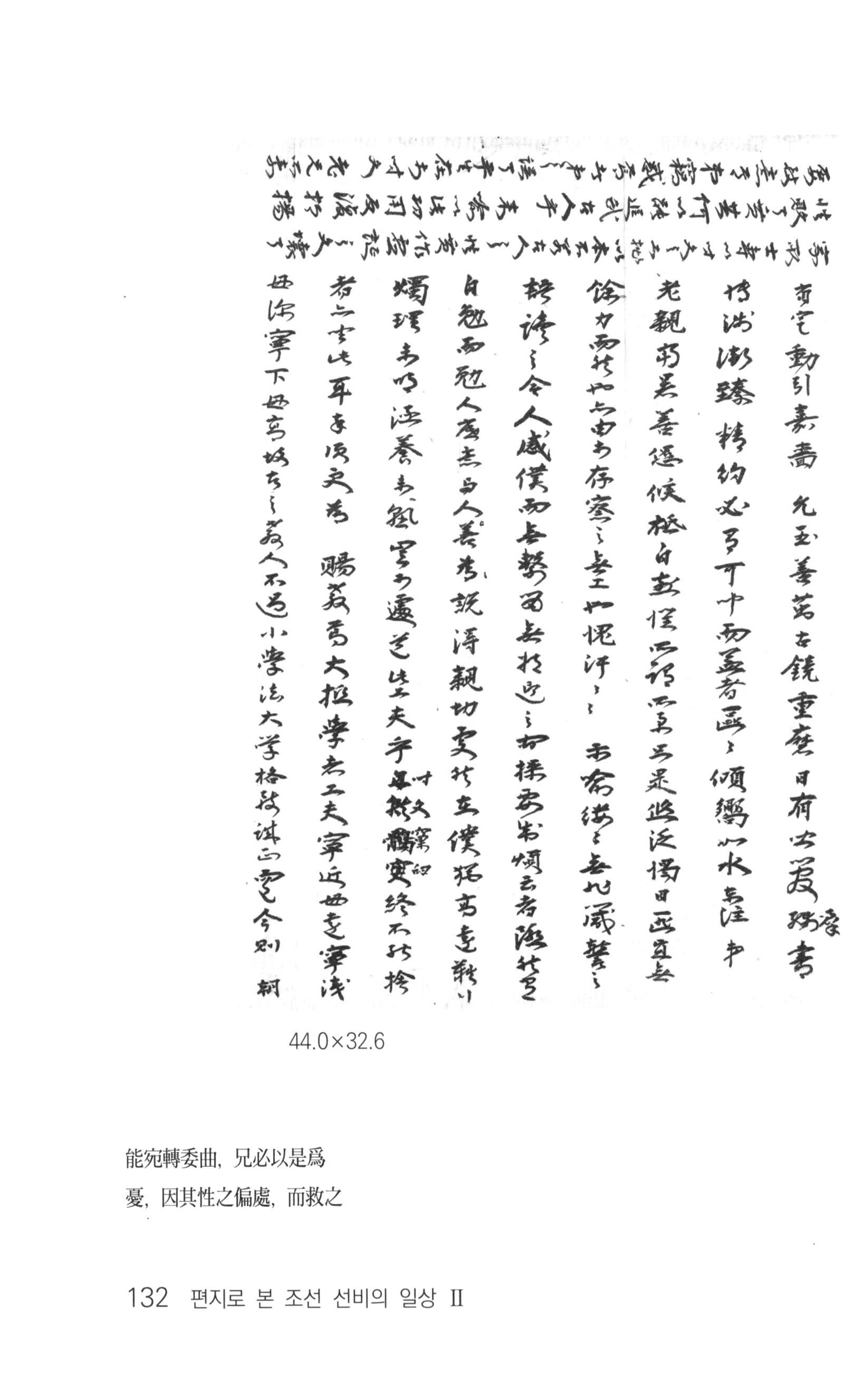

44.0×32.6

能宛轉委曲, 兄必以是爲

憂, 因其性之偏處, 而救之

耳, 此豈兄之自道哉. 兄旣

責難周備, 弟亦當悉陳

矣. 弟之於時工, 始則爲其取

科第而出沒焉, 中則雖知

其科第之以是難取，而爲伎
倆所使而做焉，終則爲親所
勸而不能廢．今日所處，則將
來雖十顚九倒，有不可劃
中道，而廢擧業．是以强托
於君臣之大倫，終不可廢之
義，將赴秋科，而時做程文．然
於世態已澹，而亦恐益壞其性．
故於功令亦澹，而不使用力．其意
初非老兄廢此專彼之計可
/比，而來喩援以爲勉，則還可愧可愧．此等功用勉之亦可，不勉亦可．幸望頻
惠德音，策勵駑鈍，如何如何．人之做樣强半，在師友之輔善，此後則不
拘虛例，俾有切偲之實如何，申望申望．惟祝侍履增重，不備．伏惟
兄照下．謹拜謝候．
庚申五月二十五日，弟寅瑀拜謝．

이호(二湖)에서 만났다가 헤어진 지 어느덧 한해가 지났습니다. 마침 손수 쓰신 편지를 멀리 먼지 앉은 책상에 던져 주셨습니다. 몇 차례 경건히 읽어보니 깨우쳐 주심이 많았습니다. 어떤 행복감이 이와 같겠습니까. 그 뒤 달이 세 차례 바뀌자 우러르는 생각이 다시 힘들게 합니다.

삼가 비정상적인 장마와 무더위에 자당(慈堂)[1]께서는 적절히 적응하여 신의 가호를 받고 계시며, 당신께선 홀어머니 모시면서 잘 계시고, 아드님은 잘 성장하고 있습니까.

옛 거울(마음)을 거듭 닦아 날마다 비춰보시고 많은 서책을 널리 섭렵하여 점차 정밀하고 간결한 경지에 이르셔서 반드시 듣고 도움 될 만한 것이 있을 것입니다. 구구히 흠모하는 저의 마음은 마치 물이 동쪽으로 흐르는 것 같습

1) 자당(慈堂) : 남의 어머니에 대한 존칭이다.

니다.[2]

저는 연로한 어버이께서 더위를 맞이하여 곧잘 병치레를 하시니 다만 혼자서 마음 졸이며 두렵기만 합니다. 이른바 공부는 범범하게 세월만 보내고 있습니다. 여력이 없어서 그러한 것이 아니라 역시 (마음을) 보존하여 성찰하는 공부가 부족한 이유이니, 부끄러워 진땀이 납니다.

보내주신 편지에 구구절절하신 말씀은 모두가 훈계하여 경계해주는 말씀이라 읽는 저를 감복시켰습니다. 그중에서도 계류(繫留)함도 없고 장영(將迎)함도 없는[3] 사이에 간결함을 지녀 번거로움을 제어하라는 말씀은 은연중 스스로 힘쓰시면서 남까지 근면하게 하는 뜻이자, 남이 잘되도록 도와주는 친절한 말씀이었습니다.

그러나 저에게 있어서는 오히려 고원(高遠)하여 행하기 어려운 일입니다. 이치를 꿰뚫어봄이 밝지 못하고 함양(涵養)이 미숙하니 어찌 이러한 공부를 대번에 입에 거론할 수 있겠습니까. 시문(時文)[4]의 틀을 끝내 버리지 못한 것도 이 때문이니, 부디 아무쪼록 다시 가르침을 주시기 바랍니다.

무릇 배우는 자의 공부는 차라리 일상에 가까울지언정 멀지 말아야 하며 차라리 옅을지언정 깊지 말아야 하며, 차라리 낮을 것일지언정 높지 말아야 합니다.[5] 예전에 사람을 가르침은 소학(小學)의 법도와 대학(大學)의 격물치

---

2) 물이~같습니다. : 본문 '여수동주(如水東注)'는 '만절필동(萬折必東)'과 같은 뜻이다. 중국의 온 하천(河川)의 물이 수없이 꺾여 흐르지만 끝내 동쪽 바다로 흘러든다는 말이다. 상대방을 존모(尊慕)하는 마음은 변함이 없다는 뜻이다.

3) 계류(繫留)함도 없고 장영(將迎)함도 없는 : 계류는 지나간 일을 마음에 그대로 지니고 잊지 못하는 것, 장영의 장은 지나간 일이 마음속에 아직 잔영으로 남아 있는 것, 영은 오지 않은 것을 미리 예상하는 것을 이른다. 모두 정심(正心) 공부에 해가 되는 일이라서 계류는 《대학(大學), 정심수신장(正心修身章)》에서 경계하였고, 장영은 《논어, 헌문(憲問)》의 "속일 것이라 미리 점치지 말고, 상대가 믿지 않을 것이라 억측하지 말라[不逆詐不億不信]"가 그 뜻이다.

4) 시문(時文) : 과거(科擧) 시험을 목적으로 하는 공부를 이르는 말이다.

5) 가까울지언정~합니다. : 《주자어류(朱子語類)》 권10 〈독서법 상(讀書法上)〉에서, "책을 읽을 때는 모름지기 두루 넓고 가득하게 읽어야 한다. 나는 일찍이 상세할지언정 소략하지 말고, 낮출지언정 높이지 말며, 졸렬할지언정 공교롭지 말며, 가까울지언정 먼 데 있지 말아야 한다고 생각했다.[讀書, 須是遍布周滿. 某嘗以爲寧詳毋略, 寧下毋高, 寧拙毋巧, 寧近毋遠.]"고 하였다.

지(格物致知), 성의정심(誠意正心)[6]에 지나지 않았는데 지금은 조정에서 인재를 선발할 때에 전적으로 시문(時文)의 능란함과 서투름으로써 합니다. 본래 옛사람들만 못한 본성(本性)과 자질(自質)을 가지고 허탄한 문장을 짓게 하여 본성을 무너뜨리고 자질을 망치게 하니 어찌 고인의 뒤를 따를 수 있겠습니까. 보내온 편지에 이 공부 방법을 반복해 칭송하여 극진한 마음을 표현하셨습니다.

제가 의혹을 일으키는 것은 제가 평생을 그르친 것이 시문(時文)에 있음을 노형께서도 평소 잘 아시면서 도리어 이것을 힘쓰게 하시니 어째서 입니까. 게다가 제가 이것을 버리지 못하는 것인데 또 그것을 부추겨 격동시킬 일입니까. 또 말씀하기를, 도리어 마음이 쏟는 곳이 있는 것만 못하다는 이 말씀은 더욱 이해되지 않는 부분입니다.

퇴계(退溪)선생께서 일찍이 채백정(蔡伯靜)[7]의 가장(家狀)을 문인들에게 보여주면서 경계 삼도록 하였습니다. 노형(老兄) 같은 분은 이미 이 시문(時文) 공부를 그만두셨으니 의당 문인들에게 보인 경계를 가지고 경계 삼게 해야 할 것인데, 어떻게 도리어 시문 공부를 하는 것만 못하다고 말씀하실 수 있습니까. 그러나 형께서 이러한 말씀을 한 것은 또한 남을 사랑하는 지극한 마음에서 나왔을 터인데, 제가 결과적으로 성급하고 인색한 성정(性情)때문에 원만하고 부드럽지 못하니 형께서 반드시 이를 근심하여 저의 성정이 치우친 점을 바로잡아주려는 것일 뿐일 것입니다. 이것이 어찌 형의 자신을 말씀한 것이겠습니까. 형께서 이미 (저에게) 어려운 일을 책임지우심이 두루 빠짐이 없었기에, 저 또한 당연히 (제 생각) 모두 말씀드린 것입니다.

저의 시문 공부는, 처음에는 과거 급제를 위하여 들락날락하였고, 중간에는 과거 급제가 이런저런 이유로 취하기 어려움을 알았지만 실력을 시험해

---

6) 격물치지와 성의정심 : 《대학, 경1장》의 사물의 이치를 깨우친 뒤에 앎이 지극해지고, 앎이 지극해진 뒤에 뜻이 성실해지고, 뜻이 성실해진 뒤에 마음이 바르게 된다.

7) 채백정(蔡伯精) : 채연(蔡淵, 1156~1236)이며, 남송 건주(建州) 건양(建陽) 사람이다. 자는 백정(伯靜)이고, 호는 절재(節齋)이며, 채원정(蔡元定)의 맏아들이다. 주희(朱熹)를 사사했으며, 벼슬길에 나가지 않고 학문과 강학에 힘썼다. 저서는 《주역경전훈해(周易經傳訓解)》과 《괘효사지(卦爻辭旨)》, 《역상의언(易象意言)》, 《주역경전훈해(周易經傳訓解)》, 《논맹사문(論孟思問)》, 《시사문(詩思問)》, 《여론(餘論)》, 등이 있다.

보기 위해 시도하였으며, 마지막에는 부친께서 권고하여 그만둘 수 없었습니다. 지금 처지는 앞으로 열 번 엎어지고 아홉 번 꺼꾸러지더라도 중도에서 선을 긋고 과거 공부를 그만둘 수 없습니다. 그래서 군주와 신하 간의 큰 윤리를 끝내 폐할 수 없다는 의리[8]에 억지 핑계를 대고 장차 추과(秋科)에 응시하기 위하여 때로 정문(程文)[9]을 지어보곤 합니다.

그러나 세상일에 이미 어떤 욕심도 없어졌는데 또한 저의 성정(性情)만 더 무너뜨릴까 두렵습니다. 그래서 공령(功令)[10]에도 역시 욕심을 거두고 힘을 쓰지 않으려고 합니다. 그 뜻은 당초에 노형께서 공령업을 폐하고 위기지학(爲己之學)에 전공[11]하는 심산(心算)에 비교될 수 있는 일은 아닙니다. 보내주신 편지에 (저의 공령업 포기를) 구원하여 면려하시니 도리어 매우 부끄럽습니다. 이 공령 공부에 힘쓰는 것도 괜찮은 일이고 힘쓰지 않는 것도 또한 다행일 수 있습니다.

바라건대, 자주 편지를 보내어 노둔한 저를 채찍질하여 주심이 어떻겠습니까. 사람이 사람 되는 일에 절반은 스승과 벗이 선(善)으로 도와서 인도하는 데 달려있다고 합니다. 이 뒤로는 실속 없는 의례적인 것에 구애되지 마시고 절친한 교분의 알참이 있게 하는 것이 어떻겠습니까. 거듭 바라고 바랍니다. 오직 부모님 모시면서 더욱 진중하시길 바랍니다. 이만 줄입니다. 삼가 절하고 답장을 올립니다.

경신년(庚申, 1860) 5월 25일에 인우(寅瑀)는 절하고 답장을 올립니다.

이 편지는 1860년 5월 25일에 인우(寅瑀)가 이능덕(李能德, 1826~1861)

---

8) 군주와 신하 간의 ……없다는 의리 : 《논어, 미자(微子)》에서 자로(子路)가 하조장인(荷蓧丈人)을 만나 저녁밥과 아들들을 불러 인사 시키는 대접을 받고서 이튿 날 다시 찾았다가 그들이 자신이 되돌아올 줄 짐작하고 앞서 떠난 것을 알고서 한 말, "벼슬하지 않은 것은 아무런 의리가 없다. 어른과 소년과의 예절도 폐할 수 없는데 어떻게 군주와 신하의 의리를 폐할 수 있겠는가. 자신 한 몸을 깨끗이 하려 큰 윤리를 어지렵힘이다.[不仕無義, 長幼之節, 不可廢也, 君臣之義, 如之何其廢之. 欲潔其身, 而亂大倫]"라고 하였다.

9) 정문(程文) : 과거 볼 때 쓰던 일정한 법식의 문장, 과문(科文)을 말한다.

10) 공령(功令) : 과거(科擧)를 목적한 공부를 이른다.

11) 이것은 버리고~전공한다. : 과거는 그만두고 위기지학(爲己之學)에 전념하는 것을 말한다.

에게 보낸 《이중구가 5대 고문서, E404》이다.

이중구가 고문서에는 사대부들의 중요한 일상적 의식이었던 관혼상제를 비롯한 당시의 시대상이 고스란히 담겨 있는 수많은 내용이 막 들판에서 추수를 마치고 쌓아둔 곳간의 곡식처럼 가득 차 있다. 그 가운데 과거(科擧)에 관하여 주고받은 편지 다수가 그대로 전해지고 있다. 영남 사대부들이 편지라는 매개로 생생한 자필로 남긴 자료를 통해서 과거 시험이 그 당시 지방 선비들의 삶에 어떠한 영향력을 미쳤는지에 대하여 편지에 쓰인 서체, 즉 초서(草書)를 석문(釋文)하고 내용을 번역하여 소개한다.

선비사회에서 과거는 입신양명(立身揚名)을 보장하는 길이고, 이 입신양명은 《효경(孝經)》에서 '한 몸을 세상에 세워 도를 행해서 이름을 후세에 드날려 부모를 드러나게 하는 것은 효의 마지막 일이다. [立身行道, 揚名於後世, 以顯父母, 孝之終也.]'라고 하였다. 출세의 유일한 통로였던 과거를 통한 입신양명이 가문의 영광이며, 효도의 큰 덕목으로 이어지는 길이기 때문에 과거를 둘러싼 희망과 절망의 희비를 살펴볼 수 있다. 벼슬의 당위성을 군신유의(君臣有義)라는 대의를 들어 설명하고 있는데 조선 시대 모든 선비들의 한결같은 변명이자 당위성이다. 곧 오륜(五倫)의 질서를 학자들은 늘 염두에 두고 있었음을 밝히고 있으나 정치인의 행위가 과연 이에 충실하였는지 되돌아보면 너무 허무한 것도 사실이다.

17 이재립(李在立, 1798~1853) 1834년 11월 14일

국왕의 환후 회복을 축하하는 경과(慶科)의 과거 날짜 공고와 복합상소(伏閤上疏)의 이면(裏面)

拜候後, 仍作千里遠矣, 悵鬱曷勝. 伏未審

省下棣床起居候萬重, 庇下諸節均宜, 村沴

亦無更肆之患否. 仰溸區區之至. 族弟發行十二宿而

入泮, 中間風雪之窘, 可謂平生初劫, 幸無値敗及

病數, 而應教叔主, 亦平安耳.

上候以坐處腫患, 臣僚一番震惶, 輪直問安, 可謂

夙宵在公. 而今則腫處已濃, 痛勢減却, 冠網坐立則

如常, 而但坐時, 則兩手據席擧體而坐云耳. 然輪直問

安, 則未撤耳. 皆云平復之後, 則必有振賀慶科云,

而否則必合慶於明春增廣云矣.

世孫方讀嘉言篇, 而春僚召對問難甚多, 令聞

大著. 前此大殿則經筵, 世孫宮則書筵矣, 今則

以患候, 姑爲停止. 而必挾冊侍病, 坐讀於殿臥之

側, 而暫不離膝, 坐臥必扶護云. 大殿時亦臥而贊

讀幷誦云, 臣民欣聳, 當如何哉. 應教叔主春職,

自初十日出肅, 而大坪柳令之陞資承旨及提調,

幷恩數之曠絶, 可謂聳賀. 以冬雷箚子後, 恩數

/如是云耳. 箚子以尾附. 歎後還弊, 及守土之臣貪冒, 暨上

心法等語, 而自上優批大獎之, 相臣亦有掇疏辭, 上箚稱揚之者矣.

疏儒則酉谷 · 蘇湖 · 溪上三人, 沙村一人, 尙州一人, 合十餘人上來, 而疏首則海

底上舍

/丈也, 姑未上來, 而聞以今十二日, 歷忠州道會,

率來湖中儒, 而以念間入泮云. 皆云

近實得否間, 不關成敗, 斷當伏閤見
逐而後已云. 今始聞之, 當
初疏事之惹起, 注令
爲之云, 畢竟儒疏一
擧之後, 當歸之於搢紳
云矣. 是議也, 京中知
舊, 則或有不便者云耳.
第大關者, 只以物力之
乏, 無以爲計, 見今無一
錢疏財, 而各者寄食
於泮主人云. 未知疏廳
旣排之後, 何以爲之. 而
聞謹巖道席, 有名錢
復收, 疏儒自其邑治
送之通云, 果遍照是
通否. 吾鄕排錢, 問之者
多, 而弟則第依兄主所
敎, 而答之耳. 然臆料
之, 此事成否間, 多士閱
月留連, 則必有無限
/浮費矣, 豈無各邑分償之弊乎, 是則丁寧矣. 弟意則
以給村餘某條, 委送于安東, 塞責謹巖之通如何. 弟
則對人曰, 吾以玉院儒生上來, 而以排錢五十兩中, 爲先以三
十兩, 雇馬資束而來, 今則以所零托喫於泮人. 而此後玉院之
繼給與否, 一鄕士林之見謹巖通如何處置. 則吾亦在千里之外, 其不可
遙度, 則僉益與弟同耳. 但
吾鄕前此有治送疏儒, 到尙州而還. 故其時浪費物力, 尙未區
處, 而今又村來, 吾鄕之浪費, 可謂比他邑, 倍層云云. 以是言

防遮而去, 然畢竟事勢之如許, 不啻昭然, 故不得不如是右陳. 然其間必有門中定論矣, 亦下諒之如何. 餘不備候儀, 伏惟

泮長趙斗淳, 方以閣臣輪職, 未暇陞學耳.

甲午至十四日, 族弟在立拜上.

關錄已經, 而元來酌定三十人, 而吾黨僅得四窠, 而韓遲庭 · 李明迪 · 沈啓錫爲之, 吾南則只金龍洛一人耳.　金驪書登單望云矣, 畢竟汝雲兄爲之矣.

찾아뵙고 문후한 뒤에 그대로 천 리 먼 길을 떠나오니, 슬프고 울적한 마음을 가눌 길 없습니다.

삼가 혼정신성(昏定晨省)하시는 형제분들의 안부는 좋으시며, 가내 두루 평안하시고, 마을의 전염병은 다시 유행할 근심은 없는지요. 우러러 이런저런 생각이 멈추지 않습니다.

저는 길을 떠난 뒤 열이틀을 숙박하고 성균관(成均館)에 들어왔는데 중간에 경험한 눈보라의 곤궁은 평생 처음 겪는 겁나는 일이라 할 수 있었으나, 다행히도 일을 망치거나 병이 나는 일은 없었습니다. 응교(應敎) 아저씨도 편안히 계십니다.

임금께서 엉덩이에 난 종기 때문에 신료들이 한바탕 뒤숭숭했습니다. 그래서 윤번으로 숙직하며 안부를 묻느라 밤낮을 조정에 머물렀다고 할 수 있습니다. 지금은 종기 난 곳의 고름을 짜내 통증이 완화되었으며, 갓과 망건(網巾)을 갖추어 쓰고 앉거나 서는 일은 예전 대로이십니다. 그러나 앉을 때는 두 손으로 자리를 짚고 상반신을 든 채로 앉으신다고 합니다. 그러나 윤번으로 숙직하며 안부를 묻는 일은 아직 끝내지 않고 있습니다. 모두들 환후가 회복된 뒤엔 반드시 축하하는 경과(慶科)가 있을 것이라고 합니다. 아니면 경과를 내년 봄의 증광시(增廣試)와 합하여 시행할 것이라고들 합니다.

세손(世孫)께서는 막 가언편(嘉言篇)[12]을 읽고 있는데 춘방(春坊)[13]의 관

12) 가언편(嘉言篇) : 《소학(小學)》의 편명으로, 선현의 아름다운 말과 착한 행적을 모은 편이다.
13) 춘방(春坊) : 세자시강원(世子侍講院)의 별칭이다.

45.4×30.9

료를 소대(召對)[14]하는 자리에서 어려운 곳을 질문하는 것이 매우 많아 아름다운 명성이 크게 드러났습니다. 앞서 대전(大殿)에서는 경연(經筵)을 열고 세손궁에서는 서연(書筵)을 열었는데 지금은 환후로 우선 중지하였습니다. 그런데도 반드시 책을 끼고 병수발하시고 누워계신 임금님 곁에 앉아 책을 읽으며 잠시도 곁을 떠나지 않아, 앉고 누우실 때 반드시 부축한다고 합니다. 임금님께서 때로 역시 누워계시면서도 찬독(贊讀)이 함께 암송한다고 하니, 신하와 백성들의 뛸 듯한 기쁨이 당연히 어떠하겠습니까.

응교 아저씨의 춘직(春職)[15]은 10일에 출숙(出肅)[16]하며, 대평(大坪)의 류영감(柳令監, 柳致明을 말함)은 승지(承旨) 및 제조(提調)로 승진하였는데 모두 임금의 유례없는 은혜이니 축하할 만합니다. 이것은 겨울 천둥[17]에 대하여 올린 차자(箚刺)이후에 임금의 은혜가 이와 같다고 합니다. 차자는 편지 끝에 붙입니다. 흉년 뒤에 환곡(還穀)[18]의 폐단과 고을 수령들이 이권을 탐하는 것, 심법(心法) 등의 말을 올렸는데 임금께서 후한 비답(批答)[19]을 내려 크게 격려하고, 상신(相臣) 중에서도 상소한 글을 골라 취하여 차자(箚子)를 올려 칭송한 사람도 있다고 합니다.

상소에 참여한 선비들은 유곡(酉谷) · 소호(蘇湖) · 계상(溪上)에서 세 사람, 사촌(沙村)에서 한 사람, 상주(尙州)에서 한 사람으로 모두 십 여 사람이 올라왔고, 소수(疏首, 상소의 주관자.)는 해저(海底)의 상사(上舍, 進士의 다른 이름.) 어른으로, 아직 올라오지 않았지만 이번 12일에 충주 도회(道會)를 거쳐 호중(湖中)의 유생들을 데리고 20일 즈음에 성균관에 들어온다고 합니다. 이에 모두들 말하기를, 사실에 가깝든 아니든 간에 성패를 따질 것 없이 결단코 복합(伏閤)[20]하여 추방하도록 한 뒤에야 그만둔다고 합니다.

---

14) 소대(召對) : 임금이 임의로 경연 참찬관 이하를 불러 학문과 시사(時事)에 대해 논하는 일을 말한다.

15) 춘직(春職) : 세손시강원의 관직이다.

16) 출숙(出肅) : 벼슬을 임명받은 자가 임금에게 숙배(肅拜)하는 것을 이른다.

17) 겨울천둥 : 예로부터 겨울에 울리는 천둥을 재앙으로 여겼다.

18) 환곡(還穀) : 예전에 각 고을에서 흉년이나 춘궁기에 빈민에게 곡식을 대여하고 추수기에 이를 환수하는 제도나 그 곡식을 이르던 말이다.

19) 비답(批答) : 임금이 상소문의 말미에 적는 가부(可否)의 답변을 말한다.

이번에 처음 들었는데 당초 상소의 일이 야기된 것은 주서(注書) 영감이 한 것이고 끝내 유생들의 상소가 한차례 행해진 뒤 당연히 선비들에게로 돌아갈 것이라고 합니다. 이 여론을 서울 친구들은 혹 불편해하는 사람도 있다고 합니다. 다만 큰 관련은 물력(物力)이 바닥나 어떤 계획도 할 수 없습니다. 현재 한 푼도 상소에 필요한 재정이 없어 각자가 반주인(泮主人)[21]에게 얹혀 밥을 먹는다고 합니다. 소청(疏廳)에서 재정을 배정한 뒤 어떻게 할지는 모르겠습니다. 들으니, 근암(謹巖)의 도회 자리에서 유명전(有名錢)[22]을 다시 거두고, 상소에 참여한 유생은 자신들의 고을에서 행장을 챙겨 보내도록 통문을 보냈다는데, 과연 이 통문을 모두 보셨는지요.

우리 고을의 배정 된 돈에 대하여 묻는 자들이 많은데 저는 형께서 말씀한 대로 할 것이라고 대답할 뿐입니다. 그러나 억측해보면 이 일이 성사되고 되지 않고 간에 많은 선비들이 한 달이 넘도록 머물게 되면 한없이 경비가 들 것이니, 어찌 각 고을에서 분담해서 갚아야 할 폐단이 없겠습니까. 이는 뚜렷한 일입니다. 저의 생각은 마을에 여유가 있는 모조(某條)를 지급하여 안동에 보내 근암(謹巖)의 통문에 대해 색책(塞責)하는 것이 어떻겠습니까.

저는 사람들을 상대해 말하기를, "우리 옥산서원(玉山書院)의 유생들이 올라오며 배정된 돈 50냥 중에서 우선 30냥으로 말을 세내고 행장을 준비해 왔고, 지금은 남은 것을 가지고 반인(泮人)에게 의탁해 먹고 있습니다. 이후 옥산서원에서 계속해서 지급할 지의 여부는 온 고을 사림(士林)이 근암의 통문을 보고 어떻게 처리하느냐에 달려있습니다. 그것은 내가 천리 밖에 있으니, 그것을 멀리서 헤아릴 수 없다는 점은 여러분도 저와 동일할 것이다. 다만 우리 고을은 앞서 짐을 챙겨 보낸 상소에 참여한 유생이 상주(尙州)에 도착했다가 돌아갔습니다. 그때 낭비한 물력을 여전히 처리하지 못하였는데 이

20) 복합(伏閤) : 나라에 큰일이 있을 때 조신(朝臣)이나 유생이 대궐 문 밖에서 상소한 뒤에 엎드려 허락을 기다리는 일을 말한다.

21) 반주인(泮主人) : 성균관 입학시험을 보려고 서울에 올라온 시골 선비가 성균관 근처에서 묵던 집, 또는 그 집의 주인을 이르는 말로, 관주인(館主人)이라고도 한다.

22) 유명전(有名錢) : 용처가 확실한 돈을 말한다.

번에 또 마을에서 올라오게 된다면 우리 고을의 낭비가 다른 고을에 비해서 두 배쯤 된다고 말할 수 있을 것이다."고 말할 것입니다.

이 말로 방패막이하면서 가려고 하지만 끝내 일의 형세가 이같이 환하게 드러났을 뿐만이 아니기에 어쩔 수 없이 이같이 아뢰는 것입니다. 그러나 그 사이에 반드시 문중에서 정해진 논의가 있었을 것이니 역시 헤아려 주시기를 바랍니다. 나머지는 문후의 의식을 갖추지 못합니다. 삼가 살펴주십시오.

반장(泮長) 조두순(趙斗淳)은 각신(閣臣)으로 숙직 중이어서 승학시(陞學試)[23]를 치를 엄두도 내지 못하고 있습니다.

갑오년(甲午, 1834) 11월 14일에 족재 재립(在立)이 절하고 올립니다.

관록(關錄)은 이미 지났고 원래 30명을 작정하였는데 우리 당(黨)에서는 겨우 4자리만 차지하여 한경정(韓逕庭)·이명적(李明迪)·심계석(沈啓錫)이 되었고, 우리 남인은 김용락(金龍洛) 한 사람뿐입니다. 김여서(金驪書)가 단망(單望)에 올랐다고 하니, 필경 여운(汝雲) 형이 그렇게 했을 것입니다.

이 편지는 1834년 11월 14일에 이재립(李在立)이 친족 형에게 보낸《이중구가 5대 고문서, I702》이다.

조선시대 과거(科擧)는 운송수단이나 통신수단이 미흡했기 때문에 서울 지역의 선비들이 거리나 정보 면에서 훨씬 유리했다. 반면에 지방의 선비들은 어떤 형태의 시험이 어디서 치러지며, 과장의 시관(試官)은 누구인지 등의 정보 입수가 늦었기 때문에 서울에서 시행되는 과거는 지방에서 제때에 대응하기가 어려웠다.

19세기의 과거는 정해진 식년시(式年試)보다 증광시(增廣試)·별시(別試)·경과(慶科) 등 특별 과거가 많았다. 언제 무슨 과거가 열리는지 아는 일은, 이를 기대하는 팔도 유생에게 가장 반가운 소식이었다. 이 소식을 알게 되는 것이 기회 접근 가능성이 열리는 시작점이어서 더욱 그러했다.

---

23) 승학시(陞學試) : 조선 시대 성균관(成均館)에서 유생(儒生)들에게 학업의 진전을 시험하는 시험이다.

조선시대는 국가와 국왕이 일체였다. 그래서 국왕의 궁둥이에 난 종기의 회복이 인재 등용이란 국가적인 대사가 열리는 계기로 작용되는 것이다. 이재립은 1840년 갑과에 3등으로 급제하였다. 1834년, 이때부터 서울에서 과거를 위한 노력을 하면서, 과거 소식을 친족에게 전하여 준비시키고 있음을 볼 수 있다. 별시(別試)는 식년시(式年試)에 비하여 공고 기간도 짧았기 때문에 빠른 정보가 매우 중요했다. 그래서 서울에서 과거를 준비하거나 서울에서 벼슬하는 사람들을 통해서 과거 소식은 팔도로 퍼져나갔을 것으로 추정된다.

또 하나 유생의 상소가 어떤 과정을 거치고 그에 상응하는 비용은 어떻게 부담하는지 상세하게 거론 되어 있다. 명분에 따라 진행되는 것이지만 기실 그 속에는 비용을 걱정해야 하는 현실이 있음을 너무도 선명하게 살필 수 있다.

이재립은 정조 22년(1798)에 태어나서 철종 4년(1853)에 서거한 관료이다. 본관은 여주(驪州)이며, 자는 자화(子華)이고, 호는 계서(稽栖)이다. 이능덕(李能德)의 아버지이고, 이중구(李中久)의 할아버지이다. 경자년(1840, 헌종6)에 43세로 장원급제하였으며, 곧이어 내자시(內資寺) 직장(直長)에 임명되고, 신축년(1841, 헌종7)에 성균관 전적(典籍)에서 사간원 정언이 되었으며, 임자년(1852, 철종3)에 또 사간원 정언에 임명되었다.

18 이재립(李在立, 1798~1853) 1831년 2월 2일
과거 응시에 필요한 비용과 시관(試官)에 관한 정보 및 과거 뒤의 숨은 얼굴

父主前上白是.

東海許生便, 慶州邑內下人便, 上白書, 果無中途浮
沉而關聽否. 皆未信, 是庸伏鬱. 即抵寧海叔主會行便, 伏
審春殷,
兩位體候無損節. 而其后日富, 更伏未審
寢膳節若何, 膝下眷節, 俱免他頉. 石峴安否聞
又有繼痛云, 更未詳日間模樣, 種種伏溯已不任
下誠. 子客遊眠食, 姑免病數, 此莫非至誠下念之澤.
而漢城監試榜奇, 果入達否, 未可的知, 伏鬱曷已. 子
之名以義, 次下參入於二所二十五度第一人. 侍下慰悅之道,
似無愈於此, 而此後大小連捷, 非子之才, 所可擬望, 只恃
家運身運而已. 資斧三月食債, 則已爲劃給, 而所餘, 只是
四五兩矣. 今番監試, 及科後道內儕類攫奪之場, 已爲告竭
無餘, 而會試則迫在於今二十日, 而終場則當爲二十二日矣. 明紙則
當備二度矣, 而其價似不少, 筆墨亦當備, 而何以處置也.
監試一場, 是小小之物, 而一泮朝士及親舊多齊進, 而爭觀文筆,
濫加稱賞, 而柳台亦伻人而致賀, 自顧才分愧赧無容. 昨日金奉
事聖觀兄, 來言曰, 吾今日擧動隨駕時, 往某處, 重臣及朝
士, 通南老近二十員, 語及監試榜目, 泥峴李府尹德鉉氏曰, "慶
州榜李在立者, 是通讀嵬捷之人乎." 吾因此而大言曰, "然." 因言君之
博識能文明經曰, "今番自作筆, 而納劵于天地軸, 此人才也云云." 座中傳相告語
曰, "是何人也." 李府尹曰, "家數則晦齋也, 才華則通儒也." 座中又問其人器, 則
李府尹又曰, "人器則塵埃中宰相風度也," 皆有願見之意云云. "君因此而大科會試

公頌似
實矣."子笑答曰,"兄可謂賊人者也. 吾自此更以何顏, 踰博碩峴也, 兄
旣陷人於難處之地, 則進士會試, 則吾專恃兄云云."觀兄曰,"若有吾儕中人
參試座, 則吾爲君通書頭矣."此雖戱言, 而感意則實多矣. 鴈池族
大父會具, 力求則可得, 然今則日急奈何. 南面叔主會具, 及鴈池族
祖會具, 伏望極力借覓, 而使春卜急走, 則似當於二十一日矣. 必以子爲虛
疎而不借, 然子亦人也, 豈不知會具之重大, 而有見失之慮乎. 兩件會
具來, 則必逢題矣, 逢題則似着實觀之矣. 若非會具則以子之才, 豈
有着實觀光之道乎. 聞一門參榜之人, 皆初場云, 安知非子之福乎.
鴈池族祖會具, 則父主極力至誠, 而請之申申, 則必無不得之慮, 而
南面族祖會具, 則使兄主搜來如何. 衣服及襪子襤褸垢弊, 不
能出入可悶. 近賣壯紙十餘丈習書, 然而久放之餘, 安可望長進也,
只欲以解臂耳. 試墨則聖觀兄委送, 可感耳. 會試試監則鄭
元容首望, 而安東柳台副望, 可慮云耳. 一所則洪奭周首望云
耳. 修撰叔主, 今寒食亦未蒙叙可悶. 自家玉纓圓珠, 則已
委傳其所, 由[有]於金奉事耳. 今番修撰叔, 有書於子, 而忙未修
答耳. 大丘兄主及寧海叔主, 皆平安入來, 而卜喆家近隣, 有不安
之漸, 卽爲移接於他處耳. 寧海叔主則與子同居於東小門內丁得家,
聖觀兄則與子, 可謂逐日昏夜相從, 而交道甚密密耳. 今番監試以自家季
氏科事, 極力圖得, 而畢竟逢敗於一所, 今則無他分力處, 子將結項懇請於此
兄. 而吾門內雖有老儒, 此兄袖中, 子一人爲第一緊着, 其心志相通之道, 則
此兄每言"吾弟之科外, 吾期望於子云云,"而況門內老儒, 皆初場也, 豈
有相妨之慮乎. 且南人睦仁培, 卽今監察也, 曾飽聞子名, 而與觀兄陳(艸+壬)
長短, 而似有入役於二所會試之慮. 監察則會試要任也, 欲以旬後將往見耳.
今番監試, 子欲助英海朴兄德仲, 得星州直長書, 而送之於睦監察矣,
適日急事不成, 然與直長切親可知矣. 故直長丈下鄕時, 子使之委見
睦監察矣, 必往見而盛言子之名矣.
直長丈在時, 子亦得直長書, 送之于睦監矣. 今此胎中書, 卽其答狀

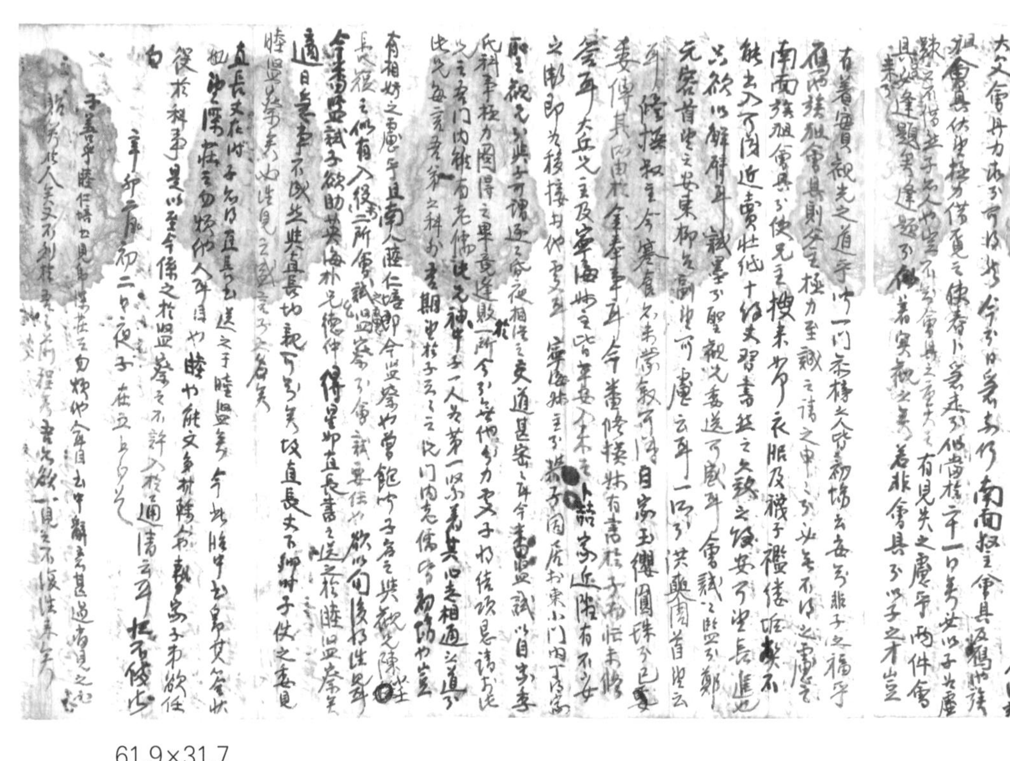

61.9×31.7

也，望深藏而勿煩他人耳目也．睦也能文多材幹人也，勢家子弟，欲任役於科事，是以至今係之於監察，而不許入於通淸云耳．忙不備伏白．

辛卯二月初二日夜，子在立上白是．

子善乎睦仁培，書見卽深莊，而勿煩他人耳目．書中辭意甚過當，見之必貽笑於人矣，又不利於吾之前程矣，吾亦欲一見，而不復往來矣．

아버지께 올립니다.

동해(東海)의 허생(許生) 편과 경주 읍내의 하인 편에 올린 편지는 과연 중도에 분실되지 않고 받아보셨는지요. 모든 것을 믿을 수 없으니, 이 때문에

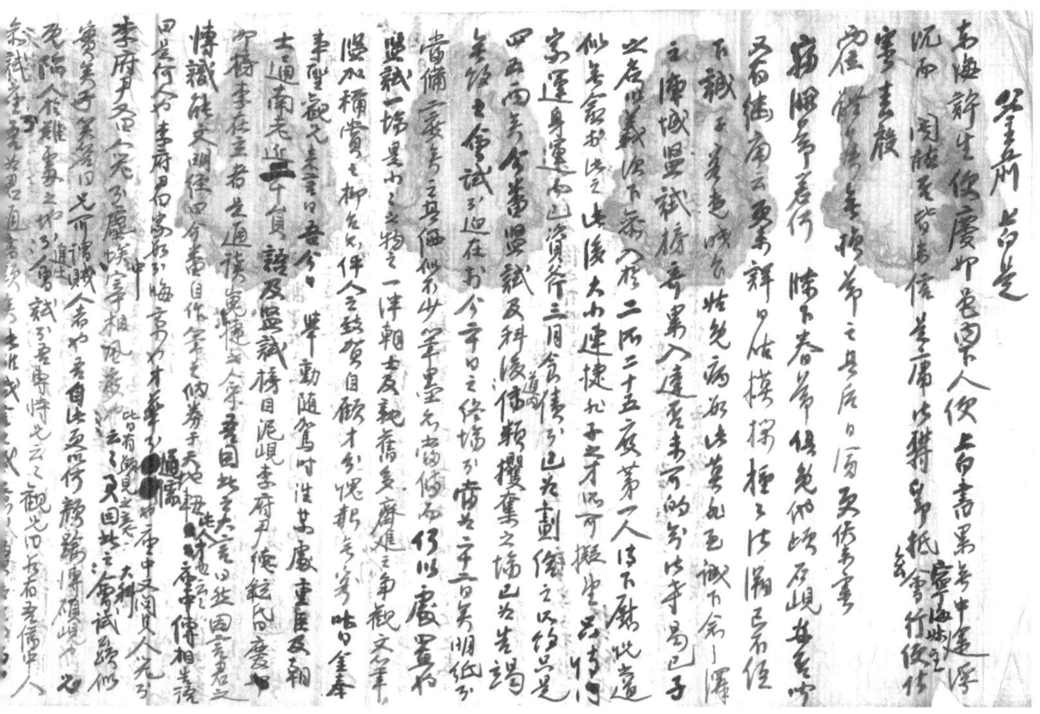

답답합니다.

영해(寧海) 아저씨의 회시(會試) 행차가 도착한 편에, 삼가 화창한 봄에 두 분 안부의 손상이 없으심을 알았습니다. 그 뒤로 며칠이 지났는데 주무시고 드시는 일은 어떠하시며, 다른 가족들의 안부도 모두 무탈한지요. 석현(石峴)의 안부는 듣자하니 또 계속 통증이 있다는데 다시 요즈음 상태가 정확하지 않아 이런저런 저의 생각들을 어찌해야 할지 모르겠습니다.

저의 객지 생활은 먹고 자는 일이 우선 병은 없습니다. 이것은 지극한 정성으로 염려해 주시는 덕택입니다. 한성감시(漢城監試)에 합격했다는 기별은 과연 들어가서 전달이 되었는지 정확히 알 수 없으니, 답답한 마음을 그칠 수 없습니다. (이번 과거 시험에서) 저의 이름이 의(義, 문체의 하나를 말함)에서 차하(次下)24)로 이소(二所)에서 25도(度) 제 1등으로 합격하였습니다.

부모님 모시는 입장에서 기쁘게 해 드리는 도리가 이것보다 좋은 일이 없을 듯하지만 앞으로 대소과(大小科)에서 연이어 급제하는 일은 저의 재능만으로 대강 짐작할 수 있는 것은 아니니, 다만 집안 운수와 저의 운수만을 믿을 뿐입니다. 생활비는 3개월 외상 식비를 지급하고 나니 남은 돈이 4~5냥이었는데, 이번 감시(監試)와 과거 뒤 도내(道內) 동류들끼리 서로 빼앗아먹기 마당에서 이미 고갈되어 남은 것이 없습니다. 회시(會試)가 이번 20일로 다가왔으니 종장(終場)은 22일이 될 것입니다. 명지(明紙)는 당연히 두 장을 준비해야 하는데 그 값이 싸지 않으며, 붓과 먹도 준비해야 하니 어떻게 처리해야 되겠습니까.

감시(監試)의 일장(一場)은 소소한 일인데도 한 성균관 조사(朝士)와 친구들이 몰려와서 다투어 글과 글씨를 구경하면서 지나치게 칭찬하였으며, 류(柳) 대감도 사람을 보내와 축하해주시니 스스로 재주와 분수를 돌아봄에 부끄러워 얼굴을 들 수가 없었습니다.

어제 봉사(奉事) 김성관(金聖觀) 형이 와서 말하기를, 내가 오늘 거동(擧動)에 어가(御駕)를 수행할 때 모처에 갔더니 중신(重臣)과 조사(朝士)가 남인과 노론을 통틀어 20명 가까이 되었는데 말이 감시 방목(監試榜目)에 이르자, 이현(泥峴)의 부윤(府尹) 이덕현(李德鉉)씨가 말하기를, "경주 방(慶州榜)의 이재립(李在立)은 통독(通讀)[25]에서 장원한 사람인가?"라고 하기에, 내가 이에 큰소리로 "그렇다"하였다. 말을 한 김에 그대의 박식과, 문장에 능함과, 경전에 밝음을 말하고서 "이번에 스스로 글을 짓고 써서 천지축(天地軸)에 답안을 제출했으니, 이 사람은 인재라 운운하였다"좌중에서 서로가 내가 한 말을

---

24) 차하(次下) : 시문(詩文)을 평가하는 등급의 하나로, 네 등급 가운데 셋째에 해당한다. 《용재총화(慵齋叢話)》 권6에, "가장 묘하게 지은 것을 상상(上上)·상중(上中)·상하(上下)로 분류하고, 그 다음을 이상(二上)·이중(二中)·이하(二下)로 분류하고, 그 다음을 삼상(三上)·삼중(三中)·삼하(三下)로 분류하고, 품제(品第)에 들지 못한 것을 차상(次上)·차중(次中)·차하(次下)로 분류하고, 가장 졸렬한 것은 갱지갱(更之更)으로 한다."라는 내용이 나온다. 갱지갱은 등수에 들지 못한 꼴찌를 뜻한다.

25) 통독(通讀) : 처음부터 끝까지 한 책의 전체를 읽어 내려가는 것을 의미하는데, 후에 과시(科試)의 하나가 되었다. 해마다 성균관 대사성(大司成)이 통독을 통해 경향(京鄕)의 유생에게 제술(製述)·강서(講書)를 시험하여 성적이 좋은 10인에게 식년 문과(式年文科)의 복시(覆試)에 바로 나아가는 자격을 주었다.

전하면서, "이 사람이 어떤 사람인가?"하니, 이 부윤이 말하기를 "가수(家數)[26]는 회재(晦齋)이며, 재화(才華)는 통유(通儒)[27]이다."라고 하자, 또 좌중에서 그 사람의 그릇 됨을 묻자, 이 부윤이 또 말하기를, "그릇은 티끌세상 가운데 재상 풍모이다."라고 하니, 모두가 한번 만나보고 싶어 하였다고 말하였습니다. 그리고서 "그대가 이로 인하여 대과 회시(大科會試)는 공공연한 칭송이 실제와 같을 것이다."라고 하였습니다.

그래서 제가 웃으며 답하기를, "형은 남을 해치는 사람이라고 말할 만하다. 내가 이제부터 다시 무슨 얼굴로 박석(博碩) 고개를 넘어가겠는가. 형이 이미 남을 난처한 곳에 빠뜨렸으니 진사 회시(進士會試)는 내가 전적으로 형만을 믿겠습니다."라고 하였습니다. 그랬더니 성관(聖觀)형이 말하기를, "만약 우리 무리 중의 사람이 시좌(試座 시관 자리)에 참여하게 되면 내가 그대를 위해 글머리를 알려줄 것이다."라고 하였습니다. 이 말이 비록 헛소리일망정 감사한 마음 참으로 컸습니다.

안지(雁池) 족대부(族大父 族祖의 다른 말)의 회시 도구는 힘써 구하면 얻을 수 있겠지만 이제는 하루가 급하니 어떻게 해야 하겠습니까. 남면(南面) 족숙(族叔)의 회시 도구와 안지 족조의 회시 도구를 삼가 바라건대, 힘껏 빌리거나 구하여 춘복(春卜)에게 급히 달리게 한다면 21일에는 당도할 듯합니다. 반드시 저를 허술하게 생각하셔서 빌려주지 않으려 하시겠지만, 저 또한 사람인데 어찌 회시 도구의 중대함을 몰라 잃어버릴 염려가 있겠습니까.

두 건의 회시 도구가 도착하게 되면 반드시 (회시의) 제목(題目)을 만날 것이고 제목을 만나게 되면 착실히 시험에 응시할 수 있을 것 같습니다. 만약 회시 도구가 오지 않는다면 저의 재능으로 착실히 시험에 응시할 방도가 있겠습니까. 듣자니 우리 한 문중에서 과거에 합격하여 방목에 이름이 오른 사람은 모두 초장(初場 첫날의 시험장)이라고 하니, 어찌 저의 복이 아니겠습니까.

안지 족조의 회시 도구는 아버지께서 힘껏 정성을 다하여 거듭 요청하면 얻지 못할 염려는 없겠지만 남면 족조(족숙?)의 회시 도구는 형을 시켜 찾아

---

26) 가수(家數) : 한 집안의 사회적 지위를 말한다.

27) 통유(通儒) : 고금에 통달하여 학식이 깊고 넓은 유자를 말한다.

오게 하는 것이 어떻겠습니까.

의복과 버선이 남루하고 헤져서 외출도 할 수 없을 정도니 답답합니다.

최근에 장지(壯紙) 10여 장을 사서 글씨 연습을 하였습니다. 그러나 오랫동안 손을 놓았던 터라 어찌 장족의 발전을 바랄 수 있겠습니까. 단지 팔 힘을 풀고자 했을 뿐입니다.

시험장에서 사용할 먹은 성관 형이 보내주었으니 감사할 뿐입니다. 회시의 시감(試監)은 정원용(鄭元容)이 첫째로 추천되었으며, 안동 류 대감(柳大監)이 둘째로 추천되었다니, 생각해볼 만한 점입니다. 일소(一所)에는 홍석주(洪奭周)가 첫째로 추천되었다고 합니다.

수찬(修撰) 아저씨는 이번 한식(寒食)에도 서용(敍用)되지 못했으니 답답합니다. 우리 집의 옥영(玉纓 옥으로 만든 갓끈)과 원주(圓珠)는 곡진하게 잘 전달하였습니다. 김 봉사(奉事)를 경유하였습니다. 이번에 수찬 아저씨가 저에게 편지를 보냈는데 바빠서 답장을 보내지 못했습니다. 대구(大丘) 형님과 영해(寧海) 아저씨는 모두 평안히 들어왔는데, 복철(卜喆)의 집 가까운 이웃에 불안한 조짐(전염병)이 있어 바로 다른 곳으로 주거를 옮겼습니다. 영해 아저씨는 동소문(東小門) 내의 정득(丁得)의 집에서 저와 같이 거처하고 있고, 성관(聖觀) 형은 저와 밤낮으로 어울린다고 말할 수 있어 사귀는 정리가 매우 친밀합니다. 이번 감시에 자기 막내아우의 과거(科擧)를 힘껏 도모했으나 끝내 일소(一所)[28]에서 떨어져 이제 다른 데로 힘을 나눠 써야 할 곳이 없으니, 제가 이 형에게 목을 매고 간청해보려 합니다. 우리 문중에 비록 나이 많은 선비가 있지만 이 형의 마음속에는 저 한 사람이 제일 마음 쓰이는 사람입니다. 심지(心志)가 서로 통하는 형편은, 이 형이 매번 말하기를, "우리 아우의 과거(科擧)를 떼어놓고는 나는 그대를 기대한다."라고 말할 정도입니다. 게다가 우리 가문의 나이 많은 선비들은 모두 초장(初場)에 해당하니, 어찌 서로 방해될 우려가 있겠습니까. 또한 남인(南人) 목인배(睦仁培)는 바로 지금 감

28) 일소(一所) : 같은 일을 몇 곳에서 나누어 할 경우의 첫째 분소(分所)로, 과거(科擧)의 초시(初試)·복시(覆試)에서 응시자를 두세 군데의 시소(試所)에 나누어 시험 보게 하는데, 두 과장을 각각 일소·이소라고 한다.

찰입니다. 일찍이 저의 이름을 많이 듣고 있으며, 성관 형과는 진(陳(艸+壬))[29]과 장단점이 있는데 아마도 이소(二所)[30] 회시에 어떤 역할을 맡을 것 같습니다. 감찰은 회시에 중요한 자리이니 10일 뒤에 가서 만나보려 합니다.

이번 감시에 제가 영해(英海) 박덕중(朴德仲) 형을 도우려고 성주(星州) 직장(直長)의 편지를 얻어 목(睦) 감찰에게 보내고자 하였는데 마침 날짜가 급하여 일이 이루어지지 못했습니다. 그러나 직장과는 절친임을 알 수 있습니다. 그래서 직장 어른이 고향에 내려갈 때 제가 그에게 목 감찰을 만나보게 하였습니다. 반드시 가서 만나보면 저의 이름을 크게 칭찬하여 말했을 것입니다.

직장 어른이 계실 때 저도 직장의 편지를 얻어 육 감찰에게 보냈는데 지금 동봉한 편지는 바로 그에 대한 답장입니다. 깊숙이 갈무리하여 다른 사람들의 이목에 띄지 않기를 바랍니다. 목인배는 문장에 능하고 재능이 많은 사람이며, 세력 있는 집안의 자제입니다. 과거 시험장에 어떤 일을 맡고자 해서 이 때문에 지금 감찰에 재직하며 통청(通淸)[31]에 들어가기를 허락하지 않고 있다고 합니다. 바빠서 다 말씀드리지 못한 채 삼가 아룁니다.

신묘년(辛卯, 1831) 2월 2일 밤에 아들 재립은 아룁니다.

제가 목인배(睦仁培)와는 잘 지내니, 편지를 본 즉시 깊이 갈무리하여 남의 이목에 띄지 않게 하십시오. 편지의 말이 매우 지나쳐서 보이게 되면 반드시 남의 비웃음을 받게 될 것입니다. 또 저의 앞길에 이롭지 않을 것이며, 저 또한 한번 만나보고자 하면서도 다시 왕래하지 않습니다.

이 편지는 1831년 2월 2일에 이재립(李在立)이 아버지 이필상(李弼祥, 1769~1836)에게 보낸 《이중구가 5대 고문서, I708》이다.

이재립이 회시에 응시하며 아버지에게 회시에 응시하는 사이 일어난 일과

29) 觀兄陳(艸+壬) : 陳(艸+壬)하는 말이 무슨 뜻인지 이해하기 어렵다.

30) 이소(二所) : 같은 일을 여러 곳에서 나누어 하는 경우에 둘째 분소(分所)를 말한다. 과거의 초시(初試), 복시(覆試)에서 응시자를 두 군데의 시소(試所)에 나누어 시험을 보이는 경우, 두 과장을 각각 일소(一所), 이소라고 하였다.

31) 통청(通淸) : 조선시대 홍문관의 관원은 모두 문명(文名)과 덕행이 있는 자를 임명하였으므로 청관(淸官)이라 했는데, 그 후보자를 임명하거나 비준하는 일을 말한다.

응시하는 준비를 하나하나 말하고 있다. 누가 시관으로 선발되었는지 벌써 소문으로 퍼져 있다. 2월 20일에 열릴 과거 시관의 윤곽이 이렇게 떠돌았으니, 온갖 이런저런 일들이 없지 않았을 것이다. 옥영(玉纓)과 원주(圓珠)를 누구를 통하여 간곡하게 전하였다는 말이 아버지와 아들 사이가 아니라면 세상에 알려질 수 있는 일이겠는가? 이런 점에서 이 편지는 조선 말에 진행된 과거의 이면을 살펴볼 수 있는 하나의 시료(試料)라 할 수 있다.

편지 중의 용어들이 다소 이해하지 못할 말들이 많은 것이 안타깝다. 명지(明紙)도 값비싼 종이라는 언급이 있었지만 무슨 용도의 종이인지 분명하게 알 수 없다. 다만 과거 응시에 쓰이는 종이일 것으로 추정할 수 있을 뿐이다.

조선시대의 복시(覆試)는 보통 시소(試所)를 두 곳으로 나누어 일소(一所)는 예조(禮曹), 이소(二所)는 성균관(成均館) 비천당(丕闡堂)으로 하는 것이 관례였다. 각 소마다 종2품 이하 2명을 상시관(上試官), 정3품 이하 3명을 고시관(考試官), 감찰 1명을 감시관으로 정하여 과거를 주재하게 하였다.

19 작성자, 작성일 불명

과거 응시를 위해 팔도에서 모여든 선비들로 문전성시를 이룬 반촌(泮村)

謝上.

伏承審

愼節, 乍添乍減, 一驚一喜.

弟狀依昨, 而昨出門外, 半日朝于

丈所穩話, 耳令則出外未逢, 直

來明洞, 致賀而歸. 子由所傳, 業

已詳傳耳. 科儒泮村幾乎充

滿, 而鄙里則尙無消息, 甚可怪訝.

聞德祚兄日間入來云, 似當此時偕

來矣. 車洞經營出去, 竟未拜

攄, 方以爲恨. 玆以十日間, 更出計耳.

出直在何日耶. 明若入泮則似好,

極圖之如何. 餘在面討, 姑不備.

卽, 弟煩逋拜謝悚.

답장을 올립니다.

삼가 병환이 잠깐 사이 더했다 덜했다 한다는 것을 알게 되니, 한편으로 놀랍고 한편으로 기뻤습니다.

저의 상황은 예전 그대로지만 어제는 외출하여 한나절 동안 어른 계신 곳에 문안하여 편안히 이야기를 나누었으나 이(耳) 영감님은 외출중이어서 만나지 못하고 바로 명동(明洞)으로 와 치하의 말씀을 드리고 돌아왔습니다. 자유(子由)가 전한 말들은 이미 상세히 전하였습니다.

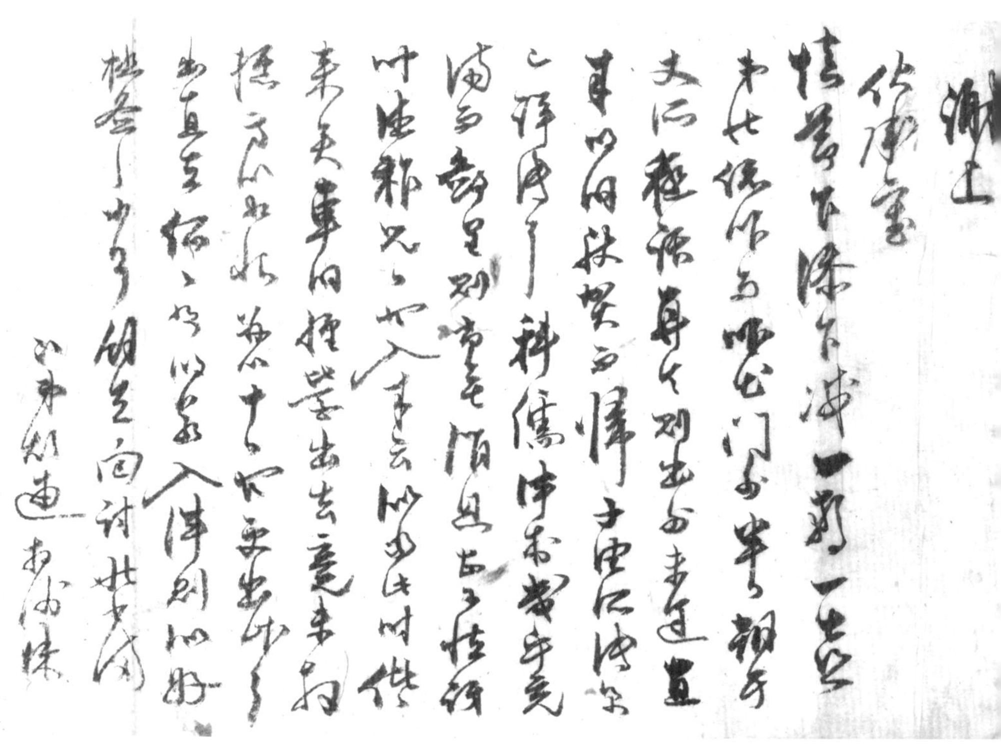

22.5×31.0

과거에 응시하려는 선비들이 성균관(成均館) 근처의 마을을 거의 가득 채웠으나, 우리 고향 사람들은 아직 소식이 없으니, 매우 괴이하고 의아합니다. 덕조(德祚) 형이 며칠 사이에 온다고 하니, 아마 이때 함께 오려는 것 같습니다. 차동(車洞)[32]은 계획을 세워 찾아갔지만 결국 뵙고 말씀드리지 못하다 보니 무엇보다 한스럽습니다. 이에 10일쯤 다시 찾아뵐 심산입니다.

숙직은 언제 끝나시는지요. 내일 만약 성균관에 들어오신다면 좋을 듯하니, 잘 계획해 보는 것이 어떻겠습니까. 나머지는 만나서 얘기하기로 하고 우선 이만 줄입니다.

편지를 받은 날 아우가 번포배(煩逋拜)[33]하고, 죄송한 답장을 올립니다.

---

32) 차동(車洞) : 과거에 힘이 되어줄 사람이 사는 동네를 말하는 듯하다.

이 편지는 발신자와 수신자가 불분명한 《이중구가 5대 고문서, 1596》이다.

서울에서 과거가 시행된다는 소식을 접하게 되면 팔도에서 모여든 유생들이 성균관 부근 반촌(泮村)에서 숙식을 위하여 인산인해를 이루었을 당시의 모습이 상상된다. 반촌 주변은 이미 많은 시험 응시자들로 만원이 되어, 뒤늦게 시소(試所)에 도착한 지방의 유생들은 시소에서 멀리 떨어진 곳에 숙소를 정해야 했을 것이니, 그 난감하고 불편했을 상황을 엿볼 수 있는 내용이다.

33) 번포배(煩逋拜) : 편지 끝에 쓰는 투식어의 하나. 번(煩)은 번거로움을 이르고, 포배(逋拜)는 이름을 쓰지 않고 편지를 마침을 나타내는 말이다. 번거로워 이름을 쓰지 않고 그친다는 뜻으로 자기보다 나이가 어리거나 항렬이 낮은 사람들에게 쓴다.

이재립(李在立, 1798~1853) 1853년 1월 10일
과거 급제를 위한 치밀한 물밑 작업

台慈之按節東營, 已有年矣. 時則在立, 憂服猶未除, 除
後冗病交掣. 又千里遠矣, 迨未克奉一候以賀, 豈平
日依慕, 有慶同喜之忱哉. 只有北望悵戀而已. 卽又歲
易, 伏未審新元,
台監氣體候茂膺多福,
壽闈平候以時續承, 允兄侍履均慶保釐. 東服
懋績已成, 朝野士夫相頌, 而流聞於南土,
台座下之宿德重望, 寘之重藩, 宜其見於施措者, 有不
可揜矣, 豈諛言也. 實深喜, 伏賀萬萬. 侍生幸而不殊,
又冉冉歲月矣, 神思濩落 鬓髮改觀, 拊念初圖, 渾付先
天. 而大君子記有之重, 恐無復有幾日矣. 春間聞有錄議,
而想今言議風采之主張吾黨者, 惟台座下, 而尙未
還朝, 亦一會事也, 更何望哉. 只可安於義命而自晝耶.
渠則衰且奇矣, 而只有一子, 迺能德也. 今年已二十八, 而出
入坪門, 專意問學十年餘矣. 才抱志雅, 以夙就見推道
內, 而但在立於渠爲親, 命式慶兩科, 俛首强赴, 而實非其
/志也. 金公鉉按嶺時, 蒙台座頌, 得選於戊申初試,
而其時坼封徑取, 故渠則莫知其何以得此一格也. 其後
明洞尾洞, 逐式料理公頌, 而渠則以範驅爲心, 不欲汨沒.
/其父以詭遇, 在家商量, 每每臨場失幾, 一無見成
者此也. 大抵主司, 如金伯之爲, 然後可望, 而此則尤難
矣. 其父之以此爲心, 非不知全昧義方, 而顧念衰境, 門戶
之望, 亶在一子, 又能淹貫

六經, 如誦己言, 才華亦又
立成科作, 則滔滔此世, 閉口
無言亦愚矣. 且一名成就之
後, 聽渠縱志大業, 卽在立
瞑目無恨之日也. 切伏念
慶科, 將設于達營, 而
台座下之於嶺伯, 不惟大宗體
重, 知有莫逆契分. 幸緊送
一書以托, 而措辭之際, 極加思
量, 俾有實效, 千萬戰悚之
至. 金在晠之子, 委往營下.
玆冒顏仰白, 不備候禮,
下鑑, 上候書.
癸丑正月初十日, 侍生李在立再拜.
季鵬昨春喪配, 冬間續絃, 而其
生活眞成一窮措矣.

대감께서 강원도 관찰사로 부임하신 지가 벌써 일 년입니다. 그 당시 저는 부모상(喪)에서 여전히 상복을 아직 벗지 못하였고, 상복을 벗은 뒤에는 잡무와 병이 번갈아 저를 옭아맸습니다. 또 천 리 먼 길이라 지금까지 한 통의 축하하는 편지도 보내지 못하였으니, 어찌 평소 의지하고 사모하며 경사가 있으면 함께 기뻐하는 정분이라 하겠습니까. 단지 북쪽 하늘을 바라보며 시름 속에 그리워할 뿐입니다.

또 해가 바뀌었는데, 삼가 새해에 대감께서는 복 많이 받으시고, 장수하시는 자당(慈堂)의 평안한 체후는 절기마다 이어지며 아드님[允兄][34]은 부모님 모시는 일상이 두루 편안한지요.

34) 아드님[允兄] : 나의 형벌로 부르는 귀하의 아들이다.

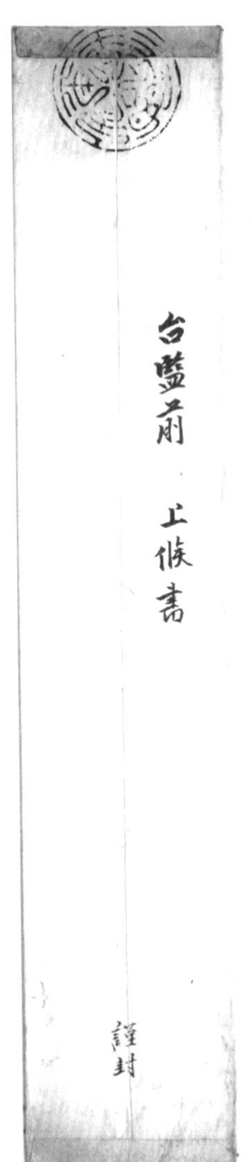

台監前 上候書

謹封

45.0×35.1 (6.7×35.5)

다스리고 계시는 강원도는 큰 공적이 이미 이루어져 조정과 민간의 사대부며 백성들의 서로 칭송하는 말들이 남쪽 지역까지 소문이 퍼졌습니다. 대감처럼 덕이 높고 명망이 있으신 분에게 변방의 중임이 맡겨졌으니, 의당 그 시행하는 일들에 드러나는 것은 덮을 수 없을 것이니, 어찌 아첨하는 말이겠습니까. 실로 깊이 기뻐하면서 매우 축하를 드립니다.

저는 다행히 죽지 않고 또 세월만 흘러가니, 정신과 생각은 쇠퇴하고, 수염과 모발은 변모하여, 처음 계획했던 것을 혼자 생각하며 모든 것을 운명에 맡겼습니다. 대군자(大君子)께서 기억해 주시는 소중함이 아마도 다시 얼마 남지 않을 것 같습니다.

봄에 녹훈(錄勳)에 대한 의론이 있다고 들었는데 지금 언론(言論)과 풍채(風采)로 우리 무리를 주장할 분은 오직 대감뿐인데 여전히 아직 조정으로 돌아오지 못하시니, 역시 하나의 알만한 일이라, 다시 무엇을 바라겠습니까. 다만 의리와 천명을 편안히 받아들이고 스스로 선을 긋는 것이[35] 옳다 할 것입니다.

저는 노쇠하고 운명이 기구하지만 한 아들이 있으니 바로 능덕(能德)입니다. 올해 나이가 벌써 28세이고 대평(大坪) 문하[36]에 출입하여 오로지 학문에 뜻을 둔 지 10여 년입니다. 지닌 재능과 우아한 뜻이 일찍 성취되어 경상도내에서는 추중(推重)을 받고 있습니다마는 다만 제가 그의 아비로서 식년(式年)과 경과(慶科) 두 과거에 응시하게 하였기 때문에 머리를 숙이고 마지못해 응시한 것이고, 실제 그의 뜻은 아닙니다.

김공현(金公鉉)이 경상 감사 시절[37]에 대감의 말씀에 따라 무신년(1848) 초시에 선발되었으나, 그 당시 그 자리서 봉미(封彌)[38]를 개봉하여 바로 선발한 까닭에 제 아이는 그 한 번의 합격이 어떻게 얻어졌는지조차 알지 못했습니다. 그 뒤에도 명동(明洞)과 미동(尾洞)에서 식년시(式年試) 때 격식에 따른 공론 조정을 하려 하였으나 제 아이는 법대로 하는 것[範驅][39]에 마음을 두고 있어서 그 일에 빠져들려 하지 않았습니다.

---

35) 《논어》 〈옹야(雍也)〉에 "염구가 말하기를 '저는 선생님(공자)의 도를 좋아하지 않는 것은 아니나, 힘이 부족합니다.' 하니, 공자가 말하기를 '힘이 부족한 자는 중도에 그만두는 것이니, 지금 너는 스스로 한계를 긋는 것이다.'라고 하였다.(冉求曰 非不說子之道 力不足也 子曰 力不足者 中道而廢 今女畫)"

36) 대평(大坪) 문하 : 정재(定齋) 유치명(柳致明, 1777~1861)의 문하를 말한다. '大坪'은 유치명이 살던 마을이다.

37) 김공현(金公鉉)이 경상 감사 시절 : 김공현은 1847년(정미년) 2월 27일에 경상도 관찰사로 임명되고(《헌종실록》 13년), 1848년(무신년) 4월 10일에 대마도(對馬島)의 봉행왜(奉行倭)가 관수(館守)에게 보낸 글과 이양선(異樣船)의 선양(船樣)·인형(人形)의 도본(圖本)을 아뢴 기록이 있다.(《헌종실록》 14년)

38) 봉미(封彌) : 과거 응시 시험지의 오른 쪽 하단에, 응시자의 성명, 생년월일, 주소, 사조(四祖) 등을 적어 봉함한 문건. 시험 성적이 선발 대상에 올랐을 때 비로소 이를 개봉하여 그 인적 사항을 확인하여 합격자로 확정하였다.

39) 법대로 하는 것[範驅] : 範驅는 '범아치구(範我馳驅)'의 줄임말인데, 말을 법칙대로 모는 것을 이른다. 《맹자(孟子)》 〈등문공 하(滕文公下)〉에 왕량(王良)이 말하기를 "내가 그를 위해서 말 모는 것을 법칙대로 하였더니[範我馳驅] 종일토록 한 마리의 짐승도 잡지 못하였고, 그를 위하여 부정한 방법으로 짐승을 만나게 하였더니[詭遇] 하루아침에 열 마리의 짐승을 잡았다."라고 한 말에서 유래되었다. 이후로 '범아치구'는 원칙과 법도대로 행하는 것을 이르고, '궤우'는 부정한 방법으로 목적을 달성하는 것을 비유하는 말로 쓰였다.

그 아비는 부당한 방법[詭遇]으로 얻고자 집에서 궁리하는데 매번 과거장에서 기회를 놓치고 한 번도 성공하지 못한 것은 이 때문입니다.

대저 과시 주장자가 이를테면 김백(金伯, 앞에서 말한 김공현) 같은 사람이 된 뒤라야 가망이 있는데 이는 더욱 어려울 일입니다. 그 아비로서 이렇게 마음을 씀이 의로운 방향에 전혀 어두운 일임을 모르는 것은 아닙니다마는 늘그막에 집안의 희망을 돌아보건대 오로지 자식 하나 있는 것이, 또 육경(六經)을 통달하여 마치 자기 말을 외우는 것 같이 하고, 또 빛난 재능은 과거 시험의 문장을 그 자리서 작성할 정도인데, 도도히 흘러가는 이 세상에서 입 다물고 말하지 않는 것 역시 어리석음일 것입니다. 또 과거 시험에 급제했다는 명성을 이룬 뒤에는, 저는 대업(大業)에 마음 놓고 종사하도록 들어줄 생각이니, 그것은 재립이 눈을 감아도 후회함이 없을 날일 것입니다.

간절히 삼가 생각건대 경과(慶科)가 대구(大邱) 감영에서 열릴 것인데 대감께서 경상감사와는 서로 종친이라는 깊은 관계뿐 아니라 막역한 친분이 있는 것으로 알고 있습니다. 부디 한 통의 편지를 긴급하게 보내 부탁하시면서 내용을 작성할 즈음에 생각을 극도로 다하여 실효가 나도록 해주시기를 천 번 만번 두려워하며 빕니다.

김재성(金在晠)의 아들이 감영 부근에 간다고 하여 이에 체면 불고하고 우러러 아뢰니, 문후의 예를 갖추지 못합니다. 살펴주십시오. 문후의 편지를 올립니다.

계축년(癸丑, 1853) 1월 10일에 시생 이재립은 두 번 절합니다.

계붕(季鵬)이 작년 봄에 아내를 잃고 겨울에 새 장가를 들었는데 그의 생활이 진실로 곤궁한 한 선비입니다.

이 편지는 1853년 1월 10일에 이재립(李在立)이 모 대감에게 보낸 《이중구가 5대 고문서, 1686》이다.

과거에 대한 기대는 문중과 가족의 힘이 모두 동원되었음을 살펴볼 수 있다. 이재립은 이해(1853) 4월 20일에 죽는다. 아들의 과거 소식을 염원하면서 부탁하는 아버지의 마음이 사뭇 비장하다. 그러나 이 편지는 완전한 편지 형식을 갖춘 채 이 8,000통 속에 있는 것으로 보아 발송되지 않은 것으로 추측된다.

21 이재립(李在立, 1798~1853) 1840년 4월 8일 과거 급제의 영광과 벼슬길

科後合有一番奉
疏, 以致耿慕之忱, 而以有歸時歷候之便, 姑闕焉,
而悵菀則深矣. 伏未審肇夏,
哀體候萬護支重, 允兄侍履珍休. 痘警想
已屆疊, 沴祲亦復就霽, 幷悲溸不任之至. 侍生
四日登甲科第三, 翌日除內資直長. 顧腐褐
何由而致此, 種種匪分, 秖切惶蹙. 第伏念半
世離違, 親年已暮. 趂此身命少間之日, 浩然
歸養, 優游數年是宿願, 而豈料
恩數之如是荐疊乎. 從此隨分做去, 以圖早晚
榮奉, 亦非分外, 則以此以彼, 未知將何以處當
也. 口耳記誦之徒, 匪敢遽以出處妄擬, 而
肅謝後, 合三與請由, 兩難折衷, 則不可不
預自講決以應. 伏望
/一言教下, 指揮以終始究竟之路如何. 玆以專
人委告耳. 餘萬在望間拜候時罄控. 不備
/候疏. 舜兄侍候何如. 日前在城有書
之計, 已出都, 故未卽修覆迨恨耳.
/族弟在瀚幷闈, 尤庸感祝.
哀察, 謹拜上候疏.
庚子四月初八日, 侍生李在立拜手.

과거에 급제한 뒤에 응당 한 차례 편지를 올려 사모하는 마음을 전해야 했었는데 돌아갈 때 문후드릴 기회가 있을 것 같아 잠시 빠뜨린 것이 매우 서글프고 울적합니다.

삼가 초여름에 상중 건강은 모두 보호를 받아 잘 유지하시고 아드님은 슬하에서 잘 지내는지 모르겠습니다. 생각건대 천연두로 인한 경계심은 이미 걷혔을 것이고 전염병 기운도 다시 잠잠해졌는지 여러 가지 슬프고 그리운 마음 가눌 길 없이 지극합니다.

저는 이달 4일에 갑과(甲科) 3등으로 급제하고 그다음 날에 내자시 직장(內資寺直長)에 제수되었습니다. 돌아보면 이런 형편없는 사람이 어쩌다가 여기에 이르렀는지 하나하나가 분수를 벗어난 일이라, 황공하여 몸이 움츠려 들 뿐입니다. 다만 삼가 생각건대 제가 반평생 부모님 곁을 떠나있었고 어버이도 연세가 이미 높습니다. 이런 명운(命運)이 조금 한가한 날에 맞추어 미련 없이 돌아가 부모님을 모시면서 한가롭게 몇 년을 보내는 것이 오래도록 지녀온 소원이었는데 어찌 임금의 은혜가 이같이 거듭될 줄을 짐작이나 했겠습니까. 이제부터 분수에 따라 행동하여 조만간 영화로운 봉양[榮奉][40]을 도모하는 것도 분수에서 벗어난 일은 아니니, 이 길과 저 길에서 어떻게 처신하는 것이 합당할지 모르겠습니다.

입과 귀로 기억하고 외우는 사람[口耳記誦之徒][41]이 감히 대번에 출처(出處)[42]를 망령되게 짐작할 일이 아니나, 사은숙배(謝恩肅拜)한 뒤에 합삼(合三)[43]과 휴가 청하는 일에 두 가지를 절충하기 어려울 것이니, 미리 스스로 강구해 결정하지 않을 수 없습니다. 삼가 바라건대 한마디 가르침을 내려 끝까지 추구해야 할 길을 지휘해 주시는 것이 어떻겠습니까. 이에 일부러 사람

---

40) 영화로운 봉양[榮奉] : 벼슬한 자식이 연로한 부모님을 모시기 위하여 고향 근처에 근무하는 것을 말한다.

41) 입과 귀로 기억하고 외우는 사람[口耳記誦之徒] : 학문은 공리공론보다는 실천을 위주해야 한다는 말이다.

42) 출처(出處) : 나아가 관직에 오르는 것과 물러나 집에서 거처하는 일을 말한다.

43) 합삼(合三) : 경사(京司)의 벼슬아치가 상관(上官)에게 석 장의 사장(辭狀)을 한꺼번에 바치는 것을 말한다.

49.9×35.7

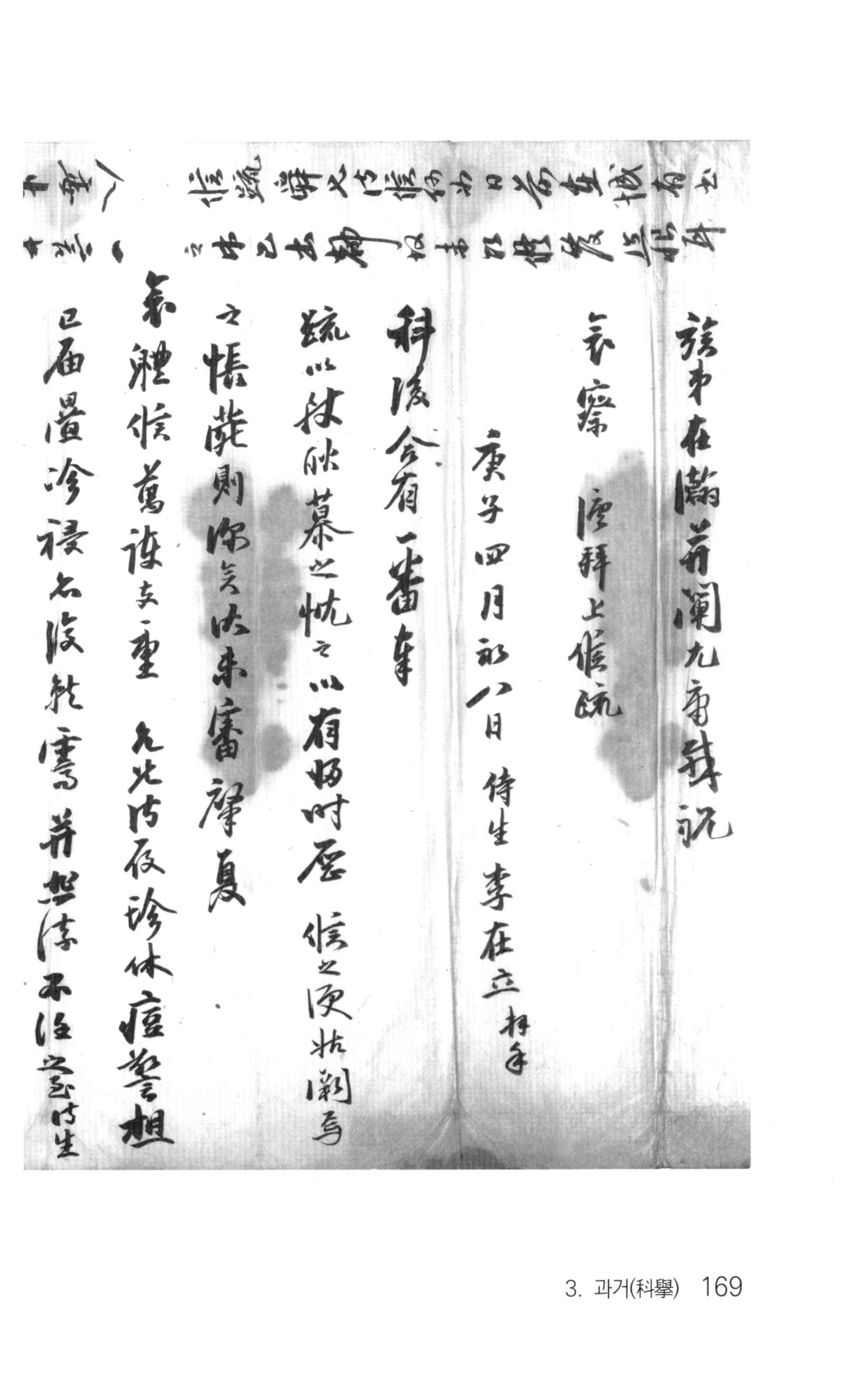

을 보내어 말씀을 드립니다. 나머지 많은 말은 이달 15일쯤 뵙고 인사 올릴 때 다 말씀드리겠습니다. 이만 줄입니다.[不備候疏][44]

순(舜) 형은 시하(侍下, 부모님을 모시고 지내는 일)의 안부가 어떠한지요, 지난번 도성에 머물 때 편지를 쓰려하였는데 이미 도성을 나갔기 때문에 곧바로 답장하지 못하여 지금까지 안타깝습니다. 족제(族弟)인 재한(在瀚)도 함께 과거에 급제하였으니 더욱 축하할 일입니다. 상중에 잘 살펴주시기를 바라오며, 삼가 절하고 문후 편지를 올립니다.

경자년(庚子, 1840) 4월 8일에 시생(侍生)[45] 이재립(李在立)은 절합니다.

이 편지는 1840년 4월 8일에 과거에 급제한 이재립(李在立)이 친지에게 보낸 《이중구가 5대 고문서, I703》이다.

급제 다음 날 내자시 직장(內資寺直長)에 임명되는 영광이 주어졌으니 매우 반가운 일이었을 것이다. 과거 때문에 부모를 오랫동안 모시지 못한 자식으로서 잠시 과거를 포기하고 부모 봉양할 생각도 하고 있었는데 뜻밖에 급제와 함께 벼슬길까지 열린 경사가 거듭한 것이다.

---

44) 이만 줄입니다.[不備候疏] : 소(疏)는 상중에 있는 사람에게 보내는 편지의 상투적인 표현이다.

45) 시생(侍生) : 웃어른에게 자신을 낮추어 이르는 말이다.

22 이응상(李凝祥, ?) 1840년 3월 28일 과거 급제 뒤의 인사치레 비용

丕闡, 固知君掌物, 而快音忽
到, 奇且壯矣. 爲賀曷勝. 孝先
季鵬科事, 幷何如. 計其日
字, 想已結末, 而遠莫之聞, 殊
甚紆鬱. 榮中酬接頻繁, 履
困無撼頓之憊耶. 初程哲命, 惟
在自貽, 須十分周慮, 勿失吾家
規範如何. 唱榜諸具, 必以歉歲
致惱, 而須用之資, 本家亦不得備
送云, 只自遠悶而已. 族從衰狀轉
甚, 百病交侵, 愴況無足遠聞, 而
/惟以門內諸節之無頉, 爲
幸耳. 聞喜日定在五二云,
三日後趁發, 則似無道路
急束之端耳. 餘在非久
/面悉. 不具式.
貽紙仔細看
詳也. 此去柬,
卽亨之從, 所
送於柳參奉
直中書, 勿爲
留滯, 卽日傳
致, 受答以來
如何. 孫友嵬參
/亦爲奇狀, 遠賀
之至耳.
/庚三念八, 族從凝祥頓.

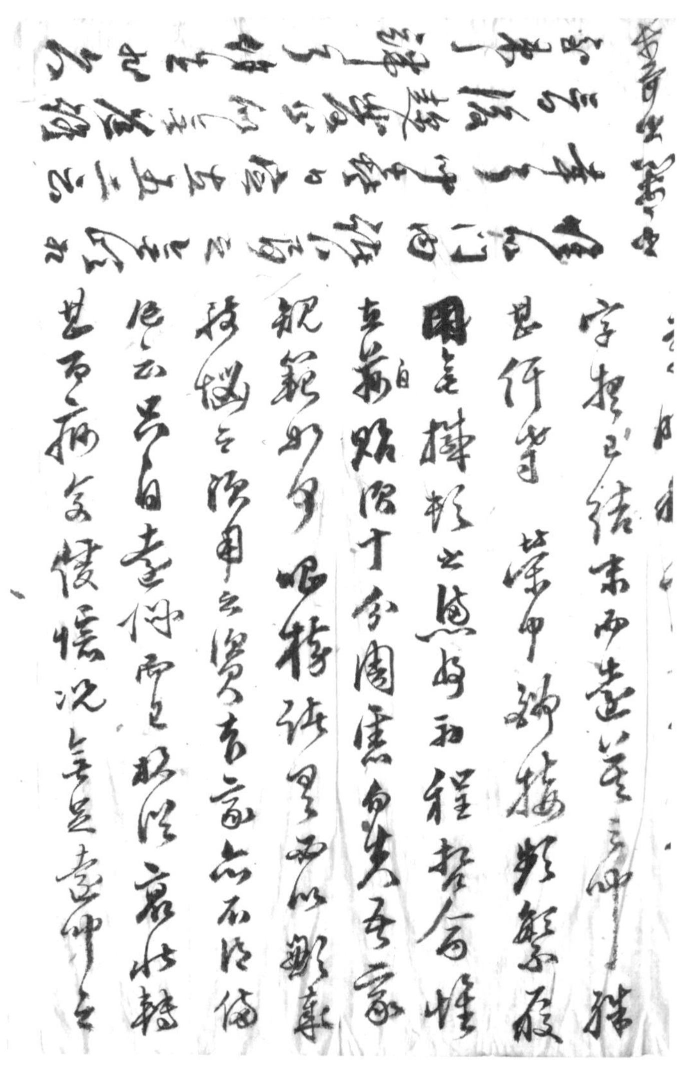

35.8×31.5

과거 급제가 진실로 그대의 수중에 있는 물건인 줄 알고 있었지만 상쾌한 소식이 홀연히 이르니, 기특하고 또 장하기만 하네. 축하하는 마음을 어찌 가눌 수 있겠는가. 효선(孝先)과 계붕(季鵬)이 과거를 본 일은 모두 어떻게 되었는가. 그 날짜를 헤아려보면 벌써 결말이 났을 것으로 생각이 되는데 멀리

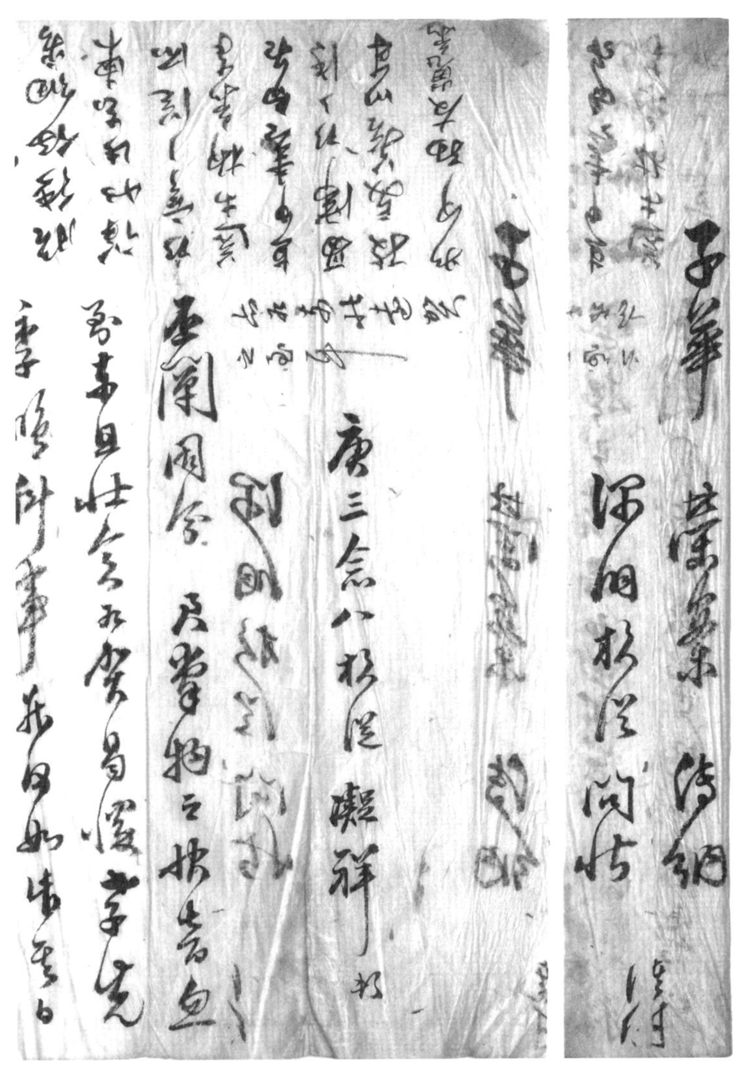

서 소식을 들을 수 없으니 매우 우울하네. 영광스러운 가운데도 손님 접대가 많을 것이니, 피곤한 속에서 지쳐서 고달파지는 일은 없는가.

첫걸음에서의 철명(哲命)46)은 오직 스스로가 만들어내는 일이니, 아무쪼

46) 철명(哲命) : 명철한 명운(命運). 주(周)나라가 제2수도를 낙양(洛陽)으로 정하고 준비 작업

록 충분히 두루 생각하여 우리 가문의 규범을 잃지 않길 바라네. 창방(唱榜)[47]에 따른 여러 가지 도구는 반드시 흉년이 들어 머리가 아플 텐데, 꼭 사용할 준비물조차 본가에서 준비하여 보내지 못했다고 하니, 다만 혼자서 멀리서 안타까워할 뿐이네.

나는 노쇠해지는 상황이 더욱 심해지며 온갖 병이 번갈아 침범하고 있는데, 서글픈 상황을 멀리까지 알릴 일이겠는가. 집안사람들이 무탈하니 다행이네.

문희연(聞喜宴)[48]은 5월 2일로 정했다고 하니 3일 뒤 맞춰 출발하면 길을 급히 서둘러야 하는 일은 없을 듯하네.

나머지는 머지않아 만나 다 말하기로 하세. 격식을 갖추지 못하네. 태지(胎紙)를 자세히 살펴보게. 지금 보내는 편지는 바로 형지(亨之) 친족이 류 참봉(柳參奉)이 숙직하는 곳에 보내는 편지이니, 지체하지 말고 즉일에 전해주어 답장을 받아오는 것이 어떻겠는가. 손우(孫友)가 좋은 성적으로 급제한 일도 기특하고 장한 일이네. 멀리서 매우 축하하네.

경○년(庚○, 1840) 3월 28일에 족종 응상(凝祥)은 조아리네.

이 편지는 1840년 3월 28일에 이응상(李凝祥)이 집안 조카뻘인 이재립(李在立)에게 보낸 《이중구가 5대 고문서, J151》이다.

《헌종실록》에 의하면 이재립은 경자년(1840) 3월 25일에 식년 문과 복시(覆試)의 강경(講經) 이소(二所)에서 1등을 차지하였다. 이에 의하여 작성일 '경삼념팔(庚三念八)'을 1840년 3월 28일로 추정하였다.

을 끝낸 뒤 정치를 시작할 때 군주인 성왕(成王)에게 숙부인 소공(召公)이 고한 말에 "아, 자식을 낳았을 때 모든 것이 그 처음 낳았을 때에 달려있지 않음이 없는 것과 같아 스스로 명철한 명운을 만들어야 합니다. 지금 하늘이 명철한 명운을 명하였을지, 길흉을 명하였을지, 오랜 국운을 명하였을지? 알 수 있는 것은 지금 우리가 처음 일을 시작하였다는 점입니다.(嗚呼! 若生子, 罔不在厥初生, 自貽哲命. 今天其命哲, 命吉凶, 命歷年, 知今我初服)"에서 온 말이다. 《書經 召誥》

47) 창방(唱榜) : 과거에 급제한 사람을 호명하여 패(牌)를 수여하는 의식으로, 대과(大科)에는 홍패(紅牌)를 주고 소과(小科)에는 백패(白牌)를 주었다. 이것을 방방(放榜)이라고도 한다.

48) 문희연(聞喜宴) : 과거에 급제한 사람이 자기와 가까운 친구와 친척을 불러 베푸는 자축연이다. 당나라 때 진사과에 급제한 이를 위해서 곡강(曲江)에 있는 정자에서 연회를 베풀었으므로 곡강연(曲江宴)이라고도 하며, 송나라 때에는 경림원(瓊林苑)에서 베풀었으므로 경림연(瓊林宴)이라고도 한다.

23 유치숭(兪致崇, 1804~1878) 작성일 불명
과거 급제 뒤의 행사인 응방(應榜)

稽顙. 大闈固是當來,
何足仰賀爲也. 但
侍下榮悅, 莫過於此. 且
兄積年勤苦, 得遂今
日, 自聞榜聲, 不勝栢悅,
況兄自己當之者耶.
伏問和煦,
榮候如何. 罪弟頑不死滅,
已是怪事, 而未克完襄於
三百里外, 權厝於萬不近似
之地. 勢將亟圖占山, 以爲
定窆之計, 而事力俱竭,
尙此蹲仍, 焦泣罔措之狀,
/何可以筆舌旣也. 族叔僅得
十四卜, 比較非不在前, 而豈如
/兄先着之爲愈耶.
客地棲屑, 甚爲
/悶然處也. 應榜尙遠, 其前或
有乘隙暫顧之道耶. 千萬
哀企. 姑留不次疏禮.
卽, 罪弟兪致崇拜疏.

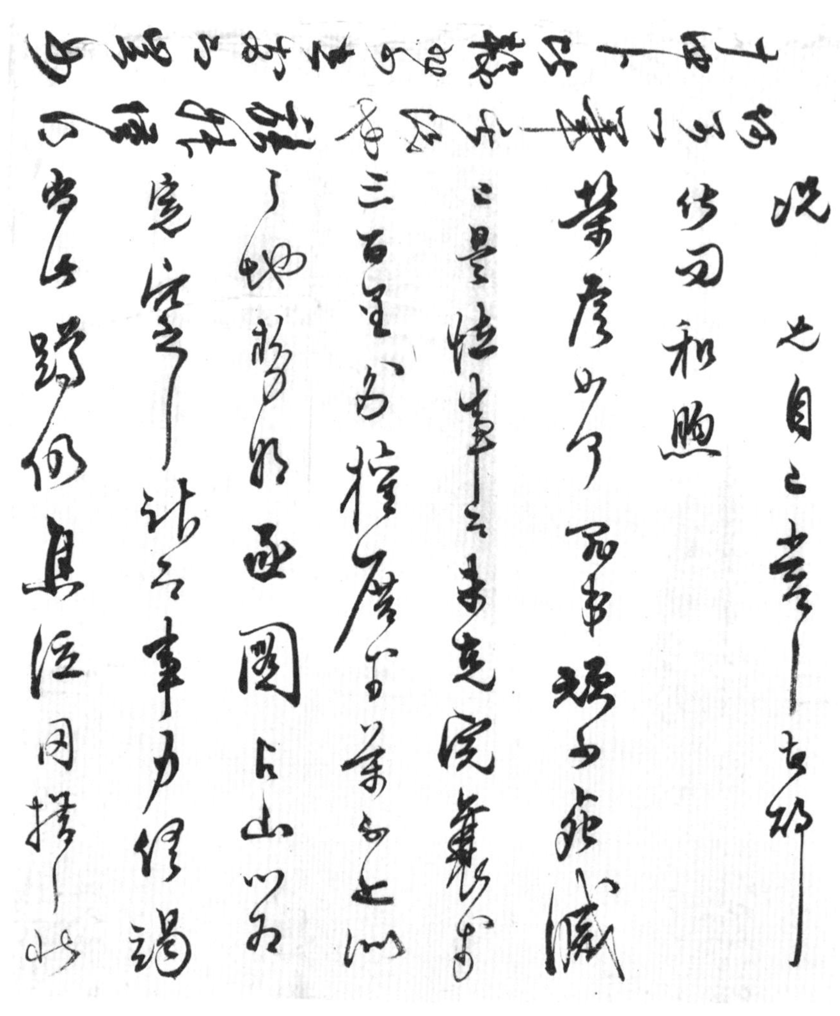

43.0×22.9

머리를 조아립니다.[稽顙][49] 과거 급제는 진실로 당연히 올 것이 온 것이니 무슨 축하할 일이겠습니까. 그러나 부모님 모시는 처지에서 영광으로 기쁘게 해 드리는 일이 이보다 더한 것이 없을 것입니다. 게다가 형께서 해를

49) 머리를 조아립니다.[稽顙] : 상중에 있는 사람에게 보내는 편지의 상투적인 표현이다.

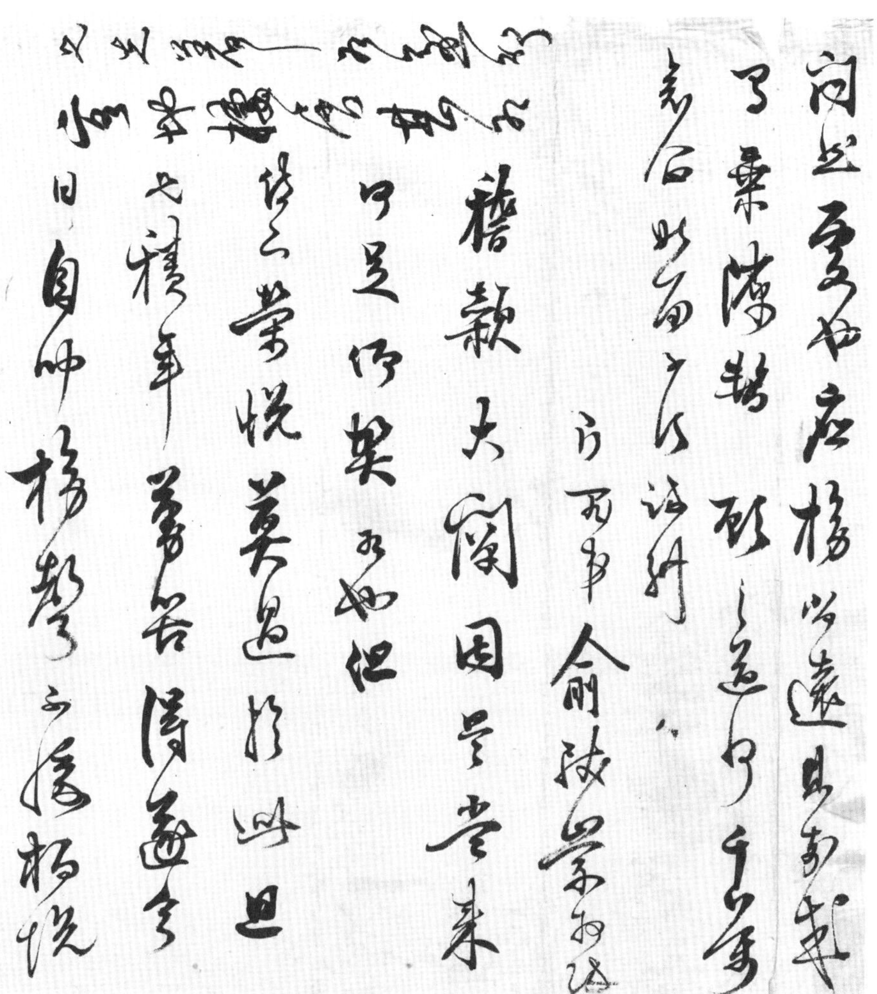

거듭하며 고달프게 수고한 끝에 오늘을 이뤄냈으니, 합격 소식을 듣고부터 함께 기뻐함[栢悅]50)을 금할 수 없었는데 하물며 당사자는 어떻겠습니까.

삼가 따뜻한 날씨에 안부는 어떠하신지요. 상제(喪制)로 있는 저는 완악하

50) 함께 기뻐함[栢悅] : 친구의 좋은 일을 함께 기뻐한다는 말이다. 서진(西晉) 육기(陸機)의 〈탄서부(歎逝賦)〉에 "참으로 소나무가 무성하니 잣나무가 기뻐하고, 슬프다 지초가 불에 타니 혜초가 탄식하네.[信松茂而栢悅, 嗟芝焚而蕙歎.]"라고 하였다.

게 죽지 않은 것도 이미 괴이한 일인데 삼백 리 밖에 장례를 완전하게 마치지 못하고 전혀 걸맞지 않은 지역에 임시 매장하였습니다. 형편으로는 서둘러 산소 자리 잡는 일을 도모해 장례를 마치려 하지만 일의 형편과 재력이 모두 고갈되어 여전히 이같이 주저앉아서, 애를 태우고 눈물을 흘리며 쩔쩔매는 모습을 어떻게 필설로 다할 수 있겠습니까.

집안 아저씨께서 겨우 14복(卜)을 얻었으니, 비교적 앞서 있었지만 어찌 형께서 먼저 차지하여 나은 것만 하겠습니까. 객지에서 거처 없이 떠돌아다니니, 매우 민망한 처지입니다. 응방(應榜)[51]이 아직 멀었으니 그 전에 혹시 틈을 내어 잠시 방문할 길이 있겠습니까. 간절히 기대하겠습니다. 여기서 그치니, 두서없는 답장입니다.

즉일에 죄제(罪弟) 유치숭(俞致崇)은 절하고 편지를 올립니다.

이 편지는 1840년에 유치숭(兪致崇)이 과거에 급제한 이재립(李在立)에게 보낸 《이중구가 5대 고문서, E189》이다.

여기서 응방(應榜)은 과거에 급제한 뒤에 있는 일임을 짐작할 수 있고, 정해진 날짜가 있음을 알 수 있다. 《한국한자어사전(韓國漢字語辭典)》(단국대학교 동양학연구소)에는 응방에 대하여 "첫째, 과거에 응시함. 둘째, 과거에 급제함."이라는 두 가지 뜻으로 주석하고 있다. 편지 내용의 응방은 이 뜻과는 맞지 않는다.

유치숭(兪致崇)은 순조 4년(1804)에 태어난 고종 15년(1878)에 서거한 조선 후기의 문신이다. 본관은 기계(杞溪)이며, 자는 시현(時顯)이다. 증조부는 유한우(兪漢遇)이고, 조부는 유성주(兪星柱)이며, 부친은 유서환(兪瑞煥)이며, 생부는 유일환(兪日煥)이다. 순조 25년(1825)에 을유식년사마시(乙酉式年司馬試)에 진사 2등으로 합격하였다. 사간원대사간(司諫院大司諫), 형조판서(刑曹判書), 사헌부대사헌(司憲府大司憲) 등의 요직을 두루 거쳤다. 학문에 조예가 깊고 경서에 밝았으며, 특히 《상서(尙書)》를 깊이 연구하였다.

---

51) 응방(應榜) : 방방(放榜) 행사에 응하는 것이다. 즉 창방(唱榜, 과시 합격자를 호명함)하고 합격자의 숙배(肅拜)를 받고 상사(賞賜)하는 자리에 임금이 친림(親臨)하는 것이다.

24 승낙(承洛, ?) 작성일 불명
과거 급제 뒤의 응방(應榜)에 필요한 천복(淺服)과 광대 동원

奉拜華函, 良慰旅懷. 就審極炎,
體度萬安, 區區何等仰賀. 表從當此
暑節, 所居之室, 寒煖不中, 甚艱經過.
應榜之期, 隔在不遠, 淺服與護從
之節, 尤難辦得, 奈何奈何. 率倡之示, 轉聞或
誤傳耶. 渠則原無此意, 且非不知緣此
所出之多數, 而在家伯兄意思, 當初禁止
此等者, 已許久矣. 更何有意耶. 空負申
勤至情之托, 還切悚汗而已. 餘非久拜敍.
卽旋, 承洛從拜謝.

보내 주신 편지를 받아보고 진실로 객지 생활의 회포에 위안이 되었습니다. 무더위에 안부가 편안하신 것을 알았으니, 구구한 마음 얼마나 우러러 하례할 일입니까.

표종(表從)52)은 이처럼 무더운 계절에 살고 있는 집의 차고 따뜻한 것이 걸맞지 않아 매우 어렵게 지내고 있습니다. 응방(應榜)의 날짜가 멀지 않았는데 천담복(淺淡服)53)을 마련하고 호종(護從)에 관계되는 일이 더욱 준비가

52) 표종(表從) : 우리말에서 외종(外從)이다. 그런데 우리가 외종을 외갓집 4촌 형제를 이르는 말로 알고 있으나 이는 잘못이다. 외종은 고모가 시집가서 낳은 4촌을 이르는 말이다. 이와 반대로 외갓집 4촌은 내종(內從)이다. 이는 우리 집을 기준했을 때 외종은 고모가 우리 집에서 밖으로 나가서 생긴 인척이고, 내종은 어머니가 외가에서 우리 집으로 와서 생긴 인척이어서 내종이라 부르는 것이다.

53) 천담복(淺淡服) : 조신(朝臣)들이 착용하던 엷은 옥색의 제복을 이른다. 《대전회통(大典會

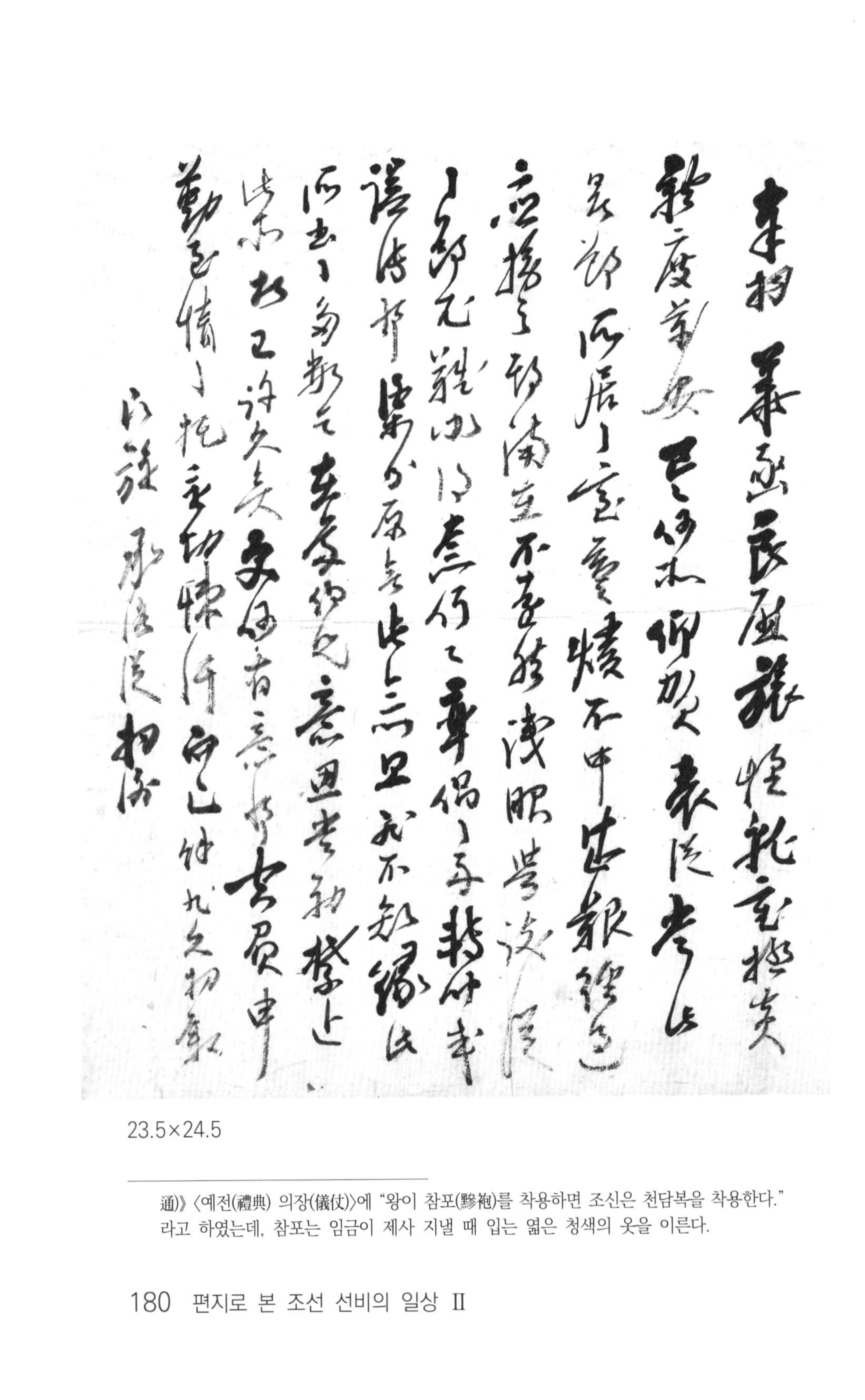

23.5×24.5

通)》〈예전(禮典) 의장(儀仗)〉에 "왕이 참포(黲袍)를 착용하면 조신은 천담복을 착용한다." 라고 하였는데, 참포는 임금이 제사 지낼 때 입는 엷은 청색의 옷을 이른다.

쉽지 않으니 어떻게 해야 하겠습니까. 솔창(率倡)[54]한다는 말씀은 떠도는 말이 혹 잘못 전해진 것이겠지요. 나는 원래 이러한 생각이 없고, 또 이런 말을 꺼낸 사람이 많은 데서 연유한 것인 줄을 모르는 바는 아니지만 집에 계신 큰 형님 생각도 처음부터 이 일을 금한 지 이미 오래입니다. 다시 어찌 마음에 둘 일이겠습니까. 거듭 애써 지극한 정리에서 부탁한 것을 헛되이 저버리려니, 도리어 매우 죄송하여 땀이 날 뿐입니다. 나머지는 오래지 않아 만나 뵙고 말씀드리겠습니다.

즉일에 사촌 승낙(承洛)은 절하고 답장을 올립니다.

이 편지는 승낙(承洛)이 외종(外從)에게 보낸 《이중구가 5대 고문서, G573》이다.

승낙(承洛)이 급제한 외종 형제의 응방(應榜)을 준비하며 쓴 편지인 듯하다. 응방 행사에 천담복(淺淡服)과 호종하는 인원과 광대 동원까지 있어야 모양이 차려짐을 알 수 있다. 승낙은 광대 동원을 집안 형님의 뜻을 내세워 거절하고 있다.

54) 솔창(率倡) : 과거 급제자가 귀향할 때 광대를 앞세워 피리를 불게 하던 일을 말한다.

25 김진하(金鎭河, 1801~1865) 1840년 4월 18일 과거 급제 뒤의 과도한 지출 폐단

子華先達, 謹拜賀書.
兄之此科晩矣, 今番大闡,
已是兄分內事也. 其驚喜
賀慰之道, 不可與猝當僥
倖者比. 而挽近年以來, 弟
之落拓病伏, 不足擧論. 而以
執事才華家數, 每不免差
晩之歎. 非不知窮通之有時,
而爲執事深憂遠慮, 則
有不能自已者, 及聞榜聲,
在弟聳喜私情也. 嶺中
若爾入榜上, 其華閥人器之
可堪遠道者, 能右於兄者
誰也. 吾黨之所對頭, 而嘖嘖相
賀者是已. 伏惟
兄體連重. 喜報踵門, 慶溢
慈闈, 孝子情理, 雖欠圓滿,
餘蔭所及, 可慰九原, 種種讚
賀萬萬. 弟宿症種種漸鑠, 不
作鬼曺, 亦云怪事, 奈何奈何.
村內達淵科事, 稍可降釋
處耳. 令季氏兄侍候
珍衛, 允玉充課否. 亦所願聞

者也. 謝恩或有別恩典耶. 或望
來路榮臨矣, 達者之枉路尋
訪, 今覺未易事耶. 竟歸奉虛
望誠之歎, 悵悵甚甚. 科債或
不至大過否. 以兄高見, 必有分
數節用. 而人家敗端, 多從好
事而生, 幸祝節儉淳深, 以
/期遠道如何. 赴石方欲使
誦經, 而弟之本秩, 已分散于
他手久矣, 且不堪用矣.
兄件專恃專恃, 望須除却百
人, 從速借我如何. 弟家
興替, 在此一擧而已, 深諒
另施, 如何如何. 到門時, 自
靑松似有直便, 其回付送
冊子如何. 七書卷數不些,
堅封以置, 千萬千萬. 啓鵬兄
科事, 係是吾儕之幸, 壯
哉壯哉.
庚子四月十八日, 弟鎭河拜賀.

자화(子華) 선달(先達)에게 삼가 축하의 편지를 올립니다.

형의 과거(科擧)가 좀 늦기는 했지만 이번에 합격한 것은 이미 형의 분수 안의 일입니다. 그 놀라운 기쁨에 축하하고 위로하는 도리는 졸지의 요행에 비교할 것이 아니며, 근년에 들어 저의 쓸쓸히 병으로 누워있는 일은 거론할 것이 못됩니다.

당신의 뛰어난 재주와 집안의 품격으로 본다면 조금 늦었다는 안타까움은 늘 면할 수 없습니다. 사람의 곤궁과 영달이 때가 있다는 것을 모르지 않지만, 당신을 위한 깊은 근심과 먼 장래를 위한 염려는 자연 멈출 수 없었는데, 급제 소식을 듣게 되니, 저의 뛸 듯한 기쁨은 개인적인 정리에서입니다. 그러나 영남에서 당신처럼 합격한 사람 중에서 화려한 문벌과 기량으로 먼 장래를 감당할 수 있는 사람이 형보다 나을 사람이 누가 있겠습니까. 우리들이 서로 마주하여 떠들썩하게 서로 경하(慶賀)하는 것은 이 때문입니다.

삼가 형의 안부는 연이어 진중하신지요. 급제의 기쁜 소식이 문에 다다라 경사가 어머니께서 계시는 곳에 넘칠 터이니 효자의 정리에 비록 다소 아쉬움은 있겠지만 넘쳐나는 그 음덕(蔭德)의 미친 바가 구천(九泉)에 미칠 것이니, 이런저런 찬미하고 축하할 일이 끝이 없습니다.

저는 오래된 병들이 이따금 점차 잦아들어 귀신의 무리가 되지 않은 것은 괴이한 일이라고 할 수 있으니, 어찌하겠습니까. 마을 내 달연(達淵)의 과거 급제는 조금 마음 놓이는 부분입니다. 당신 막내아우님은 부모님 모시며 건강하게 지내시고, 아드님도 충실하게 공부하고 있겠지요. 역시 듣고자 하는 소식입니다.

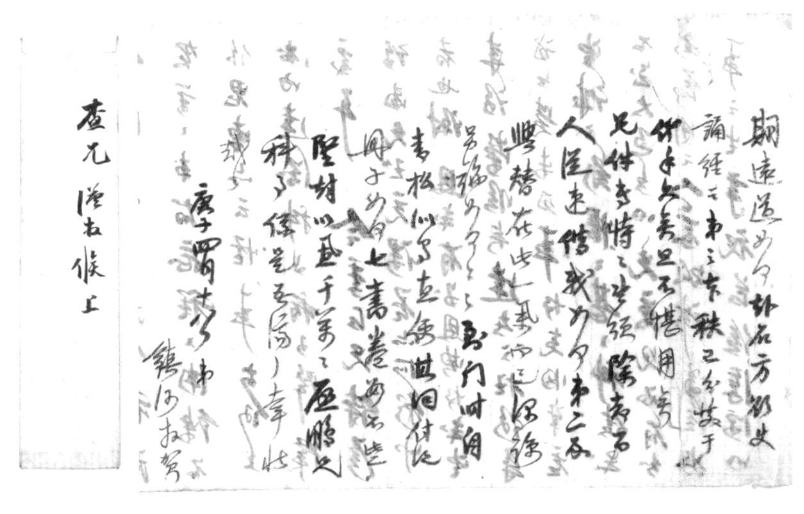

88.0×23.8 (4.9×21.8)

사은숙배(謝恩肅拜)에 혹시 특별 은전이 있는지요. 혹여 돌아오시는 길에 왕림해 주시기를 희망했는데 영달한 사람이 가는 길을 돌아 사람을 찾아보는 것이 쉽지 않음을 오늘에야 깨달았는지요. 결국 정성스런 바람이 헛된 꿈을 안게 되었다는 탄식으로 돌아가니, 매우 서글프고 서글퍼집니다.

과거(科擧) 일로 인한 빚은 혹여 너무 지나치지는 않았는지요. 형의 높은 식견으로 분수에 맞게 씀씀이를 절약하였겠지요. 한 집안이 패가망신하는 단서는 대부분 좋은 일에서 생겨나니, 부디 절약하고 검소한 마음을 깊게 지니셔서 원대한 도를 기약하시기 바랍니다.

부석사(浮石寺)를 찾아 경전(經傳)을 외우게 하려는데 저의 책은 이미 다른 사람의 수중에 분산된 지 오래되었으며, 게다가 다시 볼 수 없을 정도입니다. 형이 가지고 있는 책을 전적으로 믿고 있으니, 바라건대 아무쪼록 수많은 사람의 청을 물리치시고 빨리 저에게 빌려주시는 것이 어떻겠습니까. 저희 집안의 흥망성쇠가 이 한 가지 일에 달려 있으니, 깊이 헤아리시어 특별히 베풀어주시는 것이 어떻습니까. 도문연(到門宴)[55] 때 청송(靑松)으로부터 곧장 가는 인편이 있을 듯하니, 그 사람의 돌아오는 편에 책을 보내주시는 것이 어떻겠습니까. 칠서(七書)[56]는 책 수량이 적지 않으니 튼튼하게 묶어주시기를 바라고 바랍니다.

계붕(啓鵬) 형의 과거 급제는 관계됨이 우리들의 다행이니, 장하고도 장합니다.

경자년(庚子年, 1840) 4월 18일에 아우 진하(鎭河)는 절하고 축하드립니다.

이 편지는 1840년 4월 18일에 김진하(金鎭河)가 과거에 급제한 이재립(李在立)에게 보낸 《이중구가 5대 고문서, I589》이다.

과거 급제가 빚을 지게 한다는 선비사회의 폐단을 언급하고 있다.

이 편지에서 책을 빌려달라는 간절한 청이 있는데 혹여 급제한 사람이 읽은 책을 빌려보는 일은 급제를 가져다주는 행운이 따른다는 믿음이 있지 않을까라는 추측도 가능하다. 지금도 고시생들이 쓰는 원룸도 고시 합격생이 나온 룸은 사람들이 선호한다는 고시 사회의 말들이 떠도는 것도 그 한 예일 것이다.

---

55) 도문연(到門宴) : 과거에 급제한 사람이 집에 돌아와서 친지(親知)들을 초청하여 베푸는 자축연(自祝宴). 곧 문희연(聞喜宴)이다.

56) 칠서(七書) : 《논어(論語)》·《맹자(孟子)》·《중용(中庸)》·《대학(大學)》의 사서(四書)와 《시경(詩經)》·《서경(書經)》·《주역(周易)》의 삼경(三經)을 총괄하여 이르는 말이다.

지금까지는 급제자의 전후 사정을 살펴보았다. 그렇다면 과거에 떨어진 사람은 어떠했을지 다음(J273) 편지 속에서 살펴보기로 하겠다.

김진하는 순조 원년(1801)에 태어나 고종 2년(1865)에 서거한 문신 관료인 김진형(金鎭衡)이다. 본관은 의성(義城)이며, 자는 덕추(德錘)이고, 호는 겸와(謙窩)이다. 1850년(철종 1) 증광문과에 병과로 급제, 철종 4년(1853) 홍문관 교리로 있을 때 이조판서 서기순(徐箕淳)의 비행을 탄핵하다가 수찬 남종순(南鍾順)에게 몰려 한때 명천(明川)으로 유배되었다. 철종 7년(1856) 문과중시에 다시 급제하였다. 고종 1년(1864) 시정의 폐단을 상소하였는데, 조대비(趙大妃)의 비위에 거슬린 구절이 있어 전라도 고금도(古今島)에 유배되어 배소에서 세상을 떠났다.

그리고 명천에 유배되었다가 다시 방면되어 귀환하는 왕복의 기록을 담은 것으로 「북천록(北遷錄)」이라는 한문 일기와 가사(歌辭) 「북천가(北遷歌)」가 전한다.

최해면(崔海冕, ?) 1891년 8월 23일
과거에 떨어진 자의 비통한 심경

臨發未奉, 歸猶伏
悵, 卽拜
下問, 何等感佩. 便後
日富, 更伏審
旅中體候一享康旺,
渠之庭候萬安, 而日
夕相從否. 旋不任區區
仰慕之忱. 侍生千里妄
想, 歸尙未悟, 備嘗
/無限艱險, 科事亦
歸落莫. 固知儻來,
而若其憤歎, 則悔且
何及. 自覆試見敗, 昨還,
重省節又無寬慰
之道, 焦悶焦悶. 惟大小家
諸候葆免添損耳.
餘擾擾, 不備謝上.
辛卯八月卄三日, 侍生崔海冕拜上.
周紙一圓,
簡紙一軸, 汗呈.

출발할 때 뵙지 못하여 돌아와서도 여전히 섭섭해하던 차에 곧바로 보내주신 편지를 받고 얼마나 감격했는지요.

인편이 있은 뒤로 시간이 많이 흘렀습니다. 삼가 객지 생활의 안부는 늘 편안하시며, 그의 정후(庭候)도 모두 편안하여 아침저녁으로 서로 오가며 친하게 지내시는지요. 또한 저의 우러러 사모하는 마음을 가눌 길이 없습니다.

저는 천 리 길에 품었던 헛된 생각(과거에 응시하려는 생각)을 돌아와서도 여전히 깨어나지 못하고 있습니다. 온갖 어렵고 험한 일을 모두 겪었고 과거도 실패로 돌아갔습니다. 진실로 당연히 올 일이 온 것인 줄 알지만 그 분노와 탄식을 뉘우친들 어찌 미칠 수 있겠습니까. 복시(覆試)[57]에서 떨어지고 어제 돌아왔는데 아버지와 할아버지의 마음을 풀어 위로할 길을 찾을 수 없어 가슴만 타들어 가니, 민망하고 민망합니다. 큰집과 작은집의 집안사람들은 그럭저럭 병을 면하고 편안할 뿐입니다. 나머지는 소요 중에 갖추지 못하고 답장을 올립니다.

신묘년(辛卯, 1891) 8월 23일에 시생(侍生) 최해면(崔海冕)은 절하고 올립니다.

두루마리 한 덩이와 편지지 한 축(軸)을 부끄러운 마음으로 보내드립니다.

이 편지는 1891년 8월 23일에 과거에 낙방한 최해면(崔海冕)이 친지에게 보낸 《이중구가 5대 고문서, J273》이다.

어려운 살림에 과거 시험 자금을 준비해 떠났다가 낙방하고 돌아와 집안 어른들을 대해야 하는 심정은 소진(蘇秦)[58]이 천하 유세 길에 나섰다가 실패하고 돌아오니, 형수는 본체도 않고 부인은 베틀에서 내려오지도 않았다는 말이 연상된다.

57) 복시(覆試) : 중앙과 지방에서 초시(初試)에 합격한 사람을 서울로 모아 제2차로 보이는 과거이다. 회시(會試).

58) 소진(蘇秦) : 중국 전국시대 인물. 소진이 제나라에 가서 귀곡(鬼谷) 선생에게 배웠다. 몇 년의 유학 생활 뒤에 크게 곤궁해져서 집으로 돌아가니 형제와 처와 형수가 모두 비웃으며 "그대가 근본을 버리고 언변만을 일삼으니 곤궁한 것이 또한 마땅하다."라고 하였다고 한다. 뒤에 소진이 제후들 사이를 왕래하며 유세하여 크게 출세하자 처와 형수는 소진 앞에서 고개도 바로 들지 못했다. 《史記 卷69 蘇秦列傳》

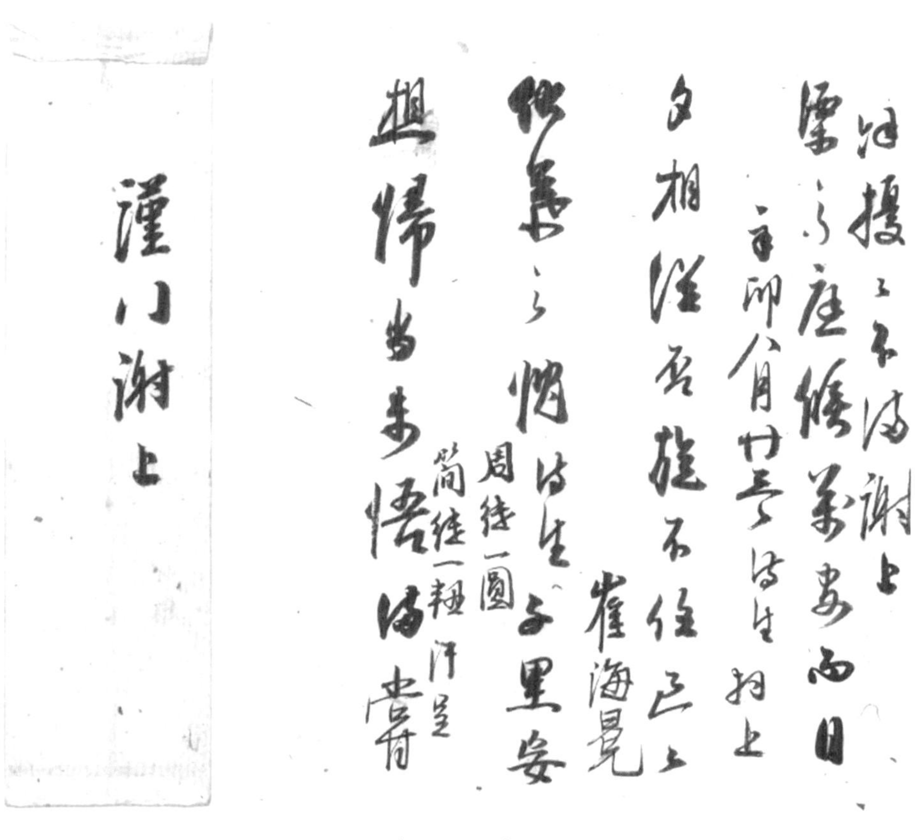

43.1×20.5 (5.5×20.5)

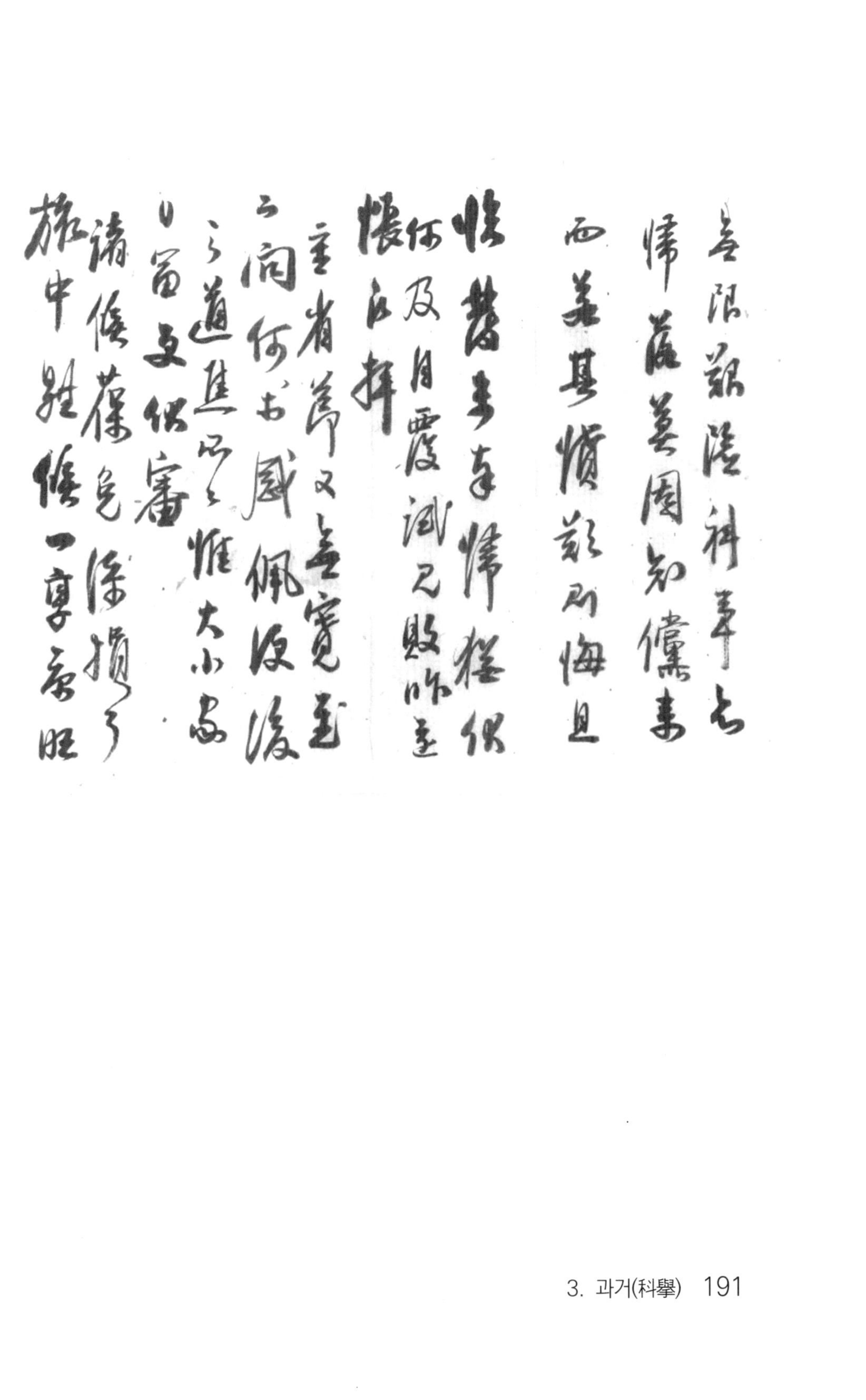

작성자, 작성일 불명 과거 급제 뒤의 분관(分館)에 따른 치열한 경쟁

分館時用慮, 可謂筆舌難盡, 一邊唱出驛人之說, 阻塞哀史前程, 人心誠可怕也. 玆用許多周旋得嵬, 選爲承文副正字, 當場快奉萬金, 猶爲不惜耳. 前者去鄭承旨, 紬與脯.

분관(分館)[59] 시기에 생각을 잘해야 하는 것은, 필설로 다 말하기가 어렵습니다. 한쪽에서 역(驛) 사람을 동원했다는 주장까지 꺼내 당신의 앞길을 가로막으려 했으니, 인심(人心)이 정말 두렵습니다. 이런 속에 여러 길로 주선해 장원(壯元)에 올랐고 승문원 부정자(承文院副正字)에 선발되었으니, 당장에 선뜻 만금을 드린다 해도 오히려 아까울 것이 없을 것입니다. 앞서 정 승지(鄭承旨)에게 비단과 포(脯)를 보냈습니다.

이 편지는 수신자와 발신자가 불분명한 편지로 《이중구가 5대 고문서, F278》이다.

분관(分館)은 과거 성적에 따라 승문원(承文院)과 성균관(成均館), 교서관(校書館)에 벼슬시켜 실무를 익히게 하는 일이다. 이에 의해 승문원으로 발령받으려는 운동이 이렇게 치열하였음을 살필 수 있다.[60]

---

59) 분관(分館) : 문과에 급제한 사람 가운데 실직(實職)에 제수된 자를 제외한 모두를 삼관(三館), 즉 승문원(承文院), 성균관(成均館), 교서관(校書館)에 나누어 배속시켜 실무를 익히게 하는 것을 말한다. 나이가 젊고 총명한 급제자는 일차적으로 승문원에 배정하였다.

60) 위 '과거'에 관한 내용은 김재열, 「자운 이중구가 고문서 자료의 활용방안 검토 - 키워드로 본 조선 후기 풍속, 제도, 속담 -」, 『조선 후기 민간생활사 자료의 활용과 전망』 (제5회

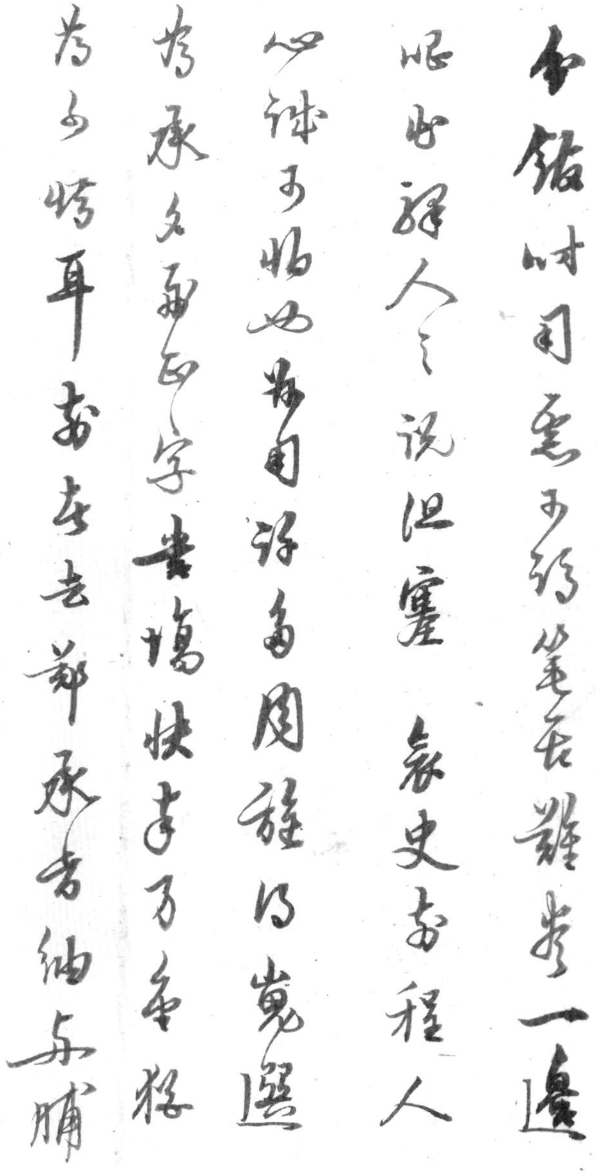

14.0×22.7

단국대학교 부설 한중관계연구소 학술대회. 2020. 10. 14) 참조.

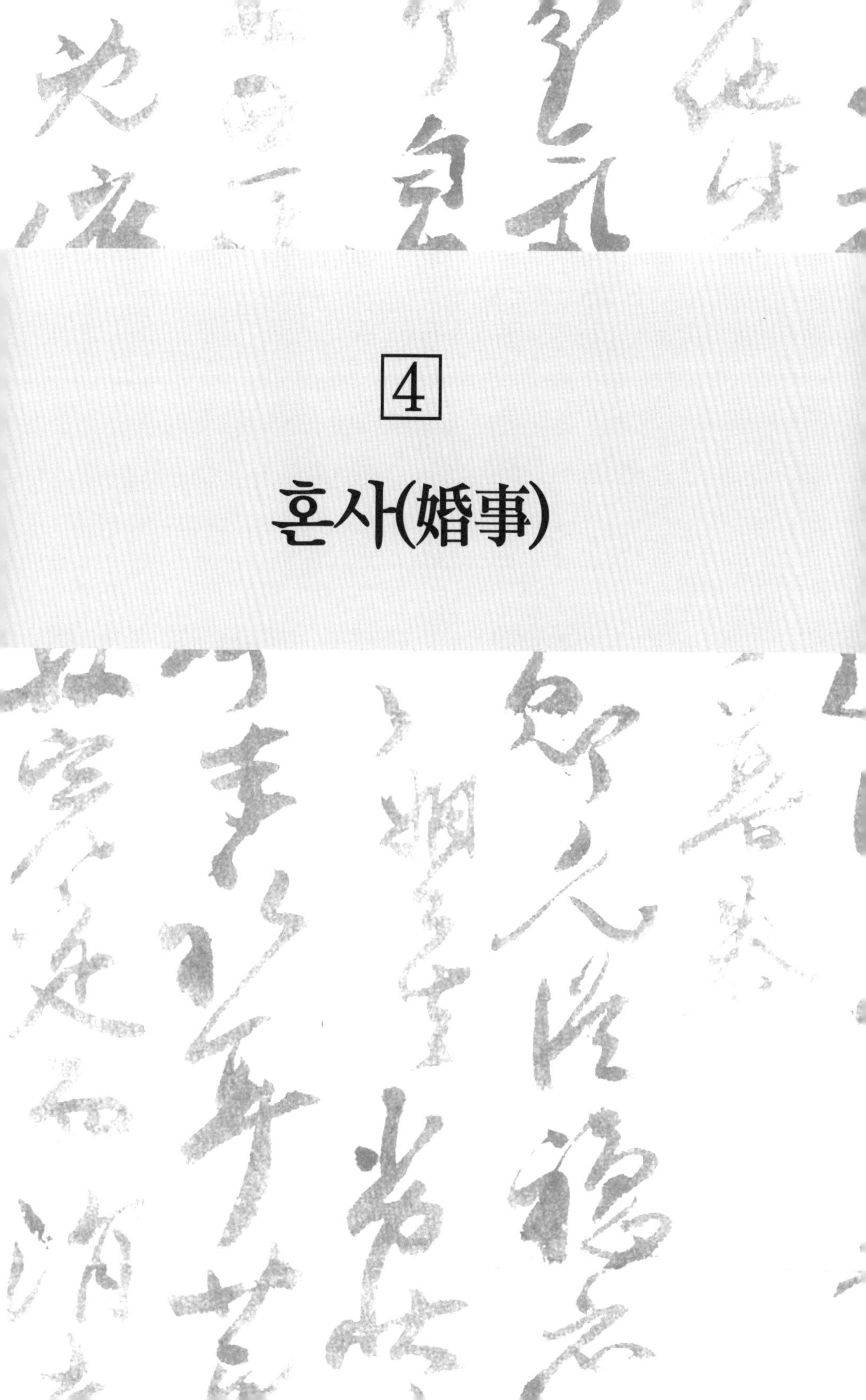

4

혼사(婚事)

28 김규화(金奎華, 1837~1927) 1899년 1월 3일 김규화와 이중구(李中久, 1851~1925) 집안의 통혼(通婚)

伏惟孟春,
尊體動止萬重, 仰溯區區. 孫女
親事, 旣承柱單, 私家之幸. 涓吉
玆以仰呈,
衣製錄眎如何. 餘不備, 伏惟
尊察. 謹拜上狀.
己亥正月初三日,
/瑞興金奎華再拜.

삼가 이른 봄에 당신께서 잘 지내고 계심을 알고 보잘것없는 저의 마음에 사모함이 간절합니다.

손녀의 혼사에 사주단자(四柱單子)를 받았으니 저희 집안의 행복입니다. 택일(擇日) 단자를 보내니 신랑의 옷 치수를 적어서 보내주시기를 바랍니다. 나머지는 이만 줄이니, 삼가 살펴주십시오. 절하고 편지를 올립니다.

기해년(己亥年, 1899) 1월 3일에 서흥(瑞興) 김규화(金奎華)는 두 번 절합니다.

조선시대에 행하던 여섯 가지 혼인 절차를 육례(六禮)라고 한다. 첫 번째 납채(納采)는 신부 측에서 중매인을 통해 신랑 측의 혼인 의사를 받아들이는 것을 말하며, 두 번째 문명(問名)은 신랑 측에서 신부 어머니의 성명을 묻는 것을 말한다. 세 번째 납길(納吉)은 혼인의 길흉을 점쳐서 결과를 신부 측에 알리는 것을 말하며, 네 번째 납징(納徵)은 혼인의 성사 표시로 폐물을 주는

瑞興金奎華 再拜

伏惟孟春
尊體動止萬重仰溯區區孫女
親事既承柱單私家之幸涓吉
玆以仰呈
衣製錄示如何餘不備伏惟
尊察 謹拜上狀
己亥正月初三日

謹拜上狀
李校理執事
謹封

45.2×30.8 (6.0×31.0)

것을 말한다. 다섯 번째 청기(請期)는 신랑 측에서 신부 측에 혼인 날짜를 정해 줄 것을 요구하는 것을 말하며, 여섯 번째 친영(親迎)은 신랑이 직접 신부 집에 가서 신부를 맞이하는 의식을 말한다.

위 전통 혼례 의식의 순서를 바탕으로 이중구가 고문서에 나타난 혼사에 관한 내용 가운데 실물을 중심으로 살펴보기로 한다.

이 편지는 김규화(金奎華, 1837~1927)가 1899년 1월 3일에 이중구(李中久)에게 보낸 《이중구가 5대 고문서, F325》이다.

위 편지는 두 집안이 혼인 날짜를 정하기 위해 보낸 연길혼서장(涓吉婚書狀)이다. 1899년 1월 3일에 신부 집 할아버지인 김규화가 신랑 집 아버지인 이중구에게 보낸 것이며, 김규화의 손녀와 이중구의 아들 이석일(李錫日)과 혼인을 맺기 위해서였다.

전통 혼례 절차는 위 편지의 내용처럼, 주단(柱單)과 택일(擇日) 및 의양(衣樣)이 있다. 주단은 혼인을 정한 뒤에 신랑의 사주(四柱)를 적은 단자(單子)를 신부 집에 보내는 의식을 이르며, 택일은 혼례식을 올릴 날짜를 정하는 것이고, 의양은 신부 집에서 신랑 집에 신랑의 옷 치수를 청하는 것을 이른다.

김규화(金奎華 1837~1927)는 본관이 서흥(瑞興)이며, 자는 문직(文直)이고, 호는 소초(小楚)이다. 의금부 도사(義禁府都事)를 역임하였다. 창녕(昌寧)의 창락(昌樂)에서 살았다. 저서로 《소초집(小楚集)》이 있다. 손녀가 이중구(李中久) 아들 이석일(李錫日)과 결혼하였다.

29 작성자, 작성일 불명 혼사 연길단자(涓吉單子)

涓吉

郎丁巳

閨丁巳

奠鴈 十二月初四日甲申

坐向

設饌 甲庚方

入門 忌乾方

納幣 先卸庚方

周堂 入門時 翁小避

연길(涓吉)

신랑은 정사년에 태어났으며, 신부는 정사년에 태어났다. 전안례(奠鴈禮)[1]는 12월 4일 갑신일(甲申日)이고, 좌향(坐向)[2]에서 설찬(設饌)에 갑경방(甲庚方)이 길하고, 입문(入門)에 건방(乾方)은 피한다. 납폐(納幣)[3]에 경방(庚方)에 먼저 짐을 놓는다. 주당(周堂)[4]은 (신부가)문에 들어올 때 시아버지는 그 자리를 피한다.

1) 전안례(奠雁禮) : 전통혼례에서 신랑이 기러기를 가지고 신부 집에 가서 상 위에 올려놓고 절하는 예식이다.

2) 좌향(坐向) : 신부가 시집에 와서 방에 들어가 앉는 방향을 말한다.

3) 납폐(納幣) : 혼인 때 신랑 집에서 신부 집으로 보내는 예물, 또는 예물을 보내는 일. 흔히 푸른 비단과 붉은 비단을 보냈다.

4) 주당(周堂) : 이사, 신행(新行), 결혼, 안장(安葬)할 때에 꺼리는 신(神)으로서, 큰 달과 작은 달에 따라 여덟 방향에 해당되는 것이 달라진다.

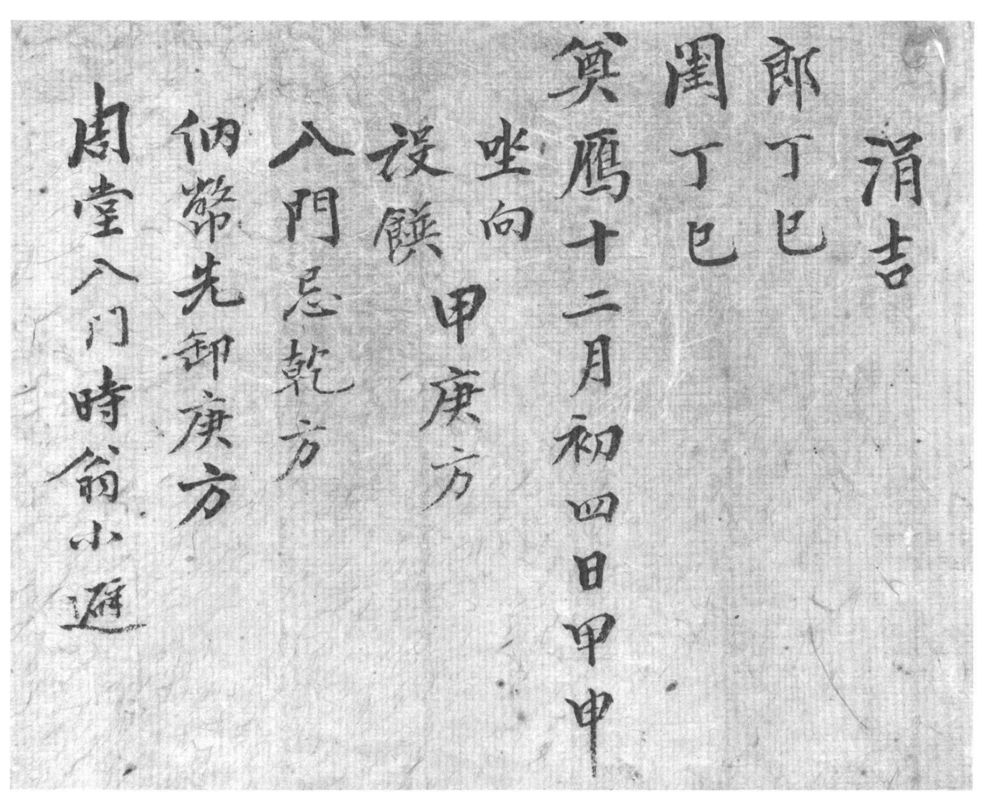

涓吉
郎 丁巳
閨 丁巳
奠鴈十二月初四日甲申
坐向 甲庚方
設饌 甲庚方
入門 忌乾方
納幣先卸庚方
周堂入門 時翁小避

29.4×26.6

이 연길(涓吉) 단자(單子)는 발신자, 수신자, 작성일이 불분명한 《이중구가 5대 고문서, G335》이다.

연길은 신부 집에서 혼인 날짜를 택일하고, 이를 알리려고 신랑 집으로 보내는 단자이다. 제목을 '연길(涓吉)'이라 쓰고 신랑·신부의 생년(生年)을 썼는데, 신랑과 신부는 모두 정사년(丁巳年) 출생이다. 전안 일시(奠雁日時)는 12월 4일 갑신일(甲申日)이다. 그리고 좌향(坐向)에 꺼리는 방향들을 쓰고, 주당(周堂)을 적어 보냈다. 이를 기록한 종이는 5번 혹은 7번 접어서 보내는데, 여기서는 7번 접었다. 연길이 있게 되면 약혼은 완전히 성립되며, 당사자들은 물론 두 집안은 사실상 사돈으로 행세한다. 연길은 혼인을 승낙하는 내용의 허혼서(許婚書)와 함께, 사주와 마찬가지로 중매인이나 복 많은 사람에 의해 신랑 집으로 보내진다.

위 연길의 작성 시기는 내용 가운데 '전안십이월초사일갑신(奠鴈十二月初四日甲申)'으로 보아 1935년 12월 4일(갑신일)로 추정된다.

김연덕(金然德, ?) 정해년(丁亥, ?) 3월 24일 딸의 혼사에 연길(涓吉)과 신행(新行) 일자

向日忽擾中拜退後, 日乍慕昂下
懷, 尤切他時. 伏未審暮春,
外內分氣力康郘, 允從穩省, 良洞
諸節均迪, 伏溸伏溸. 姻下生劣狀姑依
向樣, 而亞候粗寧, 幸私耳. 第女兒
之婚, 旣依下教完定, 而涓吉陰
五月初十日也. 百無一存之家, 何以成
樣. 豫切頭重頭重耳. 未知
彼家之意, 然渠意則彼此從便上,
以三日新行治送伏計也. 日官許問議,
則三日治送新行日字, 大吉云云, 故
如右思料矣. 此意兩家協意之
事, 未安莫甚, 詳探彼意回示,
若何若何. 千萬伏望伏望耳. 餘不備上.
丁亥三月卄四日,
姻下生金然德再拜.

지난번 분주한 가운데 만나 뵙고 물러난 뒤로 날마다 사모하는 마음이 다른 때보다 간절하였습니다. 늦봄에 두 분의 기력은 강녕하시며, 아드님도 편안히 혼정신성(昏定晨省)하고, 양동(良洞)에 계시는 여러분들도 모두 편안하신지요. 삼가 그립고 그립습니다.

저[姻下生][5]는 변변찮은 모습이 이전 그대로이지만 아후(亞候)[6]께서 그럭저력 편안하시니 저에게는 다행스러운 일입니다. 다만 딸아이의 혼사는 말씀하신 대로 완전히 결정되어, 연길(涓吉)[7]은 음력 5월 10일로 정했습니다. 백에 하나도 없는 집안 형편에 어떤 모양새로 진행할지 미리부터 머리가 무거울 뿐입니다.

그쪽 집안의 의도는 알 수 없지만 제 뜻은 서로 편의에 따라서 3일에 신행(新行)을 꾸려서 보낼 계획입니다. 일관(日官)에게 물어보았더니 3일에 신행을 꾸려서 보내는 것이 날짜가 아주 좋다고 했으므로, 위에 말씀드린 내용처럼 생각하여 헤아린 것입니다.

이런 생각은 두 집안이 협의해야 할 일이기에 더없이 미안하니, 그쪽의 의중을 자세히 탐문하여 알려주시는 것이 어떻겠습니까. 간절히 바라고 바랍니다. 나머지는 이만 줄입니다.

정해년 3월 24일에 인하생(姻下生) 김연덕(金然德)은 두 번 절합니다.

이 편지는 정해년(丁亥年, ?) 3월 24일에 김연덕(金然德)이 모처에 보낸 《이중구가 5대 고문서, E475》이다.

연길(涓吉)은 길한 날을 받는다는 뜻으로, 납폐(納幣)와 사주단자(四柱單子)를 받은 신부 측에서 혼례식 날짜를 받아서 신랑 측에 연길장(涓吉狀)이라는 회신을 보내는 것을 말한다.

---

5) 저[姻下生] : 인척(姻戚) 어른에 대하여 자신을 낮추는 호칭이다.

6) 아후(亞候) : 삼촌의 안부이다.

7) 연길(涓吉) : 길한 날을 받는다는 뜻으로, 납폐와 사주단자를 받은 신부 측에서 혼례식 날짜를 받아서 신랑 측에 '연길장(涓吉狀)'이라는 회신을 보낸다.

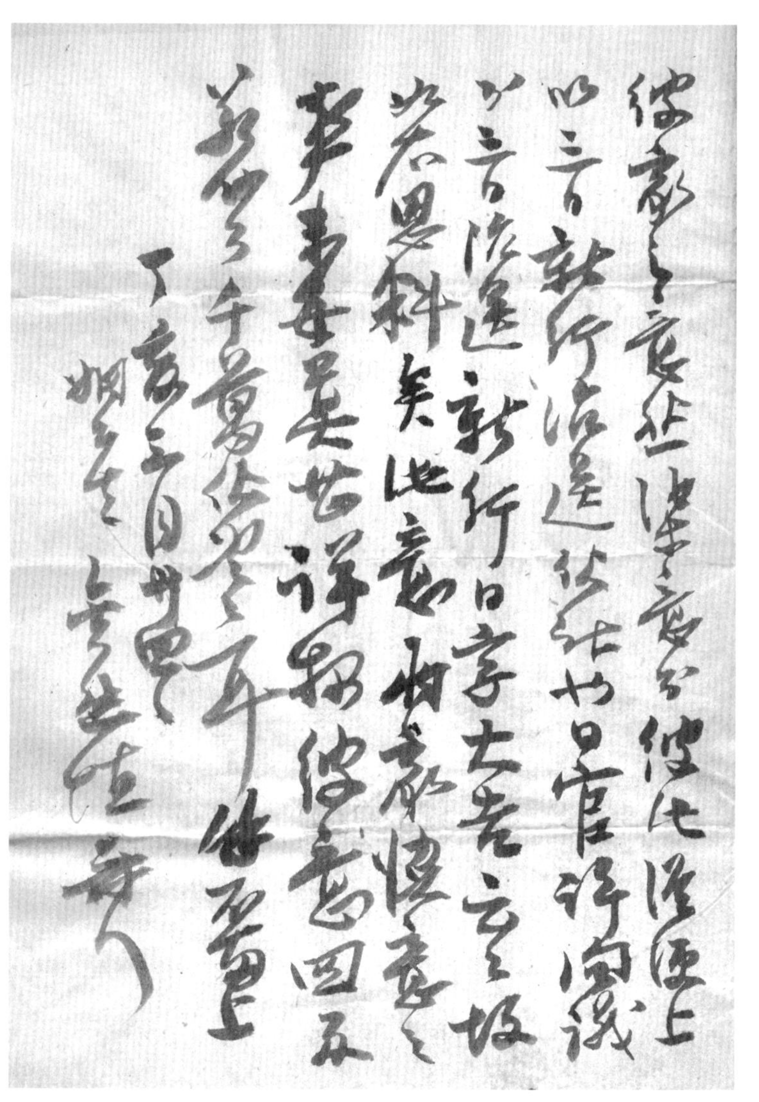

38.1×27.3

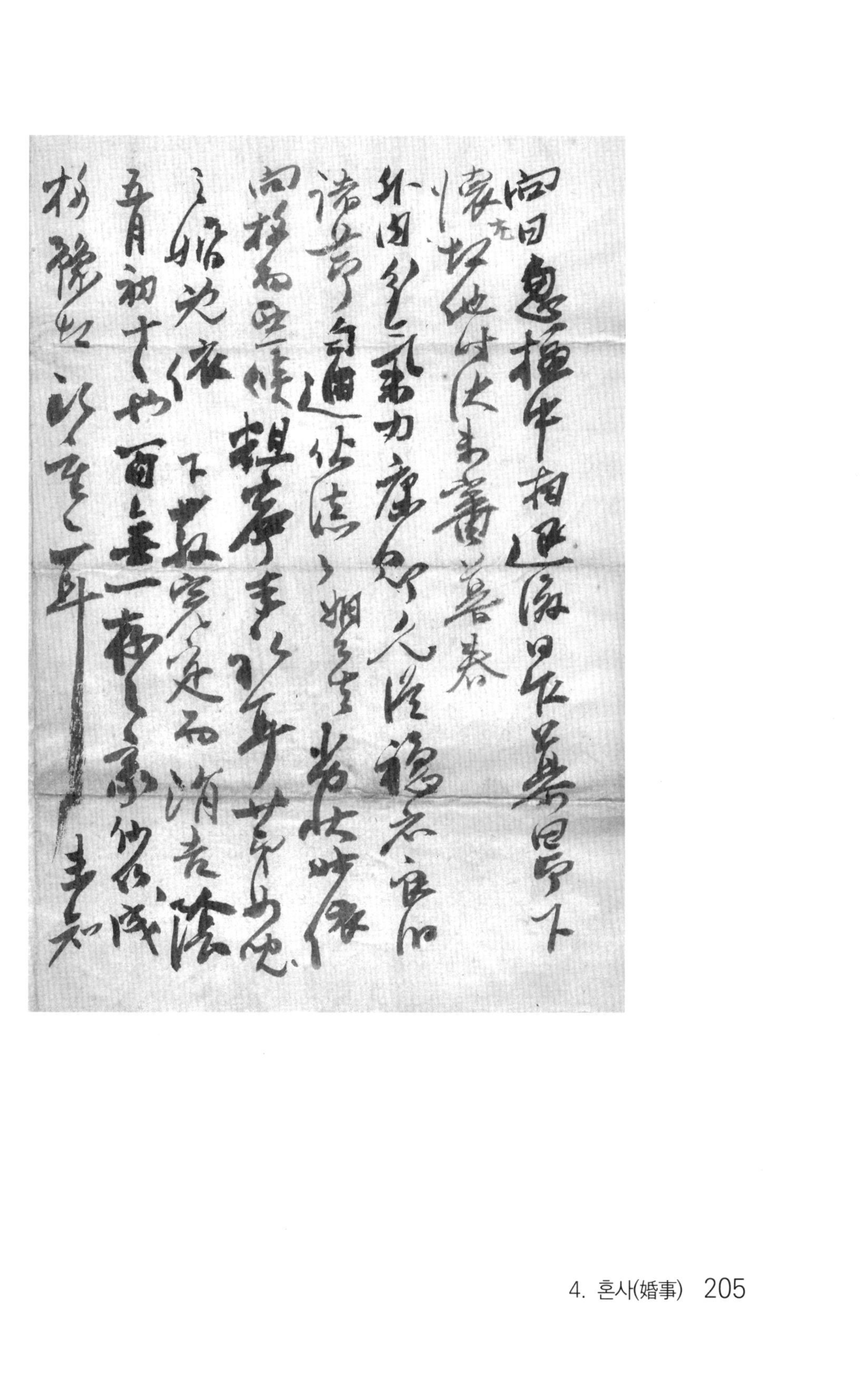

김용복(金容復, 1857~1933) 1898년 9월 9일 입에 맞는 떡을 찾는 자녀의 혼사 일

菊黃楓丹, 剝啄之聲寂矣,
際此査兄委顧, 又敢惠書顧
此寂寞之濱, 何以得此也. 始覺
相愛相念之篤. 未審比辰,
靖裏體候萬重,
賢閤夫人患候, 以至快復, 玉肖充
讀. 是所區區仰望且祝. 弟直所凡
百沒巴鼻, 這中用意, 難以形
喩, 而諸率各依, 以是爲安心之資
耳. 次兒旣至加弁, 終無適
餠. 未知平日相愛之如
/大座者, 爲之廣求, 則捧大事, 可屈指
爲期矣. 運路脩長, 尙未得源源穩攄,
深恨深恨. 然而爲此漢另力圖之否耶.
翹首預望耳. 適値紛冗, 書不能盡
其意, 尤庸主臣. 不備候
禮.
戊戌九月重陽, 弟
/金容復二拜.

노란 국화가 피고 단풍이 물들어도 찾아오는 손님이 없었는데, 이러한 때에 사돈이 방문하였고, 또 이처럼 적막한 곳에서 감히 당신의 편지까지 받았으니. 어떻게 이 같은 대우를 받을 수 있겠습니까. 비로소 서로 아끼고 생각해 주는 마음이 돈독함을 느끼겠습니다.

요즈음 조용히 지내시는 가운데 건강은 매우 좋으시고, 부인께서 앓던 병은 완전하게 회복이 되었으며, 아드님은 독서에 충실히 하는지요. 이것이 저의 마음에 바라고 또 축원하는 바입니다.

저는 직소(直所)에 아무런 기본이 갖춰지지 않아서 여기에 마음 쓰이는 것을 말로 형용하기 어렵지만 모든 식구들이 각자 그럭저럭 지내고 있으니, 이것으로써 안심하는 자료로 삼고 있을 뿐입니다.

둘째 아들이 관례(冠禮)는 치렀지만 끝내는 입에 맞는 떡이 없습니다. 평소에 서로 아껴주는 처지에 있어서 형 같은 사람이 널리 알아봐 주신다면 혼사를 이룰 수 있을 것이니, 손가락을 꼽아 기대할 수 있을지 모르겠습니다.

그리고 도로가 아득히 멀어 자주 만나 편안히 생각을 터놓을 수 없는 것이 매우 한스럽습니다. 그러나 이 사람을 위해 따로 힘써 주시지 않으시렵니까. 머리를 한껏 치켜들고 미리부터 바랄 뿐입니다.

마침 손님 때문에 시끄러워 편지에 제 생각을 다 쓰지 못해 더욱 죄송합니다.

문안의 예를 갖추지 못합니다.

무술년(戊戌, 1898) 9월 9일에 아우 김용복(金容復)은 두 번 절합니다.

이 편지는 1898년 9월 9일에 김용복(金容復)이 이중구(李中久)에게 보낸 《이중구가 5대 고문서, F579》이다.

위 편지에서 언급한 관례(冠禮)는 조선시대에 상투를 틀어 갓을 씌우는 의식으로, 남자아이가 20세가 되면 관례를 행하고, 그때부터는 한 사람의 성인으로 대우하였다. 관례는 삼가례(三加禮, 초가(初加)·재가(再加)·삼가(三加))라는 중요한 의식이 있는데 살펴보면 다음과 같다. 초가에서 치포관(緇布冠)과 복건(幞巾)을 씌우면 관자(冠者)는 사계삼(四褉衫)을 벗고 심의(深衣)로 갈아입은 다음 검은 신발〔納履〕을 신는다. 재가에서 모자(帽子)를 씌우면 관자는 심의를 벗고 조삼(皀衫)으로 갈아입은 다음 혁대(革帶)를 하고 가죽신〔繫鞋〕을 신는다. 삼가에서 복두(幞頭)를 씌우면 관자는 관직이 있는 경우 공복

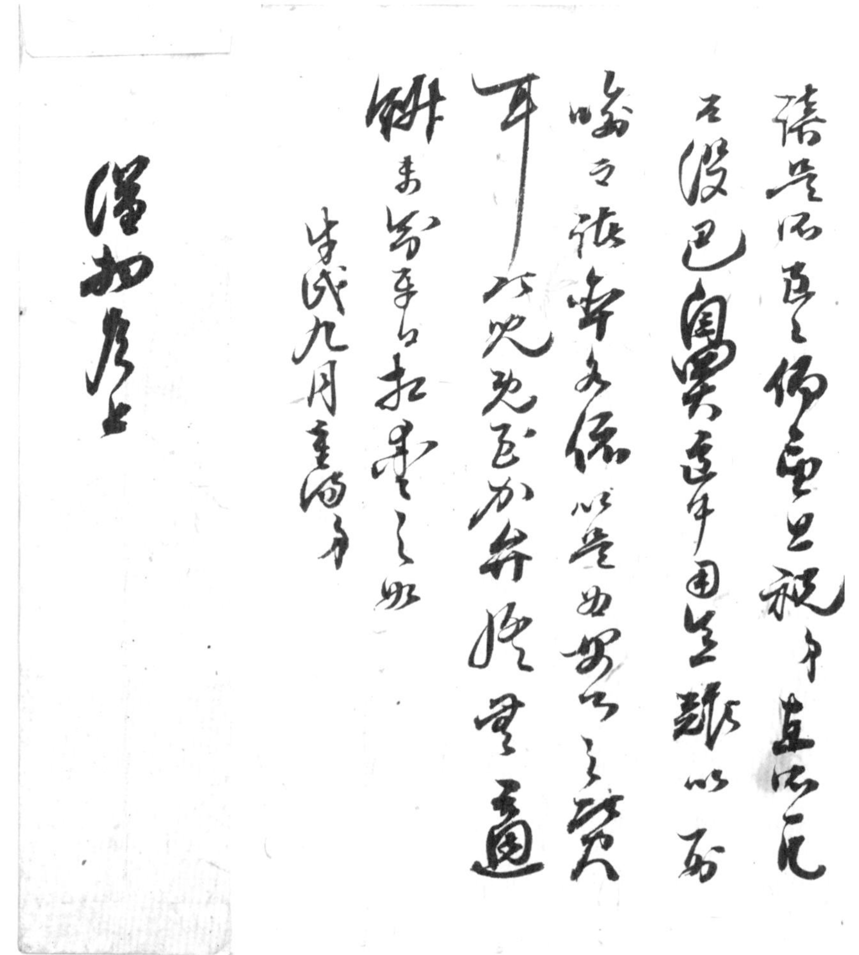

41.1×25.7 (6.1×25.8)

(公服)과 혁대를 하고 가죽신〔納靴〕을 신고 홀(笏)을 들며 관직이 없는 경우 난삼(襴衫)을 입고 가죽신을 신는다. 이러한 삼가례 의식이 끝나면 자(字)를 지어 부르며, 사당(祠堂)에 고하고 어른들에게 차례로 인사를 드린 다음 참석한 손님들에게 음식을 대접하였다.

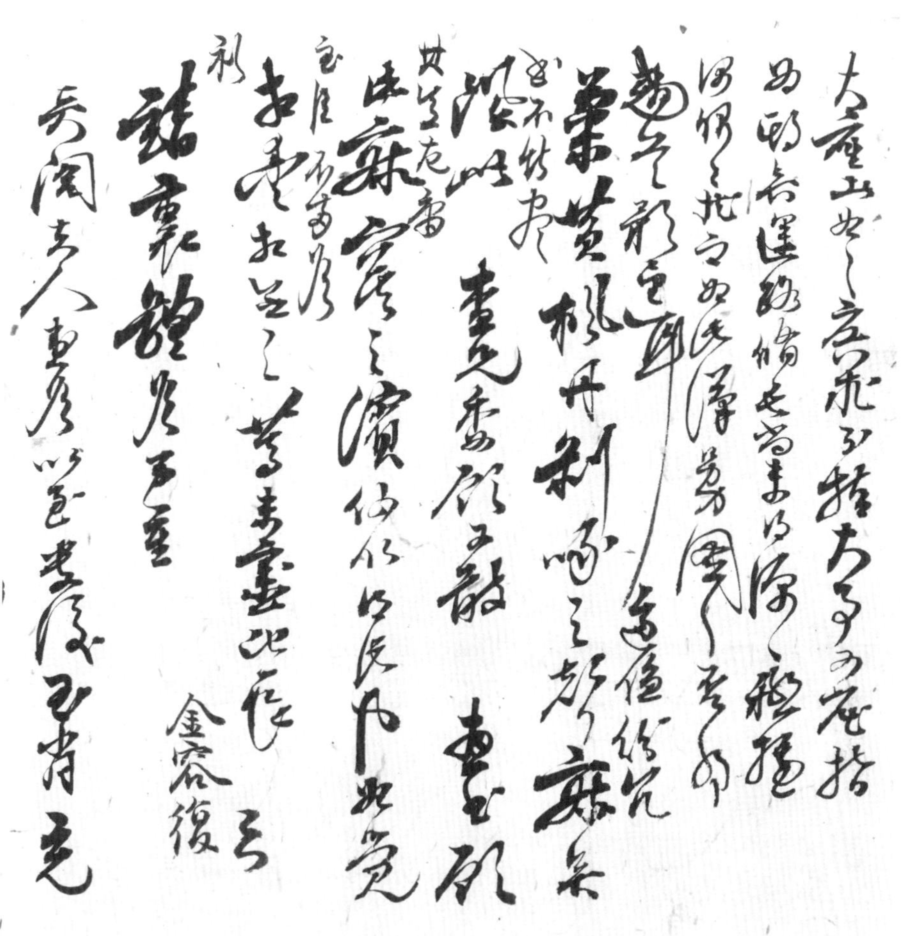

金容復

김용복의 아버지는 김병두(金柄斗)이며, 본관은 김해이고, 호는 탁운(濯雲)이다. 《승정원일기(承政院日記)》에 따르면 광무 2년(1898) 1월 7일에 숭선전(崇善殿) 참봉(參奉)으로 임용되고, 광무 2년(1898) 12월 21일에 본인의 청원에 의하여 참봉 직위에서 해면(解免)되었다. 그 뒤 광무 6년(1902)부터 광무 10년(1906)까지 하양군수(河陽郡守)를 역임하고 통정대부(通政大夫)에 이르렀다. 저서로 《탁운유고(濯雲遺稿)》가 전한다.

32 이중구(李中久, 1851~1925) 1898년 11월 6일 한 집안 두 아들의 혼사

秋間
惠書, 迄此感頌, 而便風苦斷, 無
由仰覆. 歲色遒暮, 而風雪繁重,
居常悵仰, 寧有已時. 伏詢至沍,
堂上壽體候益膺康寧,
省餘兄體珍重, 玉允充潤,
從氏兄近節平安, 遠切溸祝. 弟近
狀劣依, 明兒善課, 以夏間憂故言之, 可
謂後笑, 而餘戒尙存, 悶恐何喩. 內谷
四從兄, 以表兒婚具昨今行, 克善氏亦因
事入, 今必一番欣暢於旅館, 遠外尤
切馳想耳. 明兒婚, 初擬冬內矣. 以表
/兒婚在冬內. 故兒婚, 不得已以明春退
行. 而昌樂則遠不知事狀, 促督甚急, 事
甚郎當. 所以具由, 付昌樂書. 然兄
亦如見而佐兄, 以此槩詳復如何. 明
春不遠, 如瞬過二朔則春矣. 而佐
兄似或有今行, 而與兄相對, 故如
是仰煩耳. 如弟時急者,
何以虛辭引歲也. 事勢不得不
然. 另諒千萬. 餘便忙不備禮.
兄照.
戊戌至月初六日, 弟李中久拜拜.

가을에 보내 주신 편지는 지금까지 감사해하고 있으나 인편이 괴롭게도 끊겨 답장할 길이 없었습니다. 그러다 보니 한해가 또 저물어 가며 눈바람이 수없이 거듭되는데, 늘 서글피 우러르는 마음을 언제쯤 그칠 날이 있겠습니까.

삼가 더없이 찬 한겨울 날씨에 당상(堂上, 귀하 아버지)의 안부는 더욱 강녕하시고 어버이 모시고 지내는 형께서도 진중하시며, 아드님도 덕이 충만되어 가고, 종씨(從氏) 형의 최근 안부도 평안하신지요. 멀리서 간절히 축원합니다.

저는 근래에 변변찮은 모습이 이전 그대로이며, 명(明) 아이[8]는 공부 잘하고 있는데 여름에 근심했던 일을 말씀드리자면 '뒤에 웃었다[後笑]'라고 말할 수 있으나 여전히 아직 조바심하는 마음을 두어야 해서, 민망함과 두려움을 무슨 말로 형용하겠습니까.

내곡(內谷) 사종(四從) 형은 표(表) 아이 혼사 준비물 때문에 어제오늘 사이 행차할 것이고, 극선(克善) 씨도 일 때문에 들어갔는데, 지금쯤 반드시 여관에서 한바탕 기쁘게 회포를 풀 것이니, 멀리서 더욱 간절한 마음이 달려갈 뿐입니다.

명 아이의 혼사는 애초에 겨울 내에 치르려고 하였는데, 표 아이의 혼사가 겨울 내에 있기 때문에 명 아이의 혼사는 어쩔 수 없이 내년 봄으로 미루어 치르기로 하였습니다. 그런데 창락(昌樂)에서는 멀리서 이런 사실을 모르고서 독촉이 매우 급해 일이 매우 황당하게 되었습니다. 이런 까닭으로 연유를 갖추어 창락에 편지를 보냈습니다. 그러나 형께서도 만일 이좌(而佐)[9] 형을 만나게 되면 이러한 대강을 자세히 알려주는 것이 어떻겠습니까. 내년 봄이 멀지 않으니, 이를테면 순식간에 두 달이 지나가면 봄입니다. 이좌 형도 아마 이번에 행차를 해서 형과 서로 마주할 것 같기에 이같이 번거롭게 말씀드리는 것입니다. 저같이 한시가 급한 사람이 어떻게 헛된 말로 세월을 끌겠습니까. 일의 형편이 어쩔 수 없어서 그러한 것입니다. 특별히 양해를 바라고

---

8) 명(明) 아이 : 이중구의 아들 이석일(李錫日)로 추정된다.

9) 이좌(而佐) : 이석일의 장조(丈祖)인 창락 김면동의 자가 이좌(伊佐)이다. '伊'자를 '而'자로 쓴 듯하다.

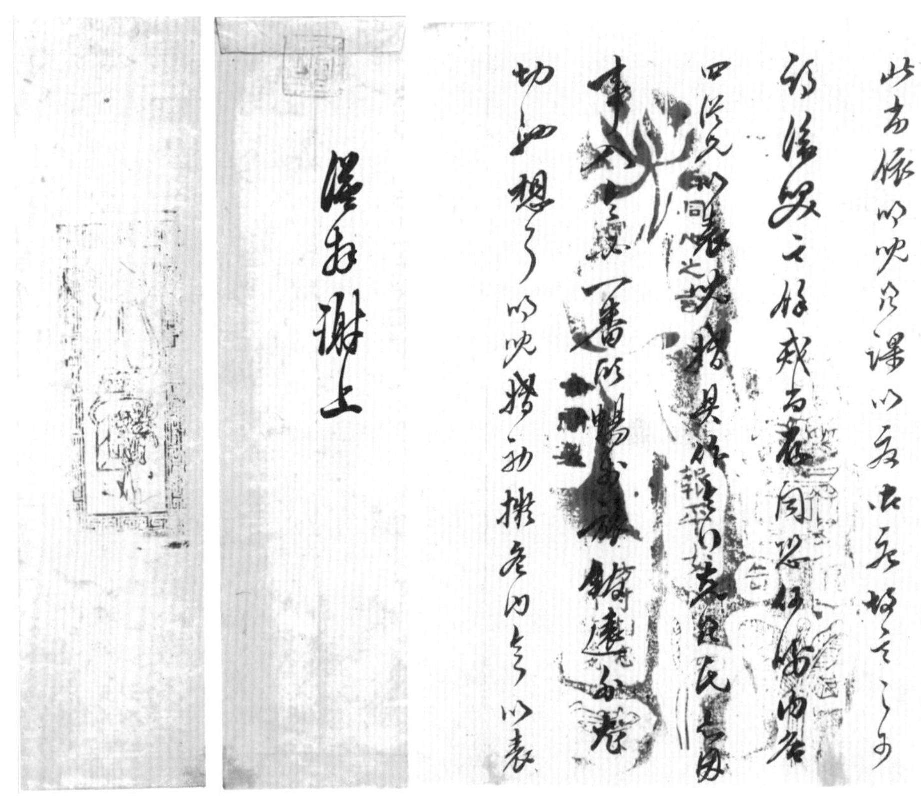

43.4×22.3 (5.1×22.4)

바랍니다. 나머지는 인편이 바빠서 이만 줄입니다. 형께서는 살펴주십시오.

무술년(戊戌, 1898) 11월 6일에 아우 이중구(李中久)는 두 번 절합니다.

이 편지는 1898년 11월 6일에 이중구(李中久, 1851~1925)가 모처에 부치려고 써놓은 《이중구가 5대 고문서, G191》이다.

위 편지의 내용 가운데 "명(明) 아이의 혼사를 …… 봄으로 미루었다가 치르기로 하였습니다."라는 말이 나온다. 이 말의 뜻은 친족끼리는 같은 계절에 혼사 치르는 것을 금기시하였던 것으로 보인다. 그래서 이중구의 사종형(四從兄) 아들인 표의 혼사도 겨울에 있기 때문에 명 아이의 혼사는 내년 봄으로 미룬다고 하였다. 이유는 예전에 한 마을에서 두 집안의 혼사가 있게

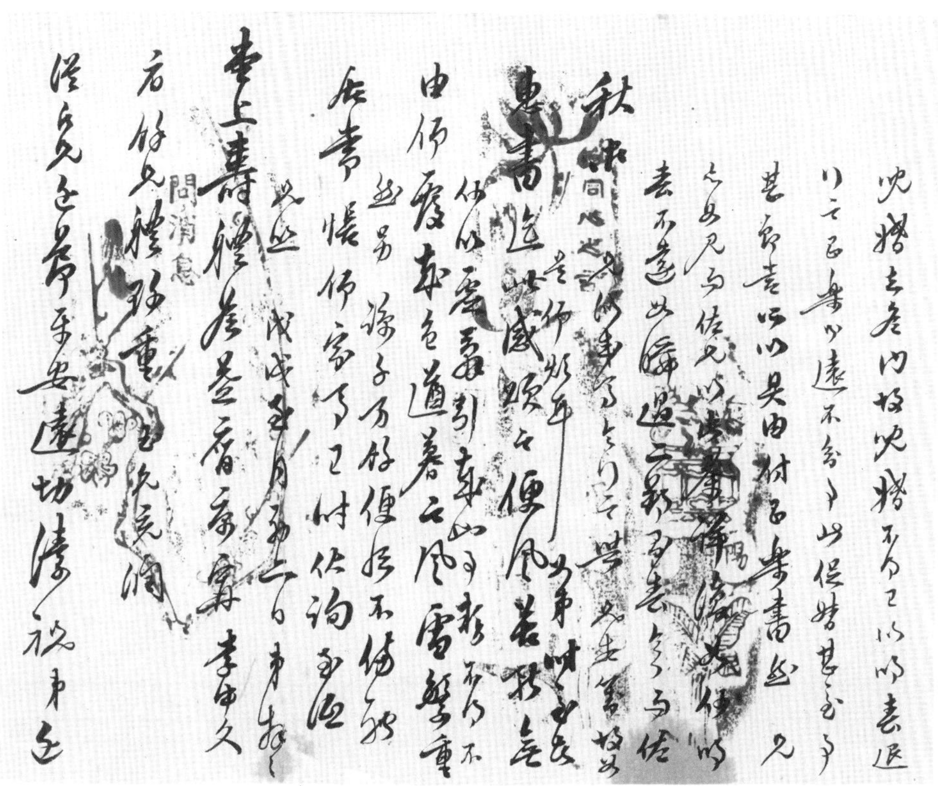

되면, 양쪽 두 집안이 오가지 않으며, 먼저 혼사를 치르는 집 혼사 날에 뒤에 치르는 집안사람이 축하하지 않으나 뒤에 치르는 혼사에는 앞에 혼사를 이미 치른 사람은 찾아가 축하하는 일을 하였다.

이중구는 철종 2년(1851)에 출생하여 1925년에 서거하였다. 자는 정보(正甫)이며, 호는 자운(紫雲)이다. 고종 25년(1888) 무자년 식년시 병과에 급제하여 홍문관 부교리(副校理)를 역임하였다. 12대 조는 동방 18현의 한 분인 회재(晦齋) 이언적(李彦迪, 1491~1553)이다. ≪국조방목(國朝榜目)≫에 따르면 그의 증조부(曾祖父)는 이필상(李弼祥, 1732~1783)이며, 조부는 이재립(李在立, 1798~1853)이고, 아버지는 이능덕(李能德, 1826~1861)이다. 이중구의 아들은 이석일(李錫日, 1886~1950)이며, 손자는 이인원(李寅源)이다.

33 김규화(金奎華, 1837~1927) 1899년 9월 20일
신부가 처음 시집에 들어갈 날짜의 신중한 선택

星還月易, 木黃楓丹, 款往紓[杼]軸如也. 每誦靈
芝館隱侯詩, 不覺黯然消魂. 仰請重陽,
文體長枕, 式好湛重, 梓房次第穩省連硬, 仁
庇俱得吉羊, 猶庭諸節泰平. 仰溯不
任規規. 弟衰敗轉甚, 便若枯葉罥冷梢, 索
然無一分生意, 良可歎咄. 十口種種告警, 衰腸
難以排遣. 惠連遠信, 日前得安, 而似可從近賦
歸, 是可預慰而其然耶. 孫女荷
慈庇依遣, 是可爲幸幸. 允郎何不一命送之, 以
叙新情也. 深可悵悵. 于歸日, 貴中所送, 問于鄙
/近信實大方家, 則非但非大利日字, 大不吉云,
蜡月是大利, 而旬七日爲吉云. 雖迫歲寒極,
從吉切當. 以是諒定, 而更不爲進退, 如何如何.
新行日, 是極擇者也, 何可用有欠之日耶.
諒之, 與學士兄相議, 如何如何. 年事及此登
場, 大違初料云, 可歎可歎. 匡岩沙谷俱安云
耶. 常切願言, 餘眼霧神眩, 不能拕長, 都
縮. 統希
自愛珍攝.
己亥菊月念日, 弟金奎華拜拜.
每日以定肩, 徒走三百程, 只勞只勞, 極可愧赧.
望須壓看領情, 如何如何.
貴族李泌久以疏事, 似可當重勘, 可悶可悶. 是誰
也不能詳知, 可菀可菀.

별이 돌고 달이 바뀌며 나무는 노랗게 단풍은 붉게 물들어 가는 오고 감이 마치 베틀에 북이 오가는 것 같습니다. 매번 영지관(靈芝館)에서 은후(隱侯) 시[10]를 읊조릴 적이면 나도 모르게 눈앞이 깜깜해지며 기운이 빠져나갑니다.

우러러 말씀드리노니 중양절(重陽節, 9월 9일)에 문체(文體)[11]와 부인 및 형제분들이 화목하시며, 아드님[梓房][12]도 차례차례 편안히 부모님 모시면서 연이어 강직하고, 인덕(仁德)으로 보살피는 사람들 모두 편안하며 유정(猶庭, 숙부)과 모든 분들도 태평하신지요. 우러러 오가는 마음 가눌 길 없습니다.

저는 노쇠함이 더욱 심해져 마른 나뭇잎이 싸늘한 나뭇가지 끝에 매달려서 시들어 생기라고는 만에 하나도 없는 것 같으니, 진실로 혀를 차며 탄식이 나옵니다. 열 식구가 종종 정신을 곧추서게 하여 노쇠한 창자로 지내기가 어렵습니다. 은혜롭게 먼 소식이 연이어져 일전에 안녕하시다는 소식은 들었고, 가까운 시일에 〈귀거래사(歸去來辭)〉를 읊을 듯하니, 이는 미리부터 마음에 위안이 되지만 그것이 그렇게 될는지요.

손녀가 사랑스러운 보살핌 아래 의지해 지낸다고 하니 이것은 다행스럽고 다행스럽습니다. 윤랑(允郎)[13]은 어째서 한번 보내도록 말씀하여 새로 맺은 정회를 토로하게 하지 않는지요. 매우 그립고 그립습니다.

---

10) 은후(隱侯) 시 : 은후는 남조 양(梁)나라 심약(沈約)의 시호이다. 이는 그의 〈별범안성(別范安成)〉 시인데 내용은, "우리네 인생살이 젊을 적에는, 헤어져도 만날 기약하기 쉽더니. 그대와 함께 늙은 지금 이 시절, 더 이상 헤어질 때 아니고말고. 한 잔 술 별거냐고 말하지 마소, 내일 다시 이 술잔 잡기 어렵네. 꿈속에 찾아갈 길 알지 못하니, 무슨 수로 그리움을 달래 보리오.(生平少年日 分手易前期 及爾同衰暮 非復別離時 勿言一尊酒 明日難重持 夢中不識路 何以慰相思)"이다. 《古今詩刪 卷9 梁詩》

11) 문체(文體) : 학문이 높은 상대를 높여 이르는 말이다.

12) 아드님[梓房] : 교재(橋梓)라는 말에서 파생된 것으로, 아들을 이르는 말이다. 교재는 부자(父子)를 의미한다. 옛날 주(周)나라 때 백금(伯禽)과 강숙(康叔)이 주공(周公)에게 세 번 회초리를 맞은 뒤 높이 올라가는 교목(橋木)을 보고서 부도(父道)를 깨닫고 겸손하게 고개 숙인 재목(梓木)을 보고서 자도(子道)를 깨달았다는 고사에서 유래한 것이다. 《世說新語 排調注》

13) 윤랑(允郎) : 상대방의 아들이면서 나의 사위를 이르는 말이다.

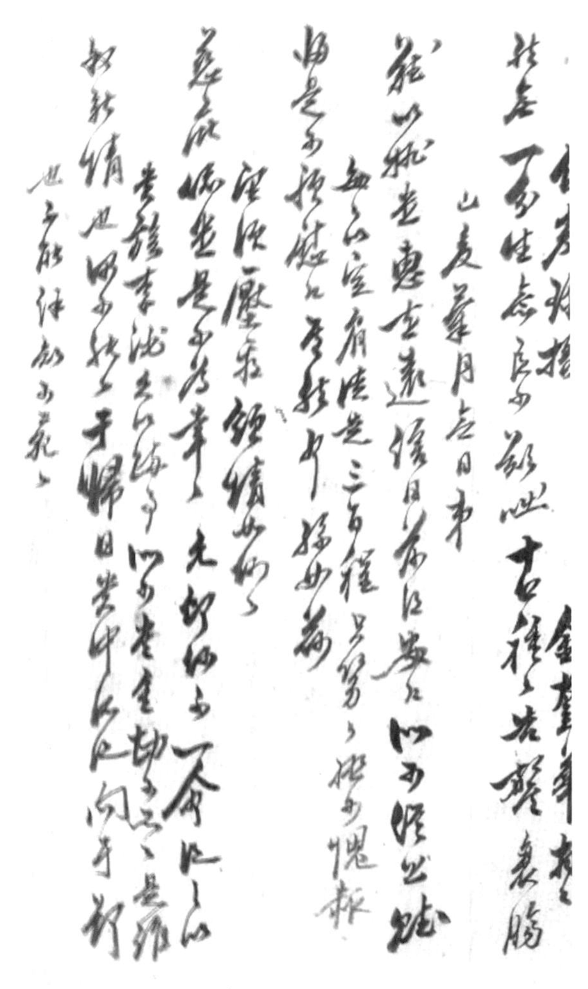

43.6×28.1 (6.5×29.8)

우귀(于歸)[14] 날짜는 그곳에서 보낸 것을 제가 사는 가까운 곳의 믿을만한 대방가(大方家)에게 물었더니 크게 이로운 날짜가 아닐뿐더러 매우 불길하다

14) 우귀(于歸) : 신부가 처음으로 시집으로 오는 것을 말한다. 《시경(詩經)》 〈주남(周南) 도요(桃夭)〉에 "야들야들 복사꽃, 열매가 주렁주렁. 이분 시집감이여, 집안을 의당 화목하게 하리로다.(桃之夭夭 有蕡其實 之子于歸 宜其家室)"라는 말이 나온다.

며, 섣달이 크게 이로운데 그달 17일이 길하다고 합니다. 비록 연말이 가깝고 추위가 매섭더라도 좋은 날을 따르는 것이 일의 사리에 합당할 것입니다. 이날로 양해하여 결정하고 다시 날짜를 앞당기거나 늦추지 않는 것이 어떠한지요. 신행(新行) 날짜는 엄선해야 하니 어찌 흠이 있는 날짜를 쓸 수 있겠습니까. 양해하여 학사(學士) 형과 상의하는 것이 어떠한지요.

올 농사는 이번 타작 때에 이르러 처음 기대했던 것과 크게 어그러졌다고 하니 탄식이 나옵니다. 광암(匡岩)과 사곡(沙谷)은 모두 편안들 하신가요. 늘 간절히 염원합니다.

나머지는 눈이 흐리고 정신이 어지러워져 길게 편지를 쓸 수 없어 모두 줄입니다. 오직 스스로를 아껴 잘 조섭하시기 바랍니다.

기해년(己亥年, 1899) 9월 20일에 제(弟) 김규화(金奎華)는 두 번 절합니다.

매번 등짐 질 사람을 정해서 괜스레 삼백 리 길을 달리게 하여 수고롭고 수고롭지만, 너무 부끄러워서 얼굴이 붉어집니다. 바라건대 아무쪼록 (이쪽에서 보내는 소위 혼수품에 대해) 눈으로 보는 것은 꾹 눌러 참으시고 (우리 쪽의) 마음만 받아주시기 바랍니다.

당신의 족친인 이비구(李泌久)가 소장(疏章)을 올린 일로 중죄로 처결이 될 듯하니, 안타깝고도 안타깝습니다. 누구인지 자세히 알 수 없으니 답답하고 답답합니다.

이 편지는 1899년 9월 20일에 김규화(金奎華)가 이중구(李中久)에게 보낸 《이중구가 5대 고문서, D265》이다.

위 편지는 1899년 9월 20일에 김규화가 손녀의 신행 날짜를 이중구와 조율하는 내용이다. 신행(新行)은 신부가 혼사를 마치고 시댁으로 가는 시기이다. 혼례식 당일 들어가는 것을 '도신행'이라고 하며, 사흘 만에 가는 것은 '삼일신행'이고, 달을 묵혀 들어가는 것을 '달묵이'라고 하며, 1년을 묵혀 들어가는 것을 '해묵이'라고 하였다. 이렇듯 중요한 의식은 일가(日家)에게 좋은 날짜를 엄선 받는 것이 순서였다. 그래서 먼저 이중구가 신행 날짜를 잡아 김규화 쪽에 알려 왔고, 김규화는 제시받은 날짜를 재차 대방가(大方家)에게 문의한 결과 길일이 아니라며 다른 날로 변경을 요청하면서 신행 일을 확정지으려고 하였다. 이석일이 혼인을 올린 시기는 10월 15일 이후에서 12월 사이로, 혼인일과 신행일이 한 달 정도 차이가 난다.

34 김면동(金冕東, 1855~ ?) 1899년 12월 21일
시집간 딸아이를 시중들 늙은 여자 종

落落程道, 望若天涯. 送伻後,

日望回奇之餘, 伻使以歸. 且貴星

兼照, 得拜

復凾, 迺是久闊餘信息也. 滿紙

情辭, 出於悃愊中通家好誼

也, 感僕當何如耶. 歲薄如紗, 雪

花紛紛, 更不禁懷人之思. 伏惟

窮冱,

仕體候神護萬重, 閤節愼

候快復常, 而亦無餘戒, 允郎外

內佳相, 三餘課業, 亦有前進, 以

爲括目耶. 老婢亦無恙侍近. 女

阿穉心, 必有相依之情矣, 以是

慰心之資, 仰溯區區不任, 更臆頌.

査弟無聊事業, 光陰忽劇,

良憐吾生之可慨也. 惟省候依

遣, 私幸無狀, 而餘集多警, 日事

惱惱, 苦悶苦悶. 西信日前得承, 間

以感患靡寧云. 遠慕蕉鬱

之餘, 尤爲情私難當耳. 戾洛

之人, 依舊換腸云, 何時可已安頓

也. 可呵可呵. 內谷諸節一安, 而近以滿室

滋況供歡, 孰不稱仰也. 眞是

福家之慶, 爲賀萬萬. 女阿大荷

109.7×22.5 (7.5×19.2)

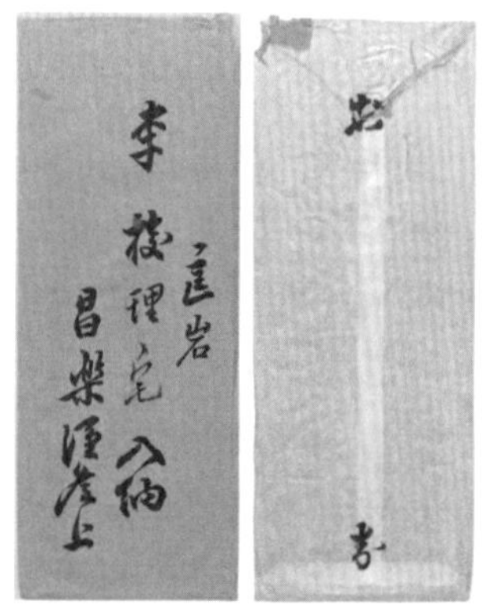

愛慈之恩, 似爲百欠盡消矣. 以是
爲仰恃耳. 明春甚歷之意, 亦爲
可擧之際, 而時象不古, 事不從心,
將奈何. 至於出脚之際, 詳諒料理
後事也. 深諒而出處, 如何. 允郎
伊間, 亦爲返侍庭侍, 以爲供孝
耶. 切爲願言. 女阿率來日字, 似來
正旣望日擇送, 以此諒下, 預爲拱
處, 如何. 鄙亦旣望日送隸於慶
山半墅店半程措處矣. 諒之
無違期, 如何. 切仰切仰. 弟之見女之行,
緣於塵臼, 不得如誠, 此情悵然, 其
何容喩耶. 沙谷寃窆, 以十七日似經
云, 痛惜痛惜. 內叔暮境所遭, 言極
言極, 何以堪慰云也, 遠外悲悵悲悵. 餘
此歲無餘. 伏希
餞迓百福, 不備. 伏惟
俯照.
臘念一日, 査弟金冕東候上.

아득히 먼 길이라 마치 하늘 끝을 바라보는 것 같습니다. 심부름꾼을 보낸 뒤 날마다 기별이 오기를 기다린 끝에 마침내 심부름꾼이 돌아왔습니다. 게다가 귀성(貴星)15)이 함께 비춰 주어 답장을 받게 되었는데, 바로 오랫동안 연락이 뜸했던 끝에 받은 소식이었습니다. 편지에 가득한 정다운 말씀은 정성스러운 마음으로 사돈을 맺은 우의(友誼)에서 나온 것이었으니, 저를 감복시킴이 당연히 어떠하였겠습니까.

저무는 한 해가 얄따란 비단 같이 조금 남았는데 눈꽃이 자욱이 휘날리니, 그리워하는 사람에 대한 마음을 금할 수 없습니다.

연말 추위에 사체(仕體)16)는 신의 가호로 더없이 좋으시고, 부인의 환후는 상쾌하게 정상을 회복하여 또한 조심할 것이 없으시며, 아드님 내외도 평안하여 삼여(三餘)17)의 공부가 또한 진취가 있어 괄목상대(刮目相對)가 되었는지요. 늙은 계집종도 탈 없이 가까이서 시중드는지요. 딸아이의 어린 마음이 반드시 서로 의지하는 정이 있을 것이기에 이런 생각들로 마음의 위안거리

15) 귀성(貴星) : 어떤 일이 잘 되기에 앞서 하늘이 미리 알려주는 상서로운 별의 징후를 말한다.

16) 사체(仕體) : 벼슬하는 중이거나 벼슬에서 물러난 사람을 이르는 말이다.

17) 삼여(三餘) : 공부하기에 가장 좋은 세 가지 여가(餘暇). 즉 한해의 나머지〔歲之餘〕인 겨울, 하루의 나머지〔日之餘〕인 밤, 시간의 나머지〔時之餘〕인 비 오는 때를 가리킨다.

를 삼으며, 우러러 오가는 구구한 생각을 어쩌지 못해 다시 마음으로 기리고 있습니다.

저는 일삼는 것도 없이 세월이 언뜻 지나가 버려 진실로 제 삶의 개탄스러움이 가련합니다. 오직 어버이께서 그럭저럭 보내고 계시니 저로서는 비교할 수 없는 다행이지만 나머지 가족들은 정신을 곧추서게 하는 일이 많아 매일 머리가 아프고, 괴롭고 민망합니다.

서울 소식은 지난번 받았는데 중간에 감기로 편치 못하다고 하였습니다. 멀리서 그리워하며 가슴 졸이고 울적해 하던 터라 더더욱 사사로운 생각을 감당하기 어렵습니다. 도성에 도달한 사람들은 예전대로 환장(換腸)[18]해 있다고 하는데 언제쯤 이런 상태가 끝나고 차분히 자리 잡게 될는지요. 우습고 우습습니다.

내곡(內谷) 여러분들의 안부는 줄곧 편안하시며, 최근 집안 가득 즐거움을 제공하는 재미는 누군들 우러러 칭송하지 않겠습니까. 진실로 복이 있는 집안의 경사이니 대단히 축하를 드립니다. 딸아이가 사랑해 주시는 은혜를 크게 받아 온갖 부족한 점들이 모두 사라진듯하니, 이에 우러러 믿게 될 뿐입니다.

내년 봄에 어떻게 하겠다는 생각은 또한 일을 추진할 만한 때가 되어서겠지만 시대 상황이 예전 같지 않아 일이 마음대로 되지 않으면 앞으로 어떻게 하시렵니까. 출각(出脚)[19]할 즈음에 이르러선, 뒷일을 잘 헤아려야 합니다. 깊이 헤아려 나갈지 머무를지를 정하시는 것이 어떻겠습니까.

윤랑(允郎)은 요사이 역시 돌아와서 모시는 도리대로 모시며 효자의 도리를 수행하고 있는지요. 간절히 염원하는 일입니다. 딸아이를 데리고 오는 날짜가 내년 정월 16일로 날을 잡아 보낸 것 같은데, 이로써 헤아려 미리 잘 준비하시는 것이 어떻겠습니까. 저도 또한 16일에 경산(慶山) 반야점(半野店)으로 하인을 보내어 반정(半程)[20]을 준비할 것이니 이 점 양해하여 기약한

18) 환장(換腸) : 오장육부가 바뀐다는 뜻에서 마음이 전보다 막되게 변(變)하여짐을 이르는 말이다.

19) 출각(出脚) : 은거의 생활을 바꾸고 현실에 참여하는 것을 이르는 말. 곧 벼슬자리에 나아가는 것을 이른다.

날짜를 어기는 일이 없기를 간절히 바라고 바랍니다. 제가 딸아이를 만나러 가는 걸음은 세상에 섞여 살다 보니 마음처럼 할 수 없어, 저의 서글퍼지는 마음을 어찌 말로 형용할 수 있겠습니까.

사곡(沙谷)의 원통한 장례[寃窆][21]는 17일에 치렀다고 하니 애통하고 애석합니다. 내숙(內叔)께서 늘그막에 당한 일이 더할 수 없고 더할 수 없는 일들이니 무엇이 위로가 될 수 있다 하겠습니까. 멀리 밖에서 서글프고 서글프기만 합니다.

나머지는 올 한해도 남은 날이 없습니다. 보내고 맞이하는 일들이 모두 복스럽게 되십시오. 이만 줄입니다. 삼가 굽어 살펴주시기 바랍니다.

섣달 21일에 사제(查弟) 김면동(金冕東)은 문후 편지를 올립니다.

이 편지는 1899년 12월 21일 김면동(金冕東)이 사돈 이중구(李中久)에게 보낸 《이중구가 5대 고문서, H360》이다.

위 편지에서 김면동은 이중구 집안에 시집간 딸을 친정으로 데려오기 위하여 반정(半程)을 하고 있다. 반정은 양쪽 사돈집 간의 거리가 중간 지점을 이르는 말이다. 의례적으로 신랑 댁에서 서로 간의 중간 지점까지 행차하면, 신부 댁이 중간 지점부터 그 행차를 받아서 돌아오는 과정이다. 김면동이 당시 살고 있던 지역은 창원으로 창원에서 경주 양동마을의 중간 지점은 경산 반야점이다.

김면동(金冕東 1855~?)은 본관이 서흥(瑞興)이며, 자는 이좌(伊佐)이다. 창녕에서 활동하였으며, 딸이 이석일의 부인이자 이중구의 며느리이다. 부친이 김규화(金奎華 1837~1927)이다.

---

20) 반정(半程) : 서로서로 사는 곳의 중간 지점이 되는 곳을 이르는 말. 주로 혼인에서 이 기준이 불문율처럼 지켜져 신랑 집과 신부 집의 보내고 맞이하는 행차에 이 지점을 기준삼아 만나서 일을 진행하였다.

21) 원통한 장례[寃窆] : 나이가 젊어서 죽은 사람의 장례이다.

35 김진하(金鎭河, 1801~1865) 3월 14일
사위의 처가 방문할 때 타고 올 말에 대한 장인의 걱정

壻郎侍史

頃書想已照覽矣. 春

事漸暢, 此際耿悵倍

常. 況二夜爲賓, 分送

如電, 則我懷當如何也.

未諳

重闈氣體連護,

阮府侍候旺康, 省履

淸範無損節耶, 頭瘡

近有快可否. 並遡切切. 生

寓狀姑保, 而餘累僅遣, 可

幸. 再行, 禮也. 自我送鬣,

擧世同行之事, 而家鬣自

貴中還後, 蹇氣漸

甚, 萬無更送之道, 而本

倅奉板輿由歸, 馬群遂

空. 頃書之冒沒煩告, 良以

此也. 望須以望後救(求)馬, 以

枉如何. 仁同張郞, 亦以

/阮丈前忙未修候, 可悚可悚.

望後邀來矣, 諒

之如何如何. 科行

似在

尊旆望後光臨

後, 啓發計耳.

不備.

三月十四日, 生鎭河頓.

사위에게

지난번 보낸 편지는 받아보았을 것으로 생각이 되네.

봄이 점점 화창해지는데 이러한 시절엔 보통 때보다 갑절이나 그립네. 하물며 이틀 밤을 손님으로 있다가 번개처럼 빠르게 헤어졌으니 내 마음이 어떠하였겠는가.

중위(重闈)의 안부는 연이어 신의 가호를 받고 있으며, 완부(完府)[22]께서도 부모님 모시면서 강녕하시고 자네도 혼정신성(昏定晨省)하면서 무탈하게 지내고 있으며, 머리 부분에 난 부스럼은 최근에 상쾌하게 회복이 되었는가. 그리운 마음이 간절하다네.

나의 우거(寓居)하는 상황은 그럭저럭 지내고 있고, 나머지 가족들도 근근이 보내고 있으니 다행이네.

재행(再行)[23]은 예법이네. 우리 쪽에서 말을 보내는 일은 온 세상이 동일하게 행하는 일인데 우리 집 말이 자네 집에 갔다가 돌아온 뒤로 다리를 절뚝거리는 것이 매우 심하여 전혀 다시 보낼 방도가 없는데다가 우리 고을의 수령이 부모를 모시러 휴가를 받아 고향으로 가는 바람에 말들이 한 마리도 없네. 지난번 보낸 편지에서 염치를 무릅쓰고 번거롭게 말한 것도 사실은 이 때문일세.

바라건대 아무쪼록 15일 이후에 말을 구해서 오는 것이 어떻겠는가. 인동(仁同)의 장랑(張郎) 역시 완장(阮丈, 상대방의 숙부)께는 바빠서 문후 편지를 못하였으니 송구스럽네. 보름날 이후 맞이할 것이니 헤아려줌이 어떠한가.

---

22) 완부(完府) : 남의 백부(伯父)·중부(仲父)·숙부(叔父)·계부(季父) 등(等)을 말한다.
23) 재행(再行) : 사위가 신행 뒤 처가를 재차 찾아 인사하는 일을 말한다.

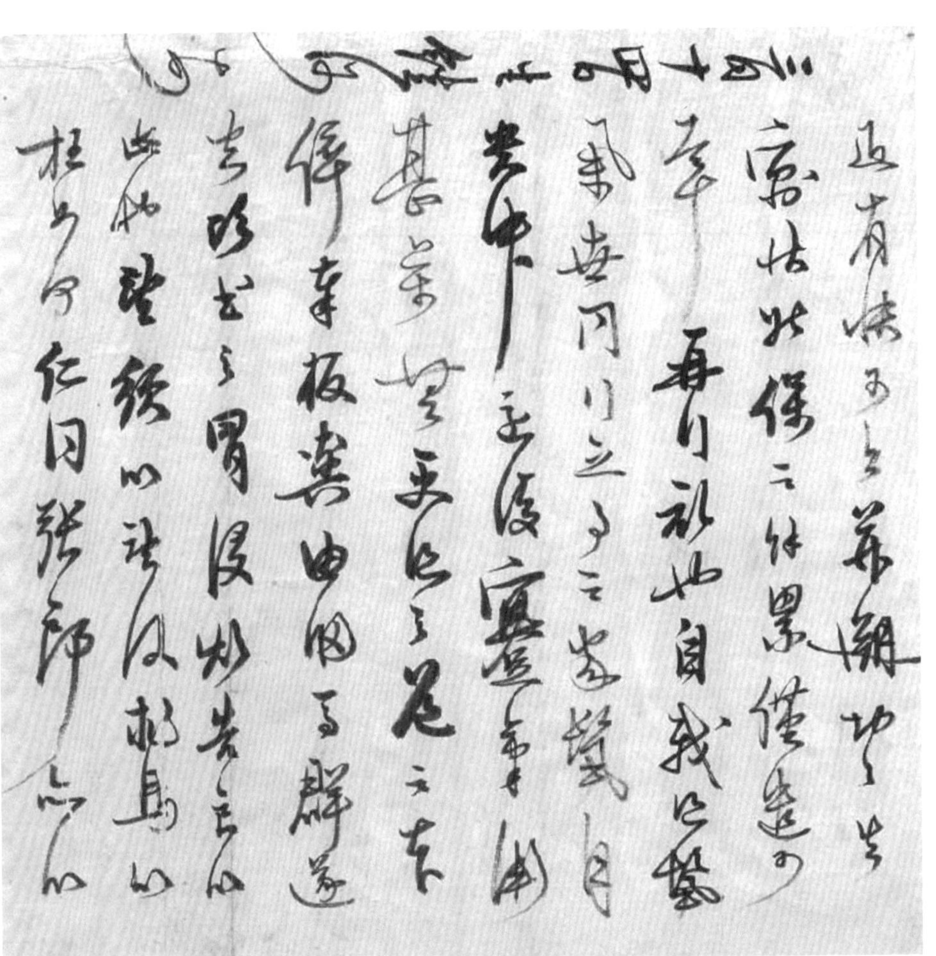

49.0×24.0

과거(科擧) 길은 그대의 행차가 보름날 이후 이곳을 찾은 뒤 길을 떠날 심산을 가지고 있네. 이만 줄이네.

3월 14일에 진하는 머리를 조아림.

이 편지는 김진하(金鎭河)가 사위인 이능덕(李能德, 1826~1861)에게 보낸 《이중구가 5대 고문서, D367》이다.

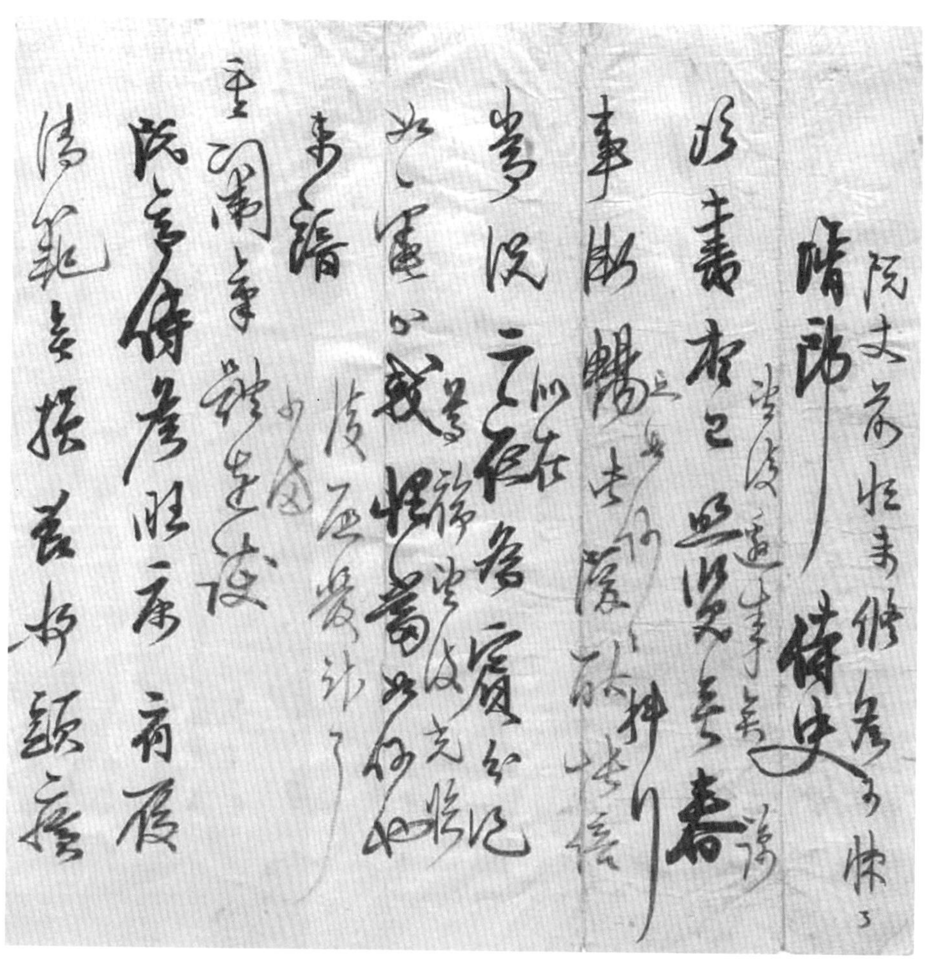

위 편지에 언급한 재행(再行)은 김진하의 딸이 대례(大禮)를 올리고 친영(親迎)을 행한 뒤에 친정에 다시 올 때의 행차에 관한 내용이다. 조선시대에는 신랑이 신부 집에서 혼례식을 끝낸 뒤 신방을 치른 다음 신부를 친정에 두고 혼자 자기 집으로 돌아왔다. 재행을 할 때에는 신랑이 마음대로 하는 것이 아니라, 처가에서 사람이 오면 부모의 허가를 얻은 다음에 행한다.

※김진하의 이력은 위 편지(1589) 참조.

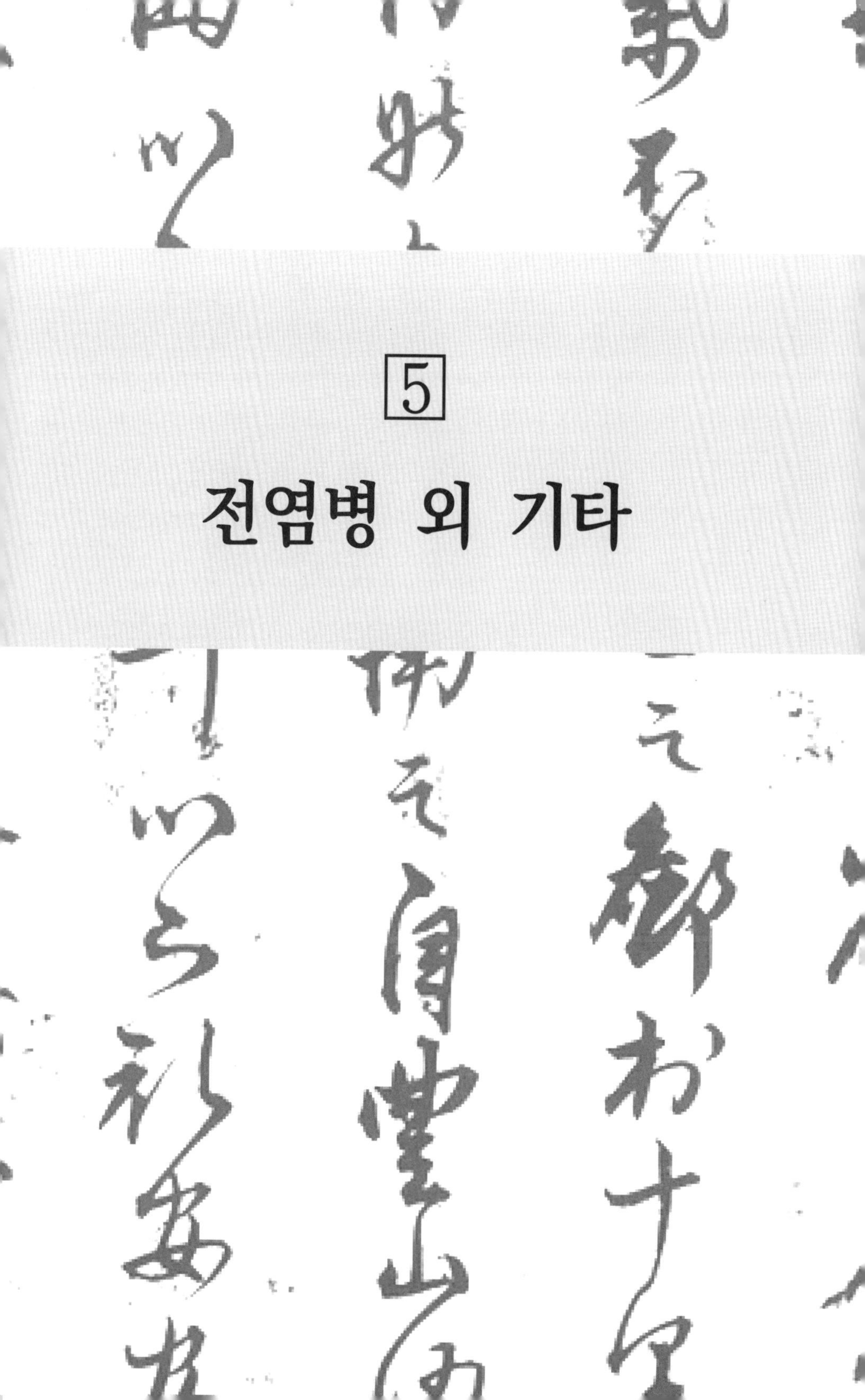

5

전염병 외 기타

36 장인이 사위에게, 1860년 7월 26일
전국적으로 번진 전염병의 공포

此變年險世也. 三
夏貽阻之鬱, 較此
量彼, 意外伻人踵
門, 而是沙谷訃使也.
未暇折書, 歎悼歎悼.
此娣夫久病, 固知有究
竟, 而及聞其亡, 痛
惜之情, 百倍於他耳.
繼審久潦餘,
慈闈有添旋復,
省履穩勝, 阿女將
稚遣免, 雖係慰釋,
而親病家貧, 光景
可想得, 徒此無益之
/念而已. 婦翁衰象日至, 元來倘來
之故, 而宿暑長夏添劇, 至今喘喘以
過, 諸集色色告病, 季孟所愼, 亦一
味啞啞, 種種有寒氣. 溢目愁海, 言
/之無益奈何. 調道比前稍饒,
而三十里隔江運食, 斷續無
常. 冬內移買之計, 大定矣.
與君謀事, 亦在斥土後決
矣. 以是等待

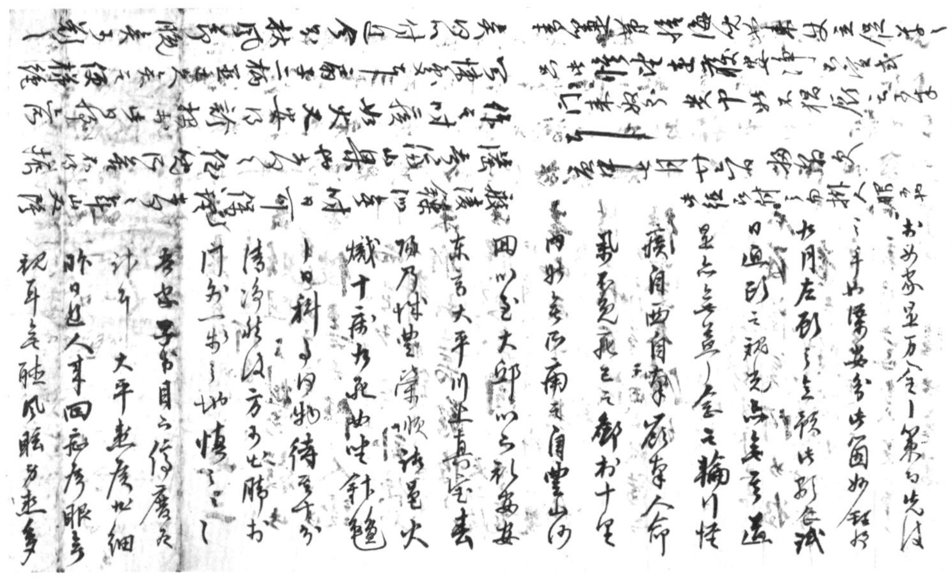

44.0×25.6

爲望耳.

生人之口, 蛛

絲無羅, 呵呵.

沙谷初終, 想

已過行, 今則

一木深矣, 萬

事亡羊, 痛

/矣痛矣. 女阿每以其父之不

慈, 怨形于言辭之間, 此

婦女狹量, 困於生計, 而

不料力舒後圖成

之機, 見甚悶然. 天下復

豈有不自活, 而計策先

及於人者耶. 我之沒失萬

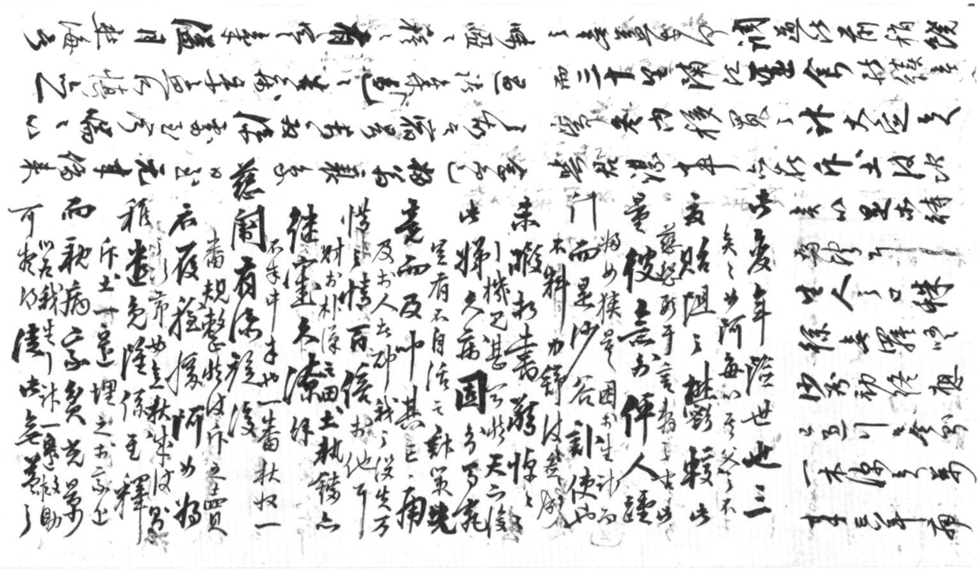

財於朴漢, 而田土執鐺, 亦

不幸中幸也. 一番秋收, 一

番規整, 然後斥之賣

之. 次第如意, 秋成後則

斥土, 一邊埋之於家近,

以爲我生之計, 一邊救助

/於女家. 是萬全之策, 而先後

之手也. 渠安知此箇妙理耶.

九月左顧之意, 預此顒企. 試

日迫頭, 而觀光亦無其道,

是亦無益之念. 而輪行怪

疾, 自西自南, 嶺南人命,

擧不免死已, 而鄙村十里

內, 姑無所痛, 而自豊山河

回, 以至大郎以下禮安·安
東府大平·川上, 珍寶·春
陽·乃城·豊·榮·順諸邑火
熾, 十病九死, 如坐針氈
之日. 科事何物, 待其十分
淸淨, 然後方可出脚於
門外一步之地, 愼之愼之.
吾家子弟, 目下停廢爲
計耳. 大平患候非細,
昨日送人來回, 症候眼無
視耳無聽, 風眩身熱, 多
/般凌鑠, 似無時日可保之理, 奈何奈何. 年歲雖
隆, 吾濟山梁也, 奈何奈何. 姪兒所苦, 不得振
作, 而時疾如火, 又安得診探於此日耶. 亦所
悶悚處耳. 扇子二柄, 置已久矣, 而便梯絶
矣, 何以付送. 今則秋風節晩矣. 可歎可歎.
/靑篚第給海兒也. 來使立促, 草草
只此. 惟望連護安淨, 不宣式.
門來奴, 則貴中姑不猖獗云, 可幸
耳.
庚申七月廿六日, 婦翁欠,
此紙卽付之, 勿掛人眼可也.

지금은 재변의 해이자 험악한 세상이네. 여름 석 달 동안 소식이 끊겨 나와 그대 양쪽을 비교해보고 따져볼 즈음 뜻밖에 심부름꾼이 집에 다다랐는데 사곡(沙谷)의 부음(訃音)을 전하는 사람이었네. 미쳐 부고를 꺼내 읽을 겨를도 없이 안타깝고 서글프기만 하네. 이 자부(姊夫)가 병을 앓고 있었으나 당연히 치료될 줄 알았더니 사망 소식을 듣게 되니, 애통하고 애석한 마음이 다른 사람보다 백배이네.

연이어 오랜 장마 끝에 그대 어머니의 병환은 곧바로 회복되셨으며, 자네도 편모(偏母) 모시면서 평안하고, 딸아이도 어린아이들 데리고 그럭저럭 지내고 있음을 알게 되니, 위안이 되어 마음이 놓이네. 그러나 어버이는 병중이고 집안은 가난한 광경이 상상되어 부질없이 무익한 염려를 할 뿐이네.

나는 노쇠함이 날로 다가오니 원래 올 것이 온 것이지만 긴 여름 오래된 병이 더위 때문에 더욱 심각해져 지금까지 숨을 헐떡거리면서 지내고, 가족들은 가지각색의 병을 앓고 있으며, 맏이와 막내는 병으로 줄곧 끙끙거리면서 종종 오한을 겪고 있네. 눈에 넘쳐나는 시름의 바다들을 말해 봐도 무익한 것이니, 어쩌겠는가. 어쩌겠는가.

살림은 이전에 비하여 조금 넉넉해졌으나 강 건너 삼 십리에서 강을 건너 음식을 가져다 먹는 일이 일정하지 못해 끊어졌다 이어졌다 하네. 겨울 안에 이매(移買)[1]할 계획을 아주 결정하였네. 그대와 도모했던 일도 토지를 판 뒤에 결정할 것이니, 이렇게 준비하고 기다리기를 바랄 뿐이네. 산 사람 입에 거미줄 칠 일은 없을 것이네. 우습고 우습네.

사곡(沙谷)의 초상은 이미 치렀을 것으로 생각이 되는데 지금은 널 하나에 깊이 묻혔을 것이니, 만사(萬事)가 양을 잃었으니[亡羊][2], 애통하고 애통하네. 딸아이는 매번 아비가 자애롭지 못한 것을 두고 말투 사이에 원망이 묻어나지만, 이것은 부녀자의 좁은 소견에다가 생계마저 곤궁하여, 힘을 편 뒤에 성공을 도모해야 하는 기미를 요량하지 못함이니 매우 답답하네. 세상에 또 어찌 자활(自活)하지 못하고서 계책이 남에게 먼저 미치는 자가 있겠는가.

---

1) 이매(移買) : 소유했던 땅을 팔아서 다른 땅을 사는 일을 말한다.

2) 양을 잃었으니(亡羊) : 평생 공들인 것이 모두 허사로 돌아갔음을 이르는 말이다. 양자(楊子)의 이웃 사람이 양을 잃고서 사람들을 다 동원하여 찾다가 못 찾고 돌아오기에 양자가 양을 찾았느냐고 묻자, 못 찾았다고 하였다. 양자가 "어째서 찾지 못했는가?"라고 묻자, "갈림길 속에 다시 갈림길이 있어 나는 양이 어디로 갔는지 알 수 없기에 돌아오고 말았습니다."라고 하였다. 심도자(心都子)가 말하기를 "대도(大道)는 갈림길이 많아 양을 잃고, 학자는 방도(方道)가 많아 생명을 잃는다."라고 하였다. 《列子 說符》 곧 갈림길에서 헤매며 무엇인가 이뤄보려 했으나 생명이 다함으로 끝났다는 말이다.

나는 큰 재물을 박가(朴哥) 놈에게 죄다 잃었지만 토지를 저당 잡힌 것은 불행 가운데 다행이네. 한편으로 가을걷이를 하고 한편으로 법대로 정리하고서 땅을 내다 팔려 하네. 순서대로 마음처럼 되면, 추수한 뒤는 토지를 팔아, 한편으로는 집 가까이에 땅을 사서 내가 살아갈 계책으로 삼고, 한편으로는 그대 집에 도움을 주려 하네. 이것이 만전(萬全)의 계책이며, 일 처리의 선후(先後)이네. 그가 이러한 오묘한 이치를 어찌 알겠는가.

9월에 방문하겠다는 말은 미리부터 이같이 크게 기대가 되네.

과거가 임박하였는데 관광(觀光)[3]할 적절한 방도가 없으니 이것도 무익한 염려일 뿐이네.

괴질(怪疾)이 동서남북에서 시작되어 영남 백성의 목숨은 거의 죽음을 면할 길이 없게 되었는데, 우리 마을 십 리 안은 아직 병을 앓는 사람은 없네. 풍산(豐山) 하회(河回)로부터 대구(大邱) 이하 예안(禮安)과 안동(安東)의 대평(大平)과 천상(川上), 진보(珍寶), 춘양(春陽), 내성(內城), 풍기(豐基), 영주(榮州), 순흥(順興) 고을에 들불처럼 번져 병을 앓은 자가 열 명에 아홉 명은 죽어 나가서 마치 바늘방석에 앉아있는 것 같은 시간이네. 과거 보는 일이 무슨 대수이겠는가. 돌림병이 완전히 사라지기를 기다려서, 그 뒤에 대문을 한 걸음이라도 나갈 수 있을 것이네. 조심하고 조심하게. 우리 집안 아이들은 현재 과거를 포기할 계획이네.

대평(大平)[4]의 병환이 가볍지 않아 어제 심부름을 보냈던 사람이 돌아왔는데 증후가 눈은 보이지 않고 귀는 들리지 않으며, 풍현(風眩, 어지럼증)과 신열(身熱)로 모든 곳이 쇠약해져 며칠도 목숨이 보존할 수 있는 이치가 없을 듯하니, 어떻게 해야겠는가. 어떻게 해야겠는가. 연세가 비록 높지만 우리들의 스승께서 돌아가시면[山梁][5] 어떻게 해야겠는가. 어떻게 해야겠는가.

---

3) 관광(觀光) : 《주역(周易)》 〈관괘(觀卦) 육사(六四)〉에, "나라의 빛을 보는 것이니, 임금께 손님이 되는 것이 이롭다.(觀國之光 利用賓于王)"라고 한 데서 온 말로, 여기에서는 서울에 과거 시험을 보러 가는 것을 말한다.

4) 대평(大平) : 유치명(柳致明)을 그가 사는 마을로 대칭한 말이다.

5) 스승께서 돌아가시면[山梁] : 훌륭한 스승의 죽음을 말한다. 공자(孔子)가 세상을 떠나기 일주일 전에 "태산이 무너지려 하는구나. 들보가 쓰러지려 하는구나. 철인이 시들려 하는구나.[泰山其頹乎, 梁木其壞乎, 哲人其萎乎.]"라고 읊조렸는데, 자공(子貢)이 이 소식을 듣고는

조카는 병에서 아직 떨쳐 일어나지 못하였는데 전염병이 들불처럼 번지고 있으니, 또 어찌 이러한 때에 병 증상을 살피는 일을 할 수 있겠는가. 역시 걱정스럽고 두려울 뿐이네. 부채 두 자루를 준비해 둔 지 오래 되었는데 마땅한 인편이 없었으니 어떻게 보낼 수 있었겠는가. 지금은 가을도 늦가을에 접어들었으니 한스럽고도 한스럽네. 푸른 부채[靑箑]는 해(海)[6] 아이에게 주게. 심부름을 온 사람이 서서 재촉하는 바람에 대강 여기까지만 쓰겠네. 오직 연이어 평안하고 전염병이 누그러지기만을 바라네. 이만 줄이네. 그대 집안에서 심부름 온 종이 그대가 있는 곳은 아직은 전염병이 창궐하지 않았다고 하니 다행이네.

경신년(庚申年, 1860) 7월 26일에 장인 씀.

이 편지는 바로 불태우고 다른 사람 눈에 띄지 않는 것이 좋겠네.

이 편지는 경신년(庚申, 1860) 7월 26일에 장인이 사위에게 보낸 《이중구가 5대 고문서, E385》이다.

경상도 전역에 전염병이 번져서 앓는 사람들의 90%가 죽어 나간다는 끔찍한 상황이다. 90%의 치사율이란 말도 두렵지만 이 병 때문에 과거 시험도 포기를 한다는 말에서 당시 전염병에 대한 공포를 다시 한 번 느끼게 한다.

"태산이 무너지면 우리는 장차 어디를 우러러보며, 들보가 쓰러지고 철인이 시들면 우리는 장차 어디에 의지하겠는가?[泰山其頹, 則吾將安仰, 梁木其壞, 哲人其萎, 則吾將安放?]"라고 한 데서 나온 말이다. 《禮記 檀弓上》

6) 해(海) : 이중구(李中久)의 어린 시절 이름 해귀(海龜)를 이르는 말이다.

37 안익상(安翊相, ?) 1920년 7월 25일
일제 강점기 경상도 지역에 번지는 전염병

省. 路脩便濶, 固其勢
也, 一紙替晤, 亦難容
易者, 盖其懶怠成
習以也. 賢座先施
不較惠狀, 奉讀以回, 旣
感且悚. 謹問流火,
堂上氣體候天相康福,
侍餘棣候萬旺, 允玉充
健, 良洞安信, 種種承聞
否. 仰頌區區, 不比尋常. 婦弟
仲夏作故里行, 日前還
寓. 省節恒多添越, 室
人腫氣, 漸有完蘇之境,
本祟未快, 上焦俯悶, 無
以自裁耳. 所謂疾病,
草梁等地則無慮, 而玄
風靈山等地方發, 故途
路難便云云. 賤躬則以不
病之病, 往往火氣, 亂于心
曲, 居然髮已種種, 良覺
憤歎, 奈何奈何. 方向立山
過節計耳. 餘不備狀.
庚申七月念五日,
朞降弟安翊相拜.

격식은 생략합니다.

길이 멀고 인편이 뜸한 것은 진실로 형세가 그러하지만 한 통의 편지로 만남을 대신하는 것도 쉽지 않으니, 아마도 나태함이 습관이 되었기 때문입니다. 그런데 형께서는 이것저것 비교하지 않고 먼저 편지를 보내주시니, 반복해서 읽어보며, 감사하면서도 또 죄송합니다.

삼가 7월 더위[流火][7]에 당상(堂上, 李中久)의 안부는 하늘의 도움으로 건강하고 행복하시며, 슬하에 계시는 형제분들의 안부도 왕성하시고, 아드님도 건강이 충만하며, 양동(良洞)의 안부도 종종 듣는지요. 우러러 송축하는 마음은 보통 때에 비할 바가 아닙니다.

저는 4월에 고리(故里)에 갔다가 며칠 전에 집으로 돌아왔는데 어버이께서는 병환이 깊으시고, 아내의 종기는 점차 완전하게 회복되는 상황이지만 본래 앓던 병은 완쾌되지 않아, 위로는 마음을 졸이고 아래로는 답답함을 스스로 억제할 수가 없습니다.

이른바 전염병은 초량(草梁) 등의 지역은 염려할 것이 없지만 현풍(玄風)과 영산(靈山) 등의 지역은 막 번지기 시작했다고 합니다. 그래서 길을 다니는 일이 편치 않을 것이라고 말들을 합니다.

저 같은 경우는 병 아닌 병으로 종종 불같은 기운이 솟구쳐 마음이 혼란스러운데다가 어느새 머리털도 하나둘씩 희어져, 진실로 분하고 탄식이 나옴을 느끼지만 어찌하겠습니까. 어찌하겠습니까. 곧 입산(立山)으로 가서 여름을 넘길 계획입니다.

나머지는 편지의 예식을 갖추지 못합니다.

경신년(庚申年, 1920) 7월 25일에 기강제(朞降弟)[8] 안익상(安翊相)은 절합니다.

이 편지는 1920년 7월 25일에 안익상(安翊相)이 매부(妹夫) 이석일(李錫

7) 7월 더위[流火] : 《시경(詩經)》〈빈풍(豳風) 칠월(七月)〉에 "7월에는 대화심성(大火心星)이 서쪽으로 내려간다.〔七月流火〕" 하였다. 그래서 7월을 '流火'라 한다.

8) 기강(期降) : 양자(養子) 간 아들이나 시집간 딸의 생가(生家) 부모(父母)에 대한 복제(服制)를 말한다.

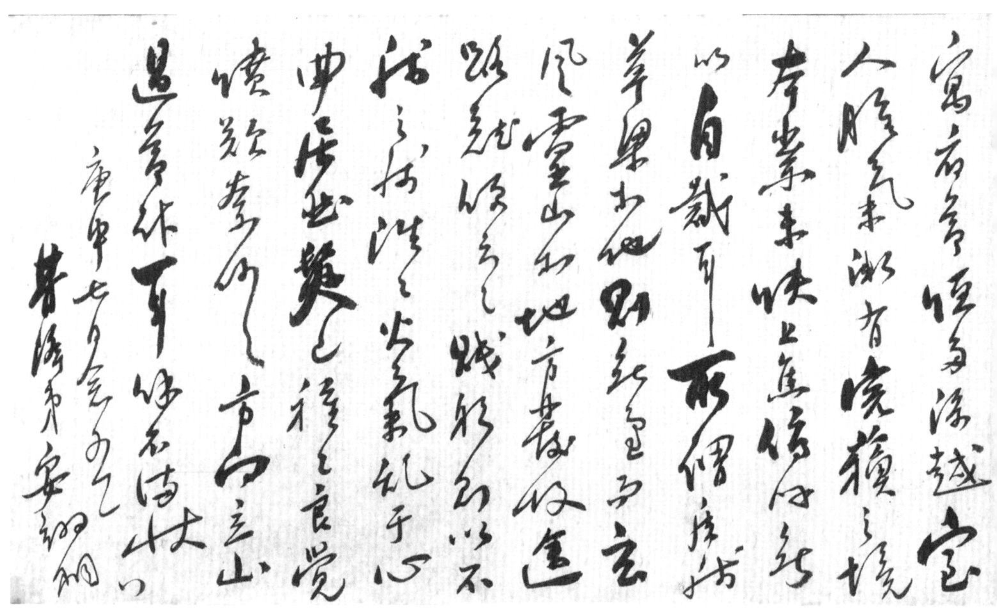

62.8×17.7 (7.1×19.5)

日)에게 보낸 《이중구가 5대 고문서, G443》이다.

위 편지의 내용 중에 언급한 전염병은 마마(媽媽)·호역(戶疫)·두창(痘瘡) 등으로 불리던 천연두이다. 이 편지가 작성된 일제 강점기에도 전염병이 유행했음을 알 수 있으며, 예방의학이 미비했던 그 당시에 이러한 전염병이 여전히 두려운 대상이었음을 짐작할 수 있다.

안익상은 《승정원일기》 고종 37년(1900) 5월 9일 기사에 장릉 참봉(章陵參奉)에 임명되고, 다음날 면직되었다는 기록이 있다.

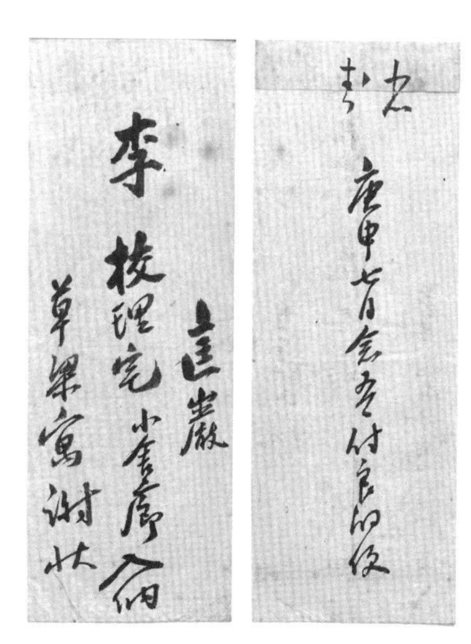

李校理宅 小舍廊 入納
上巖
草梁寓謝狀

本封
庚申七月念一付回便

38 장인 사견(士見)이 사위에게, 무진년(戊辰, ?) 11월 27일 마을을 휩쓴 전염병에 대한 두려움

面後數旬, 瞻悵更切, 料外違約,
專价兼以惠書, 且賀且恕, 未諳
履玆至寒, 萱堂氣體候, 循序康旺, 定餘
做味珍勝, 遠溯不已. 翁汨汨度了,
而別無提說這況味, 今旬遭大家
姪婦喪, 慟矣慟矣. 惟餘集姑免是幸.
今村疹四圍, 死亡間有. 來頭未
知至於何境, 危怖之狀, 難以盡喩.
貴庄亦有此患, 近在宇下, 聞極悚
怕. 君之居留, 何以措置. 聞貴村之憂,
尙在眼前, 鄙村之憂, 在於家後, 似此勝於彼.
量此去就, 惟在君之進退如何耳. 餘
/便忙, 不具狀禮.
/戊辰至月念七, 婦翁士見頓.

만난 지 수십 일이 되어 그리움이 더욱 간절하였는데 뜻밖에 약속을 어기고 심부름꾼을 보내면서 겸하여 은혜로운 편지까지 보내주니, 한편으로 축하하고 한편으로 용서하네.

이같이 매서운 추위에 어머님 건강은 계절의 변화에 따라 편안하시며, 혼정신성(昏定晨省)의 여가에 공부는 잘되는가. 그리움이 그치지 않네.

나는 골골하면서 세월을 보내 따로 재미난 말을 꺼낼 것이 없네. 이번 열흘 사이에 큰집 조카며느리의 초상을 당해, 애통하고 애통하네. 나머지 가족들은 그럭저럭 우환이 없이 지내고 있어 다행이네.

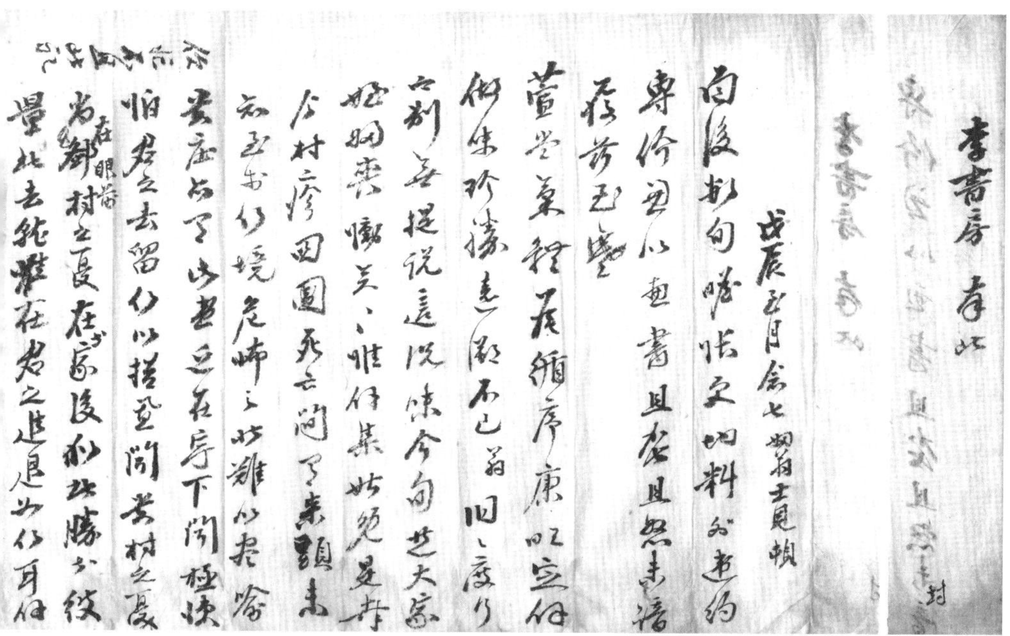

38.3×29.2

지금 우리 마을은 전염병이 사방을 포위하면서 죽는 사람도 간간이 생겨나네. 앞으로 어떤 지경이 닥쳐올지 알 수 없어 두려운 상황을 말로 표현하기 어렵네. 자네 마을 역시 이 병이 돌아 집 가까운 곳까지 번졌다고 하니 듣고서 더없이 두려웠네.

자네는 거처를 어떻게 조치할 생각인가. 자네 마을의 근심은 여전히 눈앞에 있고 우리 마을의 근심은 집 뒤에 있으니, 우리 마을이 자네 집보다 나은 듯하네. 이를 헤아려 결정하는 것은 오직 자네가 결정을 어떻게 하는지에 달려있을 뿐이네. 나머지는 인편이 바빠서 편지의 예를 갖추지 못하네.

무진년(戊辰年) 11월 27일에 장인 사견(士見)이 머리를 조아리네.

이 편지는 무진년(戊辰年) 11월 27일에 장인 사견(士見)이 사위에게 보낸 《이중구가 5대 고문서, J035》이다.

지금이나 예전이나 원인을 알 수 없는 병의 확대를 걱정하는 것은 동일하다는 점에서 전염병은 사람들에게 예측을 허락하지 않는 두려움과 공포의 대상임을 알 수 있다.

39 외할아버지[外祖]가 손자에게, 작성일 불명
이웃집에 찾아든 전염병에 대한 경계심

海孫答書.

付之一邊, 置于忘域, 而移月送

年, 是吾習忘之良方矣. 每被

便使之往來, 惡懷旋令弸起,

老情寧欲澐然, 奈何奈何. 卽

接手滋, 知汝奉母連命, 諸稚

亦遣過. 險世消息, 稍可慰心. 第

隣簷不淨, 出寓各處云, 其能終

保無慮否耶. 爲念爲念. 外

祖衰鑠, 轉覺深矣, 豈能久於

世哉. 連牆之地, 時疹逼圍, 犯

者死亡. 一邊奔迸, 一邊閉門, 未

敢出一呼吸者, 已三朔之久, 而近

才就安耳. 餘集別無他頃, 大

宅諸致姑安耳. 節扇尙不

來納, 今便又不能分送, 極悶極悶.

/夏間又俟直因而已. 筆十柄送去,

從叔侄分用可也. 奴龍伊漢, 十

年反逆, 東飜西焂, 其所行事,

寸斬無惜. 方待執捉之日, 當以

搏殺爲計矣. 今日爲汝家使, 而突

然來現, 令人驚怪罔狀. 汝母之書,

縷縷不已者, 安恕二字而已. 明知此

漢必生大變於汝家，何爲收置
於人家也. 改之爲貴，而改過豈容
易事耶. 養虎貽患，非此之謂
耶. 事當執殺無還，以除汝患，
而人心如水，爲汝慈求救之，故忍耐
還去，痛甚痛甚. 聞已作婦於婢云，婢子
可謂已失之物，失婢後，又不知何怪
層生，奈何奈何. 向後事，寧欲無聞.
餘客擾心惱，姑此不具.
癸亥午月六日，外祖答.
汝母許，吾以何說爲答也.
無書耳.
/南仲兄，近候何如. 自汝家
顚覆之後，不忍向東邊
一天，南仲亦東天下人也.
然有時撫昔傷今之際，自
不禁馳想於此兄，況聞尋
護餘卵. 恩德至勤. 此人情
之所當行者，而如此底人，吾
亦罕見於世者耳，其爲
感鐫，當如何. 當致書
吐懷，而把筆旋停者屢
矣. 其情還可慽慽耳.

해(海) 손자[9]에게 답장함.

한쪽에 치부해 망각의 영역에 버려두고, 달이 바뀌고 한 해를 보내는 것이

9) 해(海) 손자 : 해는 이중구(李中久)의 어린 시절 이름 해귀(海龜)를 줄여 이른 이름이다. 따라서 해귀의 외할버지는 의성김씨(義城金氏) 김진형(金鎭衡)이다.

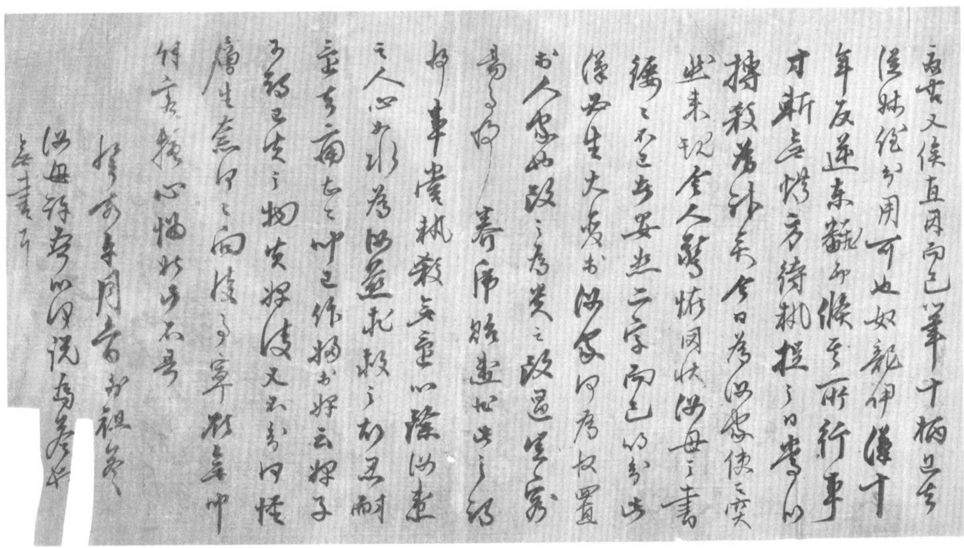

42.1×22.9

내가 잊기를 익히는 좋은 방책이었다. 그러나 매번 인편이 오갈 적이면 언짢은 마음이 물밀듯 터져 나와 늙은이의 정회에 차라리 홀연히 세상을 떠나고 싶으니 이를 어쩌란 말이냐. 이를 어쩌란 말이냐.

이번에 너의 편지를 받고, 네가 어미를 봉양하면서 목숨을 이어가고, 아이들 역시 그럭저럭 지낸다는 것을 알았다. 험한 세상의 소식이어서 마음에 조금 위안이 되었다. 다만 이웃집들의 돌림병이 깨끗해지지 않아 임시 우거할 각각의 처소로 나간다고 하나, 끝까지 우려하지 않을 보장일 수 있겠느냐. 염려가 되고 염려가 된다.

외할아버지는 노쇠함이 갈수록 심해지니 어찌 이 세상에 오래 살아 있겠느냐. 담장을 맞대고 있는 집들이 전염병으로 주위를 꽉 에워싸고 있는데 감염된 사람은 죽어나간다. 한편에서는 흩어져 달아나고 한편에서는 문을 걸어 닫고 제대로 숨 한번 내쉬지 못한지가 이미 세 달이나 지났는데 최근에야 조금 안정이 되어 가고 있다. 나머지 가족들은 달리 탈이 없고 큰댁의 여러 사람들 안부도 그대로 편안할 뿐이다.

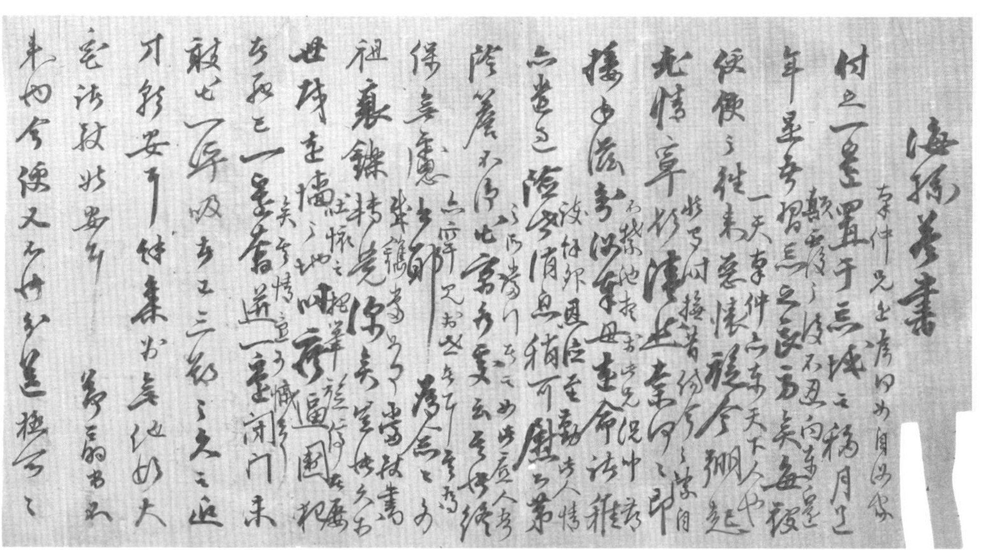

절선(節扇)[10]이 아직 들어온 것이 없어서 이번 인편에 나누어 보내 줄 수 없으니 더없이 민망하고 민망하구나. 여름 동안에 또다시 그곳으로 곧바로 가는 인편을 기다릴 뿐이다. 붓 열 자루를 보냈으니 종숙질(從叔侄)끼리 나누어 쓰는 것이 좋겠다.

사내 종 용이(龍伊)란 놈이 십 년동안 까불대며 동에 번쩍 서에 번쩍하니, 그가 하고 다니는 일들은 마디마디 베어 죽인다 해도 아까울 것이 없다. 붙잡힐 날을 기다려서 당연히 쳐 죽일 것으로 생각하고 있었다. 그런데 이번에 너희 집의 심부름꾼이 되어 갑자기 찾아오는 바람에 사람이 놀라 어찌할 줄 모르게 하였다. 네 어미의 편지에 누누이 반복되는 것은 '편안히 용서하라는[安恕]' 두 글자뿐이었다. 이놈이 반드시 네 집안에 큰 변고를 낼 것을 분명히 아는데 어떻게 집안에 거두어 살게 할 수 있겠느냐. 잘못을 고치는 것이 귀한 일이지만, 개과천선이 어찌 쉬운 일이겠느냐. 호랑이를 길러 후환을 남

10) 절선(節扇) : 단오절(端午節)의 부채로, 단오를 기점으로 여름이 곧 오기 때문에 준비한다. 지방에서 왕실(王室)에 진상하고, 절선이 생산되는 지방의 수령은 중앙의 여러 곳에 선물하는 것이 관례였다.

긴다는 것이 이를 두고 한 말이 아니겠느냐. 일의 이치상 마땅히 잡아 죽여서 돌아갈 수 없게 하여 네 집안의 후환을 없애야 하는데, 사람 마음이 물과 같기에, 네 어미가 그를 구원해 주기를 요구하기 때문에 참고서 (너의 집으로) 돌아가게 했으니, 매우 가슴 아프고 가슴 아프다. 듣자니 이미 계집종을 아내로 삼았다고 하니, 그렇다면 여자 종은 이미 잃어버린 물건이라고 할 만한데 여자 종을 잃은 뒤에 또 어떤 괴이한 일이 거듭 생길지 알 수 없으니 어찌하면 좋겠느냐. 앞으로의 일은 차라리 듣고 싶지도 않구나. 나머지 말은 손님들이 어수선하여 마음이 복잡해 우선 여기까지 쓰고 이만 줄인다.

계해년(癸亥年, 1863) 5월 6일에 외할아버지가 답함.

네 어미에게는 내가 무슨 말로 답장을 하겠느냐. 편지를 쓰지 않는다.

남중(南仲) 형의 최근 안부는 어떠하냐. 네 집안이 뒤집혀 엎어진 뒤로 차마 동쪽[慶州]의 하늘을 바라볼 수가 없다. 남중도 동쪽 하늘 아래에 사는 사람이다. 그러나 옛날을 생각하고 오늘을 슬퍼할 때마다 절로 이 형에게 마음이 달려감을 멈출 수 없는 때가 있다. 게다가 남은 자손들을 찾아 보호하는 은혜로운 덕이 지극히 부지런하다는 말을 들었다. 이는 사람의 인정에 당연히 해야 할 일이지만 이 같은 사람은 나 또한 세상에서 드물게 보는 일이니, 가슴에 새겨 둠이 마땅히 어떠하겠느냐. 당연히 편지를 보내 가슴속 생각을 토로해야 할 일이어서 붓을 잡았다가 그만둔 것이 여러 번이었다. 나의 이러한 마음이 또한 서글프고 서글플 뿐이다.

이 편지는 김진형이 계해년(癸亥年, 1863) 5월 6일에 외손자 해귀(海龜, 이중구의 어린 시절 이름)에게 보낸 《이중구가 5대 고문서, G411》이다.

위 편지는 김진하가 사위 이능덕이 35세로 세상을 떠난 지 만 2년 뒤에 보낸 것으로, 편지 서두의 애끓는 표현처럼 남편 잃은 젊은 딸과 아비 잃은 어린 외손자에 대한 안타까움 때문에 상대방의 소식을 접할 때마다 차라리 죽고 싶다는 절규에 가까운 심경을 토로하였으며, 외손자 동네에 번지는 돌림병 걱정과 자신이 사는 곳 역시 전염병 때문에 도망치거나 대문을 닫아걸고 문밖을 얼씬하지 못한 채 3개월을 보냈다는 내용이다. 《소학(小學), 6》에는 "진(晉)나라 함녕(咸寧 275~279) 연간에 역병이 크게 돌아 유곤(庾袞)의 두 형이 죽고, 셋째 형 비(毗)마저 위태해졌다. 역병의 기세가 강해져 부모와 여러 아우가 모두 임시 거처로 나가 머무는데 유곤만은 집에 머물고 떠나지 않았다.[晉咸寧中大疫, 庾袞二兄俱亡, 次兄毗復危殆, 癘氣方熾, 父母諸弟皆出次于外, 袞獨留不去.]"는 기사가 있다. 오늘날의 코로나19로 거리 두기를 중국과 우리의 역사에서 공통으로 볼 수 있는 기록이다. 처음 겪는 병이거나 치료 약이 없는 경우 거리 두기는 예전부터 역사를 가진 공통의 처방임을 알 수 있다.[11)]

11) 위 '돌림병'에 관한 내용은 김재열, 「자운 이중구가 고문서 자료의 활용방안 검토 –키워드로 본 조선 후기 풍속, 제도, 속담–」, 『조선 후기 민간생활사 자료의 활용과 전망』(제5회 단국대학교 부설 한중관계연구소 학술대회. 2020. 10. 14) 참조.

권응기(權應夔, 1815~ ?) 1854년 9월 10일 묘소 소재지의 수령에게 산송(山訟) 청탁

省言. 兩度手疏, 違便稽謝, 而
案頭常目覽, 輒抆涕矣. 居然
秋暮霜淸, 更惟
侍奠哀候連護支衛. 貧家契活, 到
底辛酸, 而生人作荼, 想亦有妨讀禮,
並爲之矯首流溹. 頃承敎意, 故卽
爲書託於長鬐倅, 盛說哀銘感
之意, 兼囑墓村凡務顧護之意. 此弁
想靡不窮極, 果有實效否, 幸隨便
示及如何. 弟固不嫺文字, 而哀兄盛意
難孤, 追輓一首詩, 不揆蕪拙, 玆以題送,
有若塞責, 自顧慚愧耳. 弟省奉粗
遣, 而浹月夙夜之餘, 呈由請暇, 方擬楸
行, 事多掣肘, 良悶良悶. 家親未及有答, 幸
諒之, 稍俟整暇.
/先尊丈行錄一通, 成爲家狀上送, 則無
論誄文與行狀, 當俟兄意, 而老親
欲構序以呈, 諒之如何. 餘留不備疏
儀.
甲寅九月十日, 弟應夔拜.
從氏以若情理, 未免敗歸, 雖非人謀不臧,
未免孤負委敎, 嗟惜之外, 不勝慊悚.

인사는 생략하고 말씀을 올립니다. 두 번 보내신 편지는 인편이 어긋나서 답장이 늦었고 책상에서 편지를 늘 보면서 바로 눈물을 닦습니다. 어느덧 늦가을에 서리가 내렸는데 귀하는 궤연(几筵)을 모시는 상주로서 건강하신지요. 가난한 귀댁의 어려운 살림에 매우 고생하실 텐데 산 사람의 고통은 생각건대 또한 예서(禮書)[12]를 읽는 데에 방해가 될 것이니, 아울러 머리 들어 궁금해하고 있습니다.

일전에 말씀해 주신 뜻을 받았으므로 곧바로 장기(長鬐) 수령에게 편지를 써서 부탁하면서 상주님의 간절한 마음을 많이 말씀드리고 겸하여 묘촌(墓村, 수신자 조상 산소가 있는 마을)과 관계된 제반 업무에서 〈시비 문제 사건에〉 잘 살펴주도록 부탁하였습니다. 이 무변(武弁, 장기 수령이 무관임)은 생각건대 궁극으로 일하지 않음이 없는데 과연 효험이 있을지는 모르겠으니, 바라건대 인편에 따라 실효가 있는지의 여부를 알려주십시오.

저는 본래 문학을 연마하지 않았는데 상주님의 부탁한 뜻을 저버리기 어려워서 만시(輓詩) 한 수를 졸렬함을 헤아리지 않고 지어 보내어 책임만 때우는 듯하니 스스로 돌아봄에 부끄러울 뿐입니다. 저는 부모님을 모시며 대강 지내고 있는데 한 달쯤 뒤에 휴가를 청해 선영(先塋)에 성묘할 계획이지만 일에 걸리적거리는 것이 많아 매우 고민입니다. 가친(家親)께서 당신에게 미처 답장하지 못한 것은 양해바랍니다.

조금 정신이 추슬러짐을 기다려 선존장의 행록(行錄) 한 통을 가장(家狀)으로 만들어 보내주신다면 뇌문(誄文, 죽은 이를 칭송하는 글)이나 행장(行狀)을 따질 것 없이 당연히 형의 생각에 따라 노친(老親)께서 서문을 구상해서 보내드릴 것이니 그렇게 양해하시는 것이 어떻겠습니까.

나머지는 이만 줄이고 격식을 못 갖춘 채 편지를 올립니다.

갑인년(1854) 9월 10일에 제(弟) 권응기(權應夔) 배(拜).

종씨(從氏, 귀하의 4촌)께서 이 같은 상황에서 실패해 돌아옴을 면하지 못하였습니다. 비록 본인의 계획이 잘못된 것은 아닐지라도 부탁한 말씀을 저

12) 예서(禮書) : 상중(喪中)에는 예에 관한 책만을 읽고, 시문(詩文) 등 문학서는 읽지 않아야 한다. 따라서 상중의 생활을 이르는 말로 사용되었다.

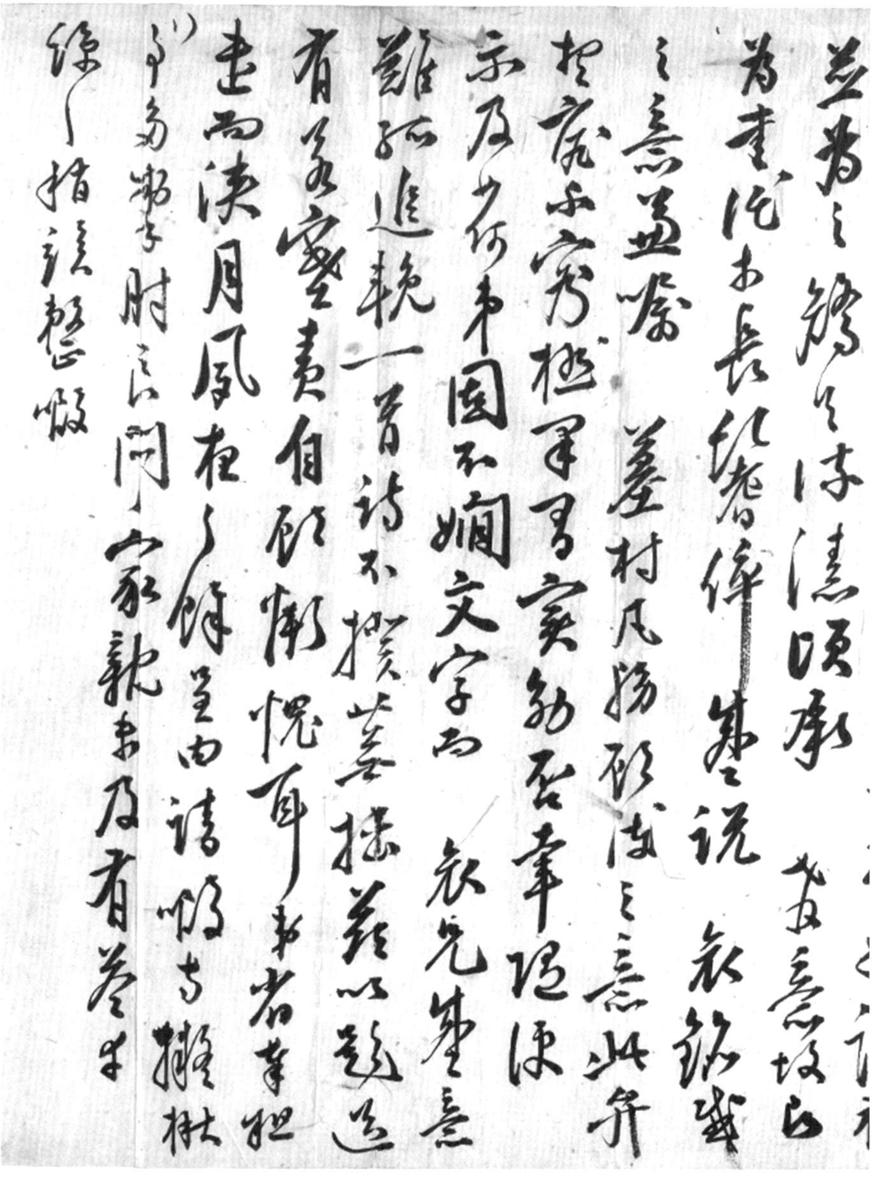

45.0×31.5

버리는 것을 벗어나지 못하였으니 탄식하는 이외에 유감스러움을 가누지 못하겠습니다.

이 편지는 1854년 9월 10일에 권응기(權應夔)가 이능덕(李能德, 1826~1861)에게 보낸 《이중구가 5대 고문서, L090》이다.

조선시대에는 산송(山訟, 묘지에 대한 송사)이 특히 많았다. 이 자료는 산송에 대해 해당 묘소 소재지의 수령에게 부탁한 일을 이능덕에게 전하는 내용이다. 이능덕이 그의 아버지 이재립(李在立, 1798~1853)의 묘소를 장기(長鬐)에 쓰려고 하였는데 문제가 생겼던 것이다.

이에 대하여는 'J500'에 그 사건의 내막을 살펴볼 수 있다. 'J500'은 1853년 11월 2일에 이능덕(李能德)이 경상도 관찰사에게 올린 소지이다. 그 내용은 이능덕이 부친 이재립의 상을 당하여 장기에 산소를 쓰려고 하자, 당시 연일(延日) 지역 주민들이 반대하였다. 이능덕이 이전에 청원서를 올려 '엄치징집(嚴治懲戢, 엄하게 죄를 다스리고 징계한다)'의 판결을 이미 받았다. 그런데 돈이 많고 교활한 아전 정노준(鄭魯晙)이 마을 사람을 선동해서 산소를 쓰지 못하도록 하고, 일전의 판결에 승복하지 못하겠다면서 다시 소송을 걸었다. 한 해가 저물어 가는데 장례(葬禮)를 치르지 못하고 있으니 너무 억울하다고 하였다. 관찰사에게 정노준을 엄하게 다스리고 장례를 치를 수 있게 해달라는 뜻의 청원소를 올린 것이다. 그러자 관찰사는 '도형(圖形, 묏자리 주변을 그린 그림)이 보고된 후에 처분을 내리겠다.'라고 판결 내렸다.

관찰사의 판결이 있은 이후 해를 넘겨 1854년 9월 10일에도 해결이 되지 않아 권응기가 이능덕을 위해 장기(長鬐)의 수령에게 편지를 보내 조상 묘소 관계로 시비 중인 마을 사람들과의 사건을 살펴주도록 부탁하였다는 것이다. 산송에 친지들도 관여되고 있는 것이다. 이러한 곡절을 거친 뒤 결국 이재립은 장기에 안장되었다.(《여주이씨파보(驪州李氏派譜)》에 의함)

권응기는 순조 15년(1815)에 태어난 몰년 미상의 관료이다. 본관은 안동(安東), 자는 요장(堯章)이다. 1843년(헌종9) 식년시(式年試) 병과(丙科)에 급제하였다. 의주부윤(義州府尹), 성균관대사성(成均館大司成) 등을 역임하였다.

41 최현식(崔鉉軾, 1854~1928) 1893년 3월 23일 동학(東學)이 들불처럼 번지다

安善五回, 承拜不較先施, 久愈珍
感. 而春事向闌, 瞻詠更勤. 伏問
邇來,
旅中兄體, 連衛萬簪, 晝永晴窓,
做甚消遣. 而久客之愁, 所營之事,
想多撓中矣, 更切區區溯仰. 弟親
癠恒欿, 兒們迭苦感咳, 焦悶之
極, 未可以傍遣自幸, 唯猶省免添,
各節一穩耳. 荒憂看看溢目, 濟接
沒策, 而重以村戒漸肆, 尤瑕慮不些,
東學之熾, 間果向熄耶. 此等邪說, 甚
/於洪水, 吾道昏墊, 一至此哉. 痛歎痛歎.
都下果得淸淨, 無或貽戒耶. 亦
切願聞. 嶺伯聞已新出, 而藹然聲
績, 不勝聳聽, 新官果誰爲之, 姑
未的知是菀. 沙谷査丈顒待之餘, 竟
孤坐望, 殊用悶沓. 和仲氏近旅節, 亦
何居, 溪南吾委員內從, 種種追遊耶.
時毛可耳者, 隨聞隨示, 如何如何. 餘客
擾, 姑不備上.
情炤.
癸巳窝月二十三日, 弟崔鉉軾拜手.
神聖丹五介, 早藿正丹.

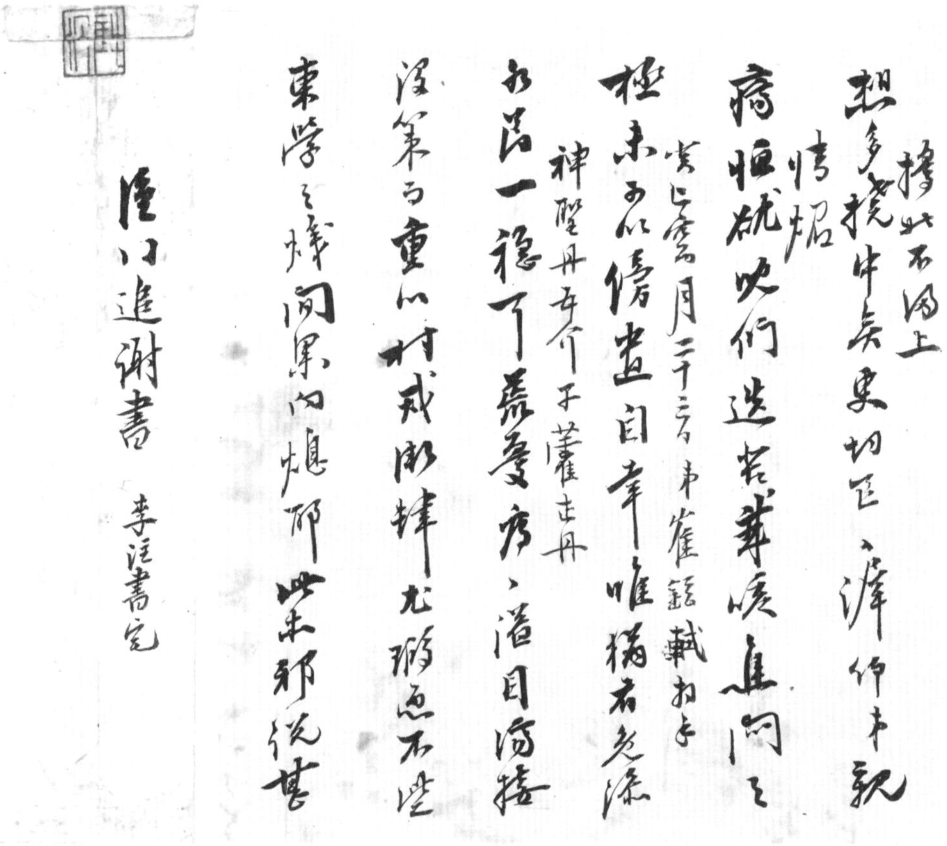

42.8×22.3 (5.6×22.3)

안선오(安善五)가 돌아와서 형께서 이것저것 따지지 않고 먼저 베풀어주신 편지를 받으니, 시간이 지날수록 진실로 감사합니다. 봄이 끝나가니, 그리운 마음이 더욱 간절해집니다.

삼가 요즈음 객지 생활하시는 형의 안부는 연이어 신의 가호로 편안하시고, 긴 대낮 맑은 창가에서 무엇을 하면서 시간을 보내시는지요. 오랜 객지 생활의 근심과 생각하고 있는 바의 일은 괴로움이 많을 것으로 생각이 되니, 더욱 간절히 이런저런 생각들이 마음에 오갑니다.

저는 어버이 병환이 늘 위중하시고 아이들도 번갈아 감기와 기침으로 고생하고 있어 매우 마음 졸이고 답답합니다. 그리고 곁에서 모시고 있는 것을 스스로 다행으로 여길 수는 없지만 숙부께서 병이 더하는 것은 면하셨고, 다른 사람들의 안부도 한결같이 편안합니다.

흉년의 우환은 볼수록 눈에 가득하여 살아갈 방도가 없는데다가 거듭해서 마을에 전염병이 점점 유행하니 더욱이나 걱정이 적지 않으며, 동학(東學)이 들불처럼 번졌는데 중간에 과연 진정이 되어 가는지요. 이 같은 부정한 학설은 홍수보다 심각한 것인데 우리의 도(道)가 혼란에 빠진 것이 이 지경에 이른 것입니까. 통탄스럽고 또 통탄스럽습니다.

서울은 과연 전염병이 깨끗해져서 혹 경계심은 없는지요. 역시 간절히 듣기를 원합니다.

경상도 관찰사는 듣자니 벌써 새로 정해졌고 명성과 치적이 혁혁하여 자

자한 소문을 미쳐 다 들을 수 없을 지경인데 신관(新官)은 과연 누가 되었는지를 아직은 정확하게 알 수 없으니 답답합니다.

사곡(沙谷)의 사돈어른도 크게 기대하던 끝에 끝내 희망이 좌절되니, 대단히 가슴이 답답합니다.

화중(和仲) 씨의 최근 객지 생활은 또한 어떠하며, 계남(溪南)에 사는 우리 위원(委員)인 내종(內從)과는 종종 함께 어울리는지요. 들을만한 소식은 듣는 대로 따라서 말씀해주시기를 바랍니다.

나머지는 손님으로 시끄러워서 우선 이만 줄입니다.

정(情)으로 살펴주십시오.

계사년(癸巳年, 1893) 3월 23일에 아우 최현식(崔鉉軾)은 두 손 모아 절합니다.

신성단(神聖丹) 다섯 개와 조곽(早藿) 1단을 보냅니다.

이 편지는 1893년 3월 23일에 최현식(崔鉉軾)이 이중구에게 보낸 《이중구가 5대 고문서, E425》이다.

최현식과 이중구는 1888년 식년시(式年試) 과거 합격 동기생이다. 위 편지에서 언급한 '동학이 들불처럼 번진다'는 표현처럼 이 시기를 기점으로 동학 궐기(東學蹶起)를 구실로 조선에 침입한 일본이 지배권을 강화하려고 고종 31년(1894)에 일본 혼성여단(混成旅團)이 서울에 들어왔고, 일본 공사 오토리 게이스케(大鳥圭介, 1833~1911)는 7월 3일 내정 개혁 5개조를 주장하기 위해 군대를 이끌고 궐내에 침입하는 사건을 자행하였다. 추신에 조곽(早藿)은 일찍 따서 말린 미역을 말하는데, 해곽(海藿)·해채(海菜)·감곽(甘藿)·곽이(藿耳) 등으로도 불린다.

최현식의 아버지는 최만희(崔晩喜)이다. 본관은 경주(慶州)이며, 자는 경소(敬蘇)이고, 경주 최 부자의 11대손이다. 《승정원일기》에 의하면, 고종 32년(1895) 경릉 참봉(敬陵參奉)에서 신병으로 개차(改差)한다는 기사가 있으며, 고종 37년(1900) 산릉도감(山陵都監)에 최현식을 차하(差下)한다는 기사가 있다.

김익모(金翊模, 1858~1935) 1899년 2월 20일 시사(時事)와 물가에 대한 걱정

阻仰山積, 憑聞無稊[梯], 料外
貴族戚兄跋涉聯枉, 欣握之餘, 細叩節度, 懸如
之懷, 稍覺豁然也. 伏詢花風蕩厲,
靖中起居衛重, 庇致穩迪, 何等仰慰. 而醮子
延婦, 吉慶盈門, 豊腴之望, 昌熾之祝, 可以此穩享
矣, 遠爲之獻賀萬萬. 內弟兩省雖免顯何, 而宗
候跨歲震盪, 下山之力, 完復無期, 是庸煎懼耳.
時事苦無好聞, 鹽米日翔, 生靈嗷嗷, 此亦
末運所使. 況伏念兄主之素無營劃, 當此判
蕩, 何以濟接. 穆汝已解還, 尤無所藉手地, 無
益貢念, 不下在己也. 此邊紛紜顚末, 想於二
/兄歸稔聞矣, 姑不欲架疊. 餘不備候
式.
下照. 謹上候.
己亥二月二十日, 內弟金翊模再拜.

오랫동안 소식이 끊어져 안부를 물을 길이 없었는데 뜻밖에 형 집안인 척형(戚兄)이 멀리서 함께 찾아와 손을 맞잡고 기뻐하였으며, 이어서 형의 안부를 상세하게 듣고 나서 그리워했던 마음이 조금 후련해짐을 느꼈습니다.

삼가 꽃바람이 매서운데, 고요히 지내시는 가운데 건강이 진중하시고, 가족들도 편안하시다니, 매우 위로가 됩니다. 그리고 아드님이 초례(醮禮)를 치르고 새 며느리를 맞이하여 집안에 경사가 가득하고 풍요로운 희망과 번창

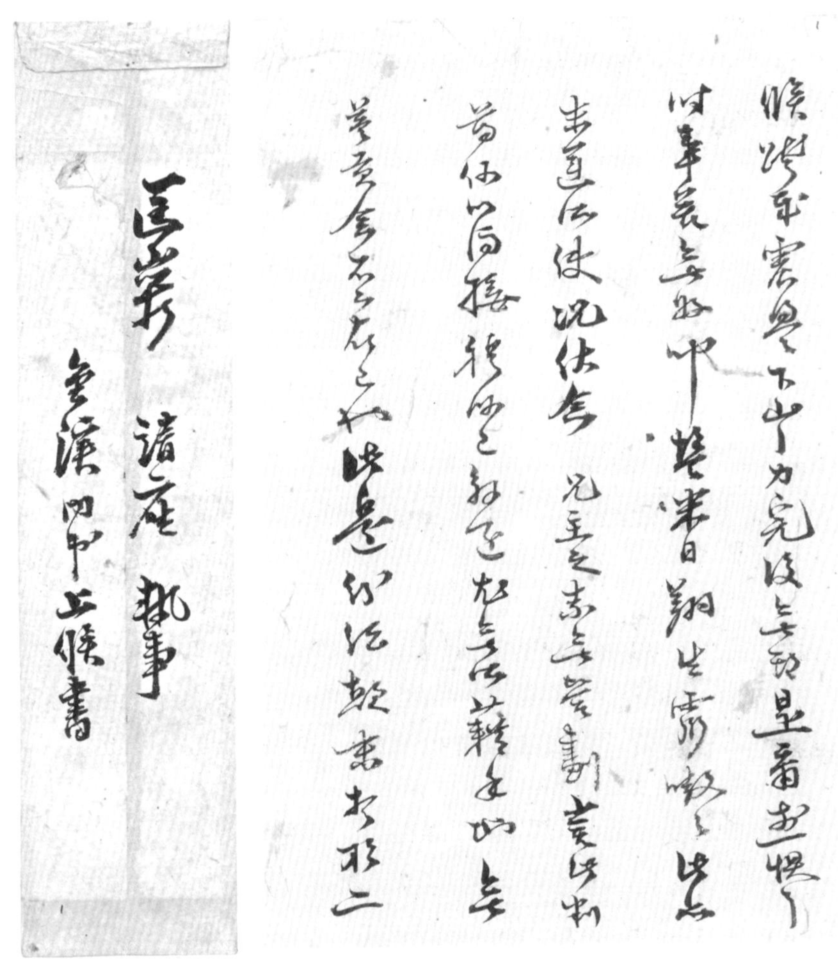

46.9×27.5 (6.6×27.5)

하는 축하를 한껏 누릴 것이니, 멀리서 한껏 경하를 드립니다.

저는 부모님께서 별 탈이 없지만 종손(宗孫)의 건강이 한해를 넘기도록 몹시 아파 노년의 기력으론 완전한 회복을 기약할 수 없으니, 이것이 마음 졸이고 두려울 뿐입니다.

시사(時事)는 괴롭게도 좋은 소식이 없고, 소금과 쌀값은 날마다 가격이 올라 백성들은 울부짖고 있으니, 이것은 말세의 운수가 그렇게 만든 것입니

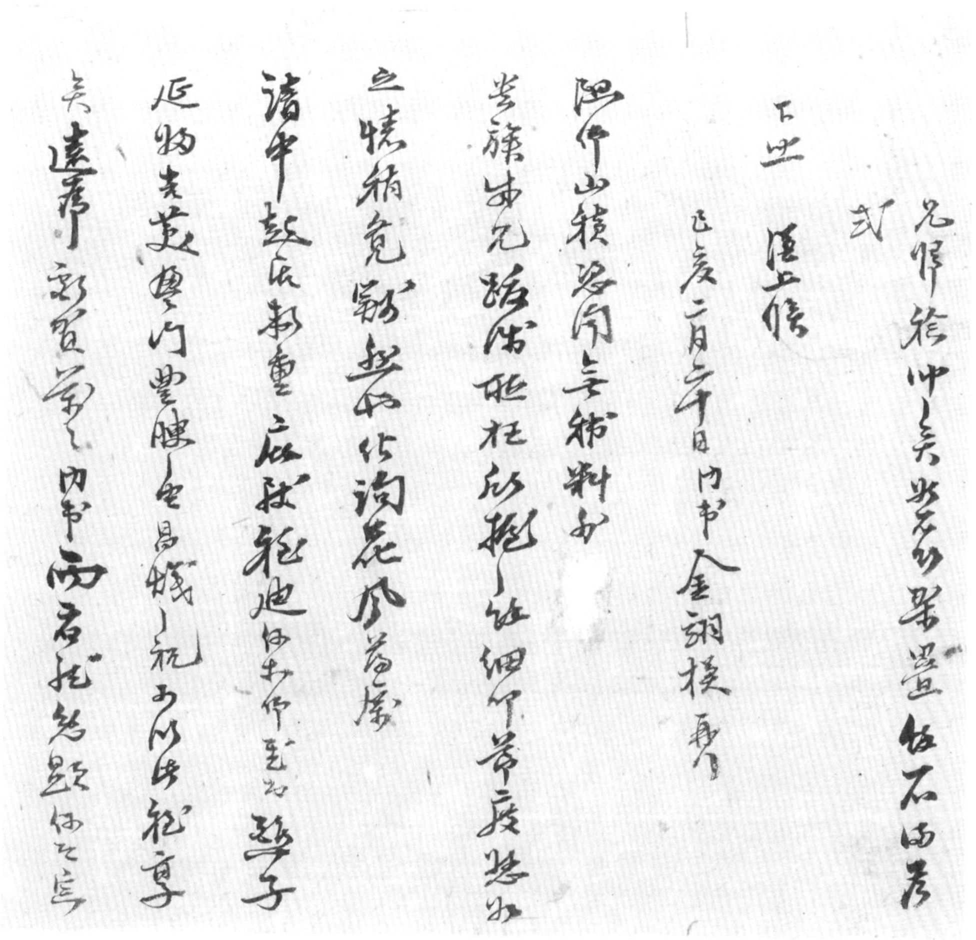

다. 하물며 삼가 생각건대 형께서는 평소 생각하여 계획해 놓은 것도 없을 것이니, 이런 피폐한 때를 당하여 어떻게 살림살이를 꾸려 나가시는지요. 그리고 목여(穆汝)도 이미 관직에서 물러나 돌아왔지만 전혀 도움받을 곳이 없으니, 소용없는 걱정이 나에게 닥친 일보다 더 염려됩니다.

이곳의 시끄럽고 떠들썩했던 일의 전후 사정은 두 형이 돌아가면 자세히 들으실 것이라서 중첩해서 말씀드리지 않습니다.

나머지는 문안의 격식을 갖추지 못합니다. 살펴주십시오. 삼가 문안 올립니다.

기해년(己亥年, 1899) 2월 20일에 외사촌 김익모(金翊模)는 두 번 절합니다.

이 편지는 1899년 2월 20일에 김익모(金翊模)가 이중구(李中久)에게 보낸 《이중구가 5대 고문서, F331》이다.

위 편지에서 김익모가 '축하한 예식'은 이중구의 아들인 이석일(李錫日, 1886~1950)의 초례(醮禮)를 말하는 듯하다. 조선시대 초례의 절차에 대하여 살펴보면, 혼례 날 신부 집에서는 전안청(奠雁廳)과 대청에 모란병풍을 친 뒤에 독좌상(獨坐床)에 한 쌍의 촛대에 불을 밝히고, 밤·대추·쌀·달떡 등을 진설하고, 수탉을 동쪽에 암탉을 서쪽에 놓는다. 전안례가 끝나면 신랑은 초례청(醮禮廳)에 와서 서쪽을 향해 서 있으면, 신부는 복색(服色)을 갖추고 동쪽을 향해 서서 교배례(交拜禮)와 합근례(合巹禮)를 행한다. 신부가 신랑에게 두 번 절하면 신랑은 한 번 절하고 신부가 또 두 번 절하면 신랑은 또 한 번 절하는 것으로 교배례가 끝난다. 신랑과 신부가 수놓은 방석에 앉고 수모(手母)[13]가 술을 따라 신랑에게 권하면 신랑은 입에 대었다가 다시 신부에게 술을 물린다. 이때는 술을 마시지 않고 안주도 먹지 않는데, 이로써 합근례를 마치면 초례의 모든 절차를 마무리하게 된다.

김익모는 철종 9년(1858)에 안동에서 출생하였고, 아버지는 김세락(金世洛)이며, 어머니는 한산 이씨로 이상정(李象靖)의 증손자 이수무(李秀懋)의 딸이다. 본관은 의성(義城)이다. 자는 여함(如涵)이고, 호는 응암(鷹菴)이며, 초명은 양모(瀁模)이다.

건양 1년(1896)에 의병이 봉기하자 각처를 돌아다니면서 의병을 모집하였으며, 1919년 3월 파리만국평화회의에 보낼 독립청원서에 유림(儒林)의 한 사람으로 서명하는 등 독립운동에 헌신하였다. 1996년에 건국포장을 추서받았다.

13) 수모(手母) : 혼례를 올릴 때 신부의 단장과 그 밖의 일을 곁에서 거들어 주는 여자이다.

김천수(金天洙, 1860~ ?) 1900년 3월 7일 일상 기호품이 된 담배

間者重制, 何辭仰慰. 拜審
服體衛旺, 區區慰溸. 弟日事公擾, 而
京候乍阻, 悶菀悶菀. 示事非但貴門
之意外, 亦當閉闔之時也, 豈徒一邊之
/不幸也哉. 若早現城底, 則何難善處
哉. 惟在默會之如何耳. 餘不備謝上.
庚子三月初七日, 弟金天洙拜拜.
南靈吸來, 益覺有味, 多賀多賀.

근래에 당한 무거운 초상[重制][14]은 무슨 말로 위로를 하겠습니까. 편지를 받고서 상중의 안부가 신의 가호로 왕성하심을 알고, 제 마음에 위안이 되고 그립습니다.

저는 날마다 공무로 분주한데다 갑자기 서울 소식마저 막혀 답답하고 울적합니다.

말씀하신 일은 형의 집안만 의외일 뿐만이 아니니 또한 당연히 문을 내려야 할 때입니다. 어찌 다만 한 쪽만의 불행이겠습니까. 만약 조속히 성저(城底)로 나오신다면 일을 수월하게 처리하는 데에 무슨 어려움이 있겠습니까. 오직 마음속으로 어떻게 생각하는가에 달려있을 뿐입니다.

나머지는 이만 줄이고 답장을 올립니다.

경자년(庚子, 1900) 3월 7일에 아우 김천수(金天洙)는 절하고 절합니다.

---

14) 무거운 초상[重制] : 사촌과 같은 대공(大功) 이상의 무거운 상(喪)이다. 이 해에 이중구는 부인의 초상이 있었다.

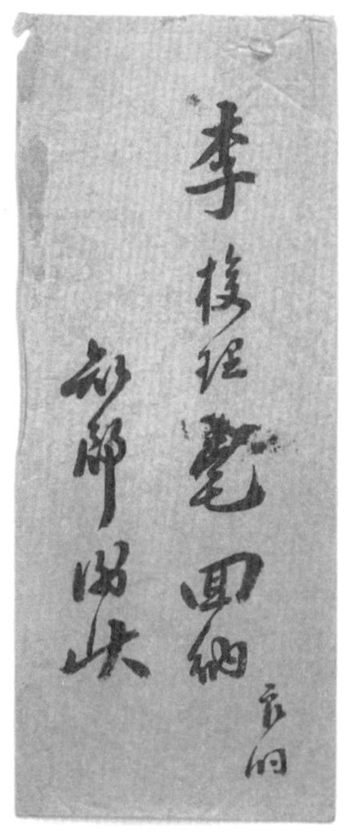

담배는 피워보았더니 맛이 좋아 감사하고 또 감사했습니다.

이 편지는 1900년 3월 7일에 김천수(金天洙)가 이중구(李中久)에게 보낸 《이중구가 5대 고문서, H706·H707》이다.

위 편지는 김천수가 경주 군수(慶州郡守)를 지낼 때 보낸 것으로 추정된다. 성저(城底)에서 만난다면 일을 쉽게 조처할 수 있으리란 말은 둘 사이만 아는 말이다. 여기서 성저는 경주 근교를 이른 말인 듯하다. 위 편지에서 언급한

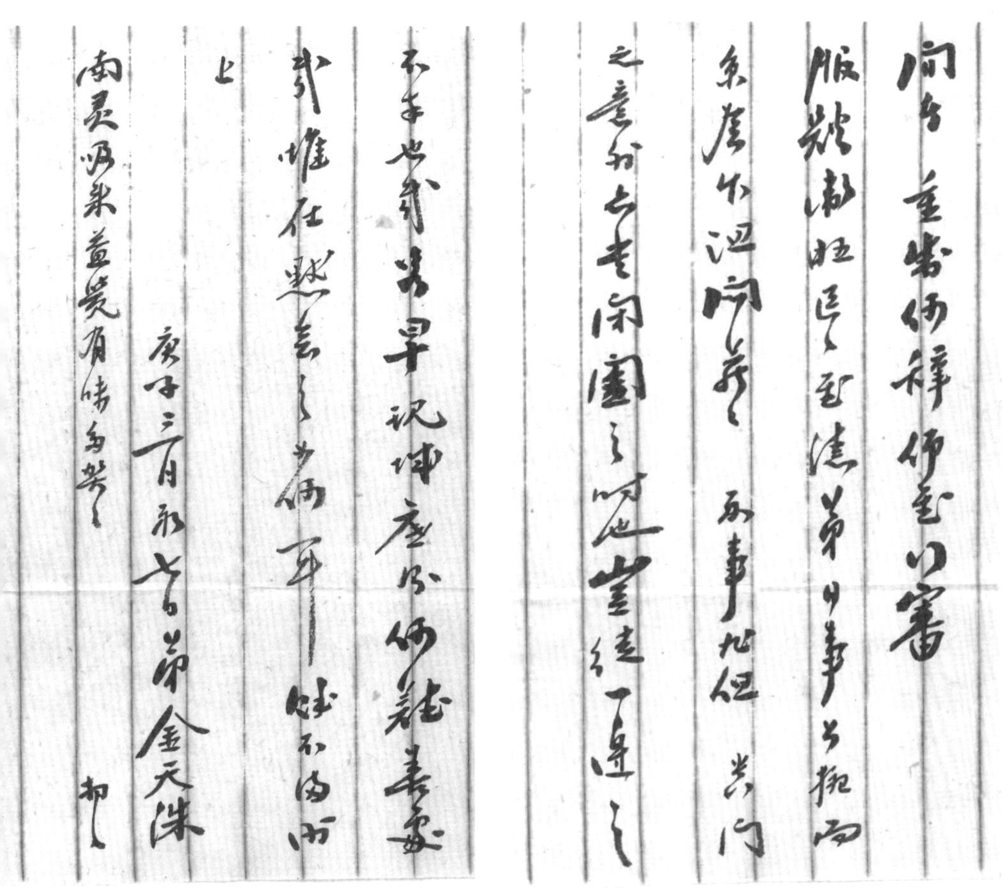

13.0×24.3(7.6×18.7)

남령(南靈)은 담배의 이칭이다. 담배가 우리나라에 전파된 것은 16세기인데, 17세기에는 많이 재배도 되었다. 전래된 초기에는 피우는 사람이 별로 없다가 어느 시점이 되면 계급과 나이를 불문하고 급속도로 번져 이가 아프거나 배가 아플 때 의약품을 대체할 만한 약초라는 속설까지 퍼졌다는 일화가 있을 정도로 기호품이 되었다고 하니, 그 폐해도 적지 않았을 것이다.

김천수는 아버지가 김영목(金永穆)이며, 어머니는 홍영주(洪寧周)의 딸이다. 본관은 광산(光山)이며, 자는 성향(聖享)이고, 고종 15년(1878) 증광별시 문과에 급제하였다. 그 뒤 홍문관 응교(應敎)를 지냈으며, 광무 4년(1900)을 전후하여 광주 군수(光州郡守)와 경주 군수(慶州郡守)로 재직하였다. 순종 즉위식에 비서승 겸 장례(祕書丞兼掌禮)로 활약하였으며, 융희 4년(1910) 8월에 훈3등(勳三等)을 받고, 정2품으로 승진되었다.

김대식(金大埴, ?) 1900년 3월 18일
일본인이 철로를 만든다는 핑계로 길가 땅을 점령하다

枉存何敦, 替訊隨稽. 以敏
敦惰, 是其相實之秉耶. 且吾
儕之懷, 每切於春暮時節, 而
見今花老, 人亦不恒少, 能無興
物之感也哉. 謹諗阻積之餘,
堂闈體力, 以舊難老,
侍餘兄候, 日增彩禧, 庇節一安,
而春及西疇來牟, 迄乘晝永
東牕, 吟哦怡神耶. 仰溸區區,
非比常品. 姻弟奉老訓兒, 食
農饜飫, 是謂田廬淸餉, 而至
人間以告病, 村末亦有輪驚, 戒
懍何言. 金溪唁行, 兄或遠赴耶.
鄙近多有葡匐, 時此險世, 亦不
無吾林景慕耳. 花雨珊珊,
虛負良辰, 兄或攄此湾菀耶.
/安望果效. 阿季帶去龍川內行,
轉脩貴中人事, 其岂偕枉如何.
時狀到底危怖, 日人外托鐵路, 方
占脩道經界, 民害極甚. 且東
徒鱗起, 潛路之洞, 似難晏然. 最
爲仰副之願, 良洞近節, 亦一安耶.
日前外從氏便, 有所付書, 倘關

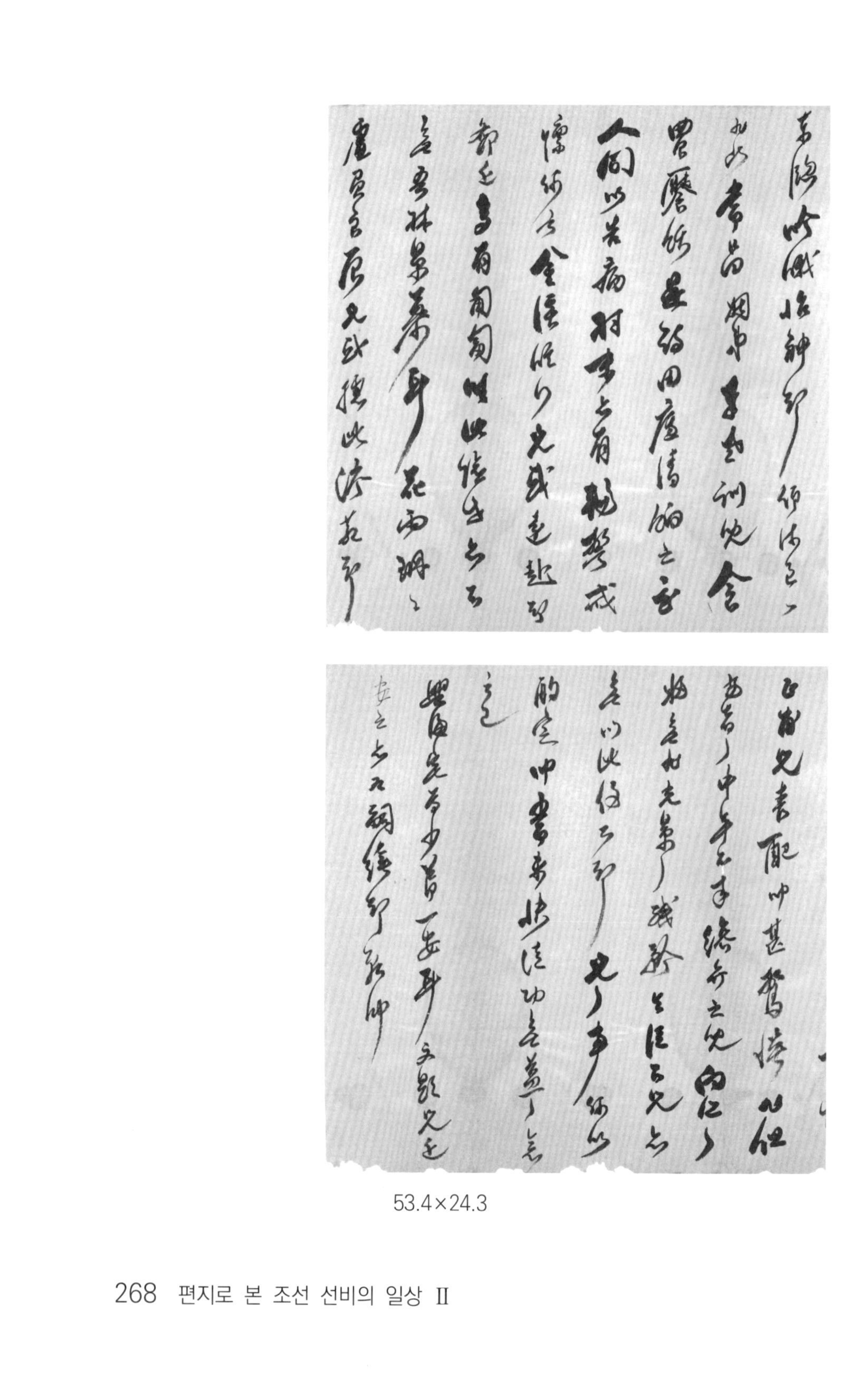

53.4×24.3

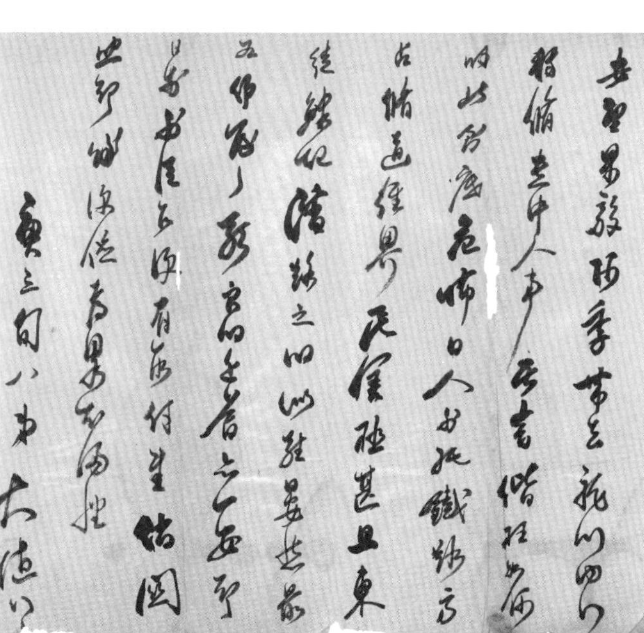

54.1×24.2

照耶. 餘便促, 都畧不備禮.
庚三旬八, 弟大埴拜拜.
正甫兄喪配, 聞甚驚愕, 非但
當者之中年不幸, 纔弁之兒, 向送之
婦, 無非光景之殘矜. 令從氏兄, 亦
無以此傷心耶. 兄之事, 何以
酌定, 聞常未快, 徒切無益之念
而已.
興海宅尊少節一安耳. 文顯兄近
安, 而亦爲嗣續耶, 願聞.

찾아와 주신 것은 말할 수 없는 돈독함인데 안부를 드리는 일이 늦어졌습니다. 민첩함으로 게으른 사람을 돈독하게 하는 것은 이것이 진실한 마음일 것입니다. 또 우리들의 그리움이 늘 늦봄일 때에 간절하였는데 지금 꽃이 지는 것을 보면서 사람도 늘 젊은 것이 아니어서 사물에 따라 일어나는 감격이 없을 수 있겠습니까.

오래 소식이 막혔던 나머지 귀하의 부모님 체력이 예전대로 덜 늙으시고 부모님 모시는 귀하의 건강도 날로 부모님을 기쁘게 하는 것이 늘고 가족들도 한결같이 편안함을 삼가 알게 되었는데, 봄에 서쪽 밭에 보리가 자라고 낮이 긴 동쪽 창문에서 시를 읊으며 정신을 기쁘게 하고 계신지요. 그리워하는 제 마음이 평소에 비할 것이 아닙니다.

인제(姻弟)인 저는 부모님 모시고 아이를 가르치는데 농사지어 먹으며 실컷 배부르니, 이는 농가의 맑은 복록이나 사람이란 살다가 간혹 병환을 말하게 되어 있고 우리 마을도 전염병이 돌고 있어 경계와 두려움을 어찌 말로 다하겠습니까. 금계(金溪)에 위문할 일은 형께서 혹은 먼 길을 가시렵니까. 저는 가까워서 기어서라도 가야 할 처지이지만 시대가 이렇게 험한 세상에 또한 우리 유림(儒林)이 경모하지 않을 수 없습니다. 꽃비가 휘날리는데 좋은 시절을 헛되이 보내니 형께서 혹 이 울적한 심사를 털어 주시렵니까. 그러나 어찌 저의 이 말이 효험이 있기를 바라겠습니까. 막내아우가 용천(龍川)의 내행(內行, 여자 행차)을 데리고 갈 적에 귀하 쪽에 들려 인사를 할 것인데 그때 함께 동행해서 저의 집을 찾아주심이 어떨지요.

시국 상황이 갈수록 위험해지는데, 일본인이 철로를 만든다고 핑계 대고 먼 길가 땅을 점령하여 민폐가 매우 큽니다. 또 동학(東學) 무리가 연이어 일어나서 길이 으슥한 동네는 편안하기 어려울 듯합니다. 가장 소원에 바라는 것은 양동(良洞)의 근래 안부가 역시 편안한 것이겠지요. 일전에 외종씨(外從氏, 외종형제들을 이르는 말) 편에 편지를 부쳤는데 아마 살펴보셨을 것입니다. 나머지는 인편이 재촉하여 모두 생략하고 예를 갖추지 못한 채 올립니다.

경(庚, 1900년) 3월 18일에 제(弟) 대식(大埴) 배배(拜拜).

정보(正甫, 이중구) 형이 상처(喪妻)했다는 소식을 듣고 매우 놀랐습니다. 중년인 당사자의 불행일 뿐 아니라 갓 결혼한 아들(이석일, 1899년 결혼)과 이제 막 들어온 며느리의 그 광경이 처참하지 않을 수 없습니다. 영종씨(令從氏, 귀하의 4촌) 형께서도 이를 상심(傷心)하지 않으시겠습니까. 형의 일은 어떻게 결정하셨는지요. 듣고도 늘 시원하지 않아 다만 쓸데없는 생각만 절실할 뿐입니다. 흥해(興海) 댁의 어른과 젊은이의 건강이 한결같이 편안합니다. 문현(文顯) 형도 근래 편안하고 또 아들을 낳았는지요, 소식을 듣고 싶습니다.

이 편지는 1900년 3월 18일에 김대식(金大埴)이 자형(姊兄)에게 보낸《이중구가 5대 고문서, G216, G217》이다.

발신일이 '경삼순팔(庚三旬八)'이라고 되어 있는데 '경(庚)'은 '경자년(庚子年)'(1900)이다. 본문 중의 '정보형상배(正甫兄喪配)'는 정보(正甫) 이중구의 아내가 작고한 것인데, 이중구의 아내 밀양손씨(密陽孫氏)는 1900년에 작고하였다.

'제대식(弟大植)'은 '인제(姻弟) 김대식(金大埴)'이다. G219, G223의 '김

대식'과 동일 인물이며, 필체도 같다.

시국 상황이 갈수록 위험해지는데, 일본인(日本人)이 철로(鐵路)를 만든다고 길가 땅을 점령하여 민폐가 크다고 하였다. 경부선 철로는 1901년 8월 20일에 서울 영등포에서, 같은 해 9월 21일에 부산 초량에서 일본 자본의 회사인 경부철도주식회사에 의해 기공되어 4년 후인 1904년 12월 27일 완공되었다. 이 편지는 경부선이 기공되기 전에 토지 매수 분쟁에 의한 폐단을 말한 것이다. 이외에도 우리나라 관민의 저항과 반대 등으로 많은 난관에 부딪쳤다.

저항을 보인 의견은 최익현(崔益鉉, 1833~1906)이 "오늘날 우리나라의 재원(財源)이 나는 곳은 크기를 막론하고 모두 저들에게 빼앗기지 않은 것이 있는가. 철로(鐵路)·광산(鑛山)·어장[漁採]·삼포(蔘圃) 등은 모두 나라의 재물을 내는 큰 근원인데, 저들이 차지해 버린 지가 이미 여러 해나 되었다."(《면암선생문집(勉菴先生文集)》 제16권 〈포고팔도사민(布告八道士民)〉)라고 하여, 철로를 일본인이 차지하였다고 하였다. 그리고 이남규(李南圭, 1855~1907)는 "철로 공사는 비록 나라를 부유하게 하고 백성을 편하게 하는 계책이라고 하지만, 사방으로 통하는 큰 길에 설치하는 것은 역시 이익을 추구하는 말단적인 일에 불과한 것으로, 이것만도 지금의 급선무가 아닌데 지금 오히려 홍릉(洪陵) 20리의 안에다 먼저 설치한다면 탁지부(度支部)의 예산에서 이를 지출할 것인바, 이웃 나라의 웃음을 사게 될 것은 말할 것도 없습니다."(《수당집(修堂集)》 제2권 〈논민회소(論民會疏)〉)라고 하여, 이익을 추구하는 말단적인 일이라고 하여 반대하였다.

철로 건설 초기의 반대 의견이 심했던 실상을 살펴볼 수 있는 것이다.

김대식의 생몰년 등은 미상이다.

김건동(金建東, ?) 1901년 12월 12일 편지에 오른 도산서원(陶山書院)[15)]의 위패 도난 사건

小春者, 自龜衙以來, 則溢幅情辭, 留
在塵桉(案), 茶(薾)時, 而沒便稽謝, 至今悚悵矣.
今者又自於陵歸來, 則縷綣教
意, 不遐棄而在案半, 奉讀未回, 娓娓
情旨, 如對尊範, 相所懷矣. 忽覺洒
紙上書毛也, 稍可慰可慰. 憑伏審急景
浸浸,
靜養仕體候十分万旺, 鯉允穩侍篤
課, 侄女倘無下執事貽憂善在, 內谷
老少節日遣, 幷慰溸區區. 第冷囱靜几,
長夜獨宿, 想多鰥懷万緒, 而何以自寬
撫情也. 雖無益, 此漢有時乎言念, 是爲查
誼之厚耶. 近或爲在傍梅妻, 以爲萬緖
一慰耶. 伏溸不任. 查生去晦以合修之行, 五
六處逶迤, 昨者抵巢, 爲客餘頓, 經宵侵
尋, 悶憐奈何. 家君自義衙, 日昨還次, 筋
力奄奄, 煎泣難狀, 而亞候以感患, 多日欠
寧, 遐慮不淺. 惟幸五家尊少節無

---

15) 도산서원(陶山書院) : 이황(李滉)을 추모하기 위해 세운 서원. 이황이 별세한 지 4년 뒤인 1574년(선조 7) 지방 유림의 공의로 이황의 학문과 덕행을 추모하기 위하여 도산서당(陶山書堂)의 뒤편에 창건하여 위패를 모셨다. 1575년 선조로부터 한석봉(韓石峰)이 쓴 '陶山(도산)'이라는 편액(扁額)을 받았다. 선현 배향과 지방교육의 일익을 담당하는 동시에 영남 유림의 정신적 중추 구실을 하였다. 흥선대원군의 서원 철폐 당시에 없어지지 않고 존속된 47개 서원 중 하나이다.

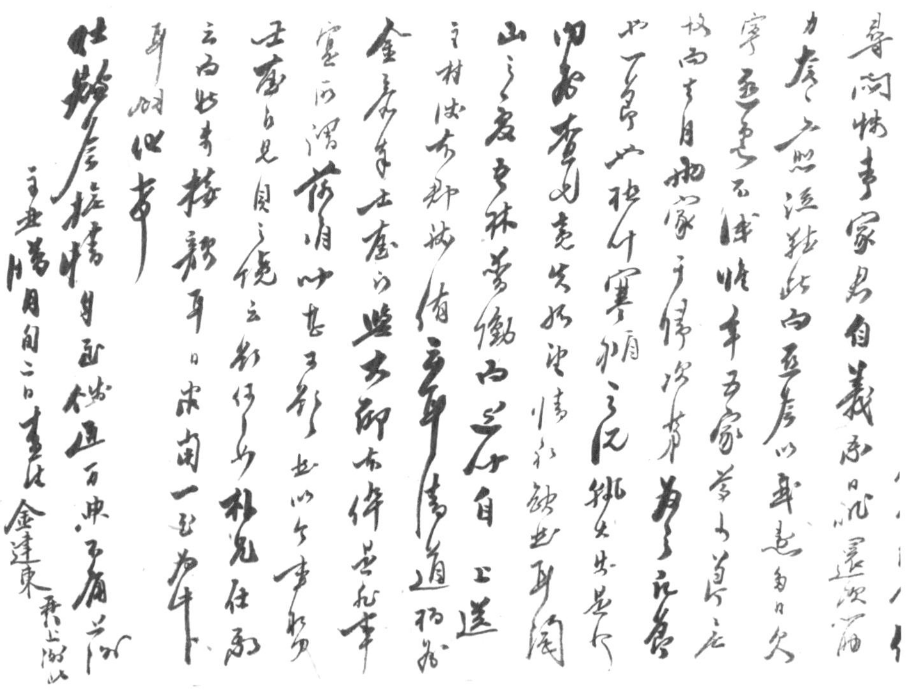

71.6×23.0

故, 而去月兩家于歸, 次第爲之, 凡節
也, 一節也極叶, 寒楣之況, 孰大於是耶.
內谷査兄, 竟失孤望, 情私缺然耳. 陶
山之變, 吾林普慟, 而近聞自上送
主材, 使本郡致侑云耳. 淸道栢谷
金參奉士奎氏, 與大邱本倅是非事,
寔所謂落泪, 聞甚可歎可歎. 然以今事勢,
士奎氏見貝(狽)之境云, 歎何之如. 朴兄在衙
云, 而姑未接顔耳. 日間當一面爲計
耳. 餘伏希
仕體候撫情自慰, 餞迓万典, 不備上謝.
辛丑臘月旬二日, 査生金建東再拜上謝狀.

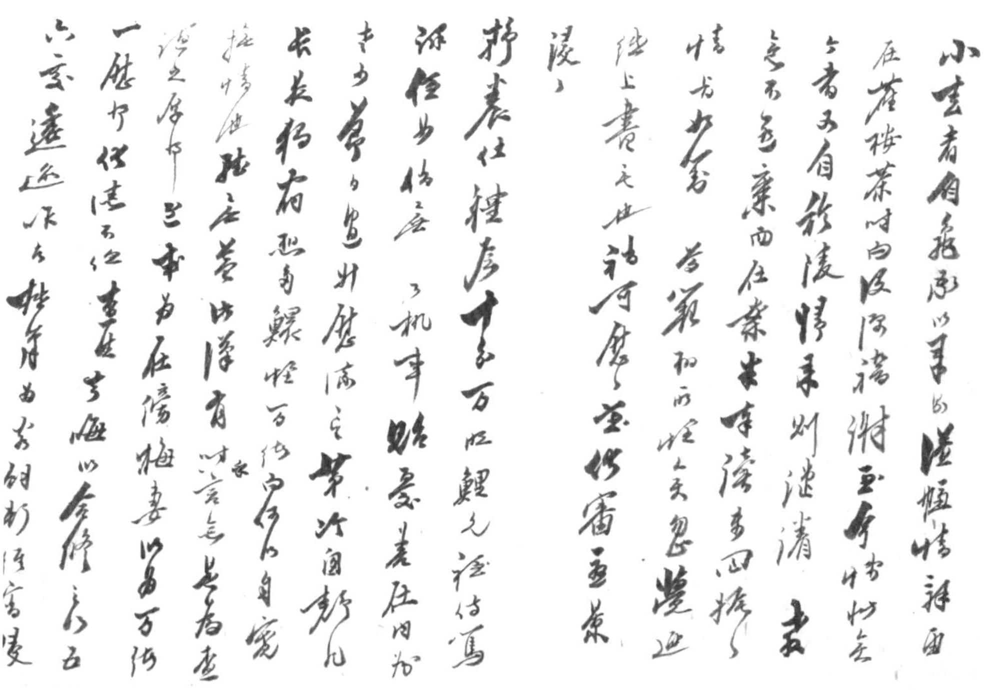

소춘(小春, 음력 10월)에 구미(龜尾) 관아에서 돌아오니 정겨움이 가득 넘치는 편지가 책상에 남아있었는데 이때 인편이 없어 답장을 못해 지금껏 아쉬웠습니다. 지금 또 오릉(於陵)에서 돌아오니 다정함이 서린 가르치는 말씀의 편지가 저를 버리지 않으시고 책상에 한쪽에 있었습니다. 반도 읽기 전에 자상하신 말씀이 마치 얼굴을 마주하는 듯, 그리운 이를 뵙는 듯 하였습니다. 어느결에 편지 종이가 해어져 보풀이 일고 위로가 많았습니다.

편지에 의해 연말의 빠르게 지나가는 세월에 고요히 수양하시는 사체(仕體)의 건강이 매우 좋고, 아드님[鯉允][16]이 잘 모시면서 공부에 독실하고, 조카딸[侄女, 수신자 이중구의 며느리]이 여전히 걱정을 끼치지 않으면서 잘 있고, 내곡(內谷)의 남녀노소들도 날마다 잘 지냄을 알게 되었으니, 모두 제 마

16) 아드님[鯉允] : 공자의 아들 이름 '이(鯉)'에다 아들 '윤(允)'을 더하여 '상대방 아들'을 나타낸 것이다. '允'은 '윤(胤, 아들/윤)'과 통한다.

음에 안심이 됩니다. 다만 싸늘한 창가에다 적막한 책상에서 긴 밤을 홀로 주무시면서 홀아비[鰥, 이중구][17]의 온갖 상념 중에 어떻게 느긋하게 마음을 어루만져 지내시는지요. 비록 도움이 못 되지만 이 사람이 때로는 그리워하게 되니 이것이 사돈 정리의 온후함이겠지요. 근래에 혹은 곁에 매화[梅妻][18]를 두고 온갖 시름을 달래시는지요. 그리움을 가눌 길이 없습니다.

사생(査生, 사돈의 일인칭) 저는 지난 그믐에 합수(合修, 우호를 닦는 일)하는 일로 대여섯 곳을 돌아다니다가 어제 집에 도착했는데 여독(旅毒)으로 밤새 앓아서 가련하지만 어찌하겠습니까. 부친은 의성 관아[義衙]에서 어제 들어와 근력이 쇠약해져서 애가 타서 눈물이 나는 것을 형용하기 어렵고, 아후(亞候, 삼촌)는 감기가 걸려 여러 날 동안 편치 못해 큰 걱정이 적지 않습니다. 오직 다섯 집의 남녀노소들이 아무 탈이 없고 지난달 양가(兩家)에서 우귀(于歸, 신부가 처음으로 시집에 들어가는 일)가 차례대로 행해졌는데 새로 들어온 며느리들의 범절 일체가 더없이 잘 맞으니 가난한 집의 정황에 무엇이 이보다 더 좋은 일이겠습니까. 내곡(內谷)의 사형(査兄)은 끝내 저의 바람을 그르쳐서 마음에 서운합니다.

도산서원(陶山書院)의 변고(變故, 위패 도난 사건)는 우리 유림(儒林)이 모두 아파했는데, 근래 소식에 임금께서 신주(神主)를 만들 재목(材木)을 보내고 본군의 수령에게 치유(致侑, 제물을 보내 제사함)하게 하였다고 합니다. 청도(淸道) 백곡(栢谷)의 참봉(參奉) 김사규(金士奎) 씨와 대구(大邱) 수령과의 시비(是非)는 눈물을 흘릴만한 일로 듣고서 매우 탄식하였습니다. 그러나 지금의 형편은 김사규씨가 낭패를 당할 처지에 이르렀다고 하니 탄식한들 어떻게 하겠습니까. 박형(朴兄)이 관아에 있다고 하는데 아직 만나지 못했으니, 며칠 사이에 만날 계획을 해야 하겠습니다.

---

17) 홀아비[鰥, 이중구] : 수신자 이중구를 말함. 이중구는 부인 밀양 손씨(密陽孫氏)가 경자(庚子, 1900) 2월 28일에 서거하여, 이 편지가 쓰인 1901년 12월 무렵에 이중구는 홀아비였다.(《여주이씨파보(驪州李氏派譜)》)

18) 매화[梅妻] : 매화나무를 은유한 말이다. 서호처사(西湖處士)로 불린 북송의 임포(林逋)는 서호의 고산(孤山)에 은거하여 20년 동안 성시(城市)에 발을 들여놓지 않았으며 행서와 시에 능하였는데 특히 매화시가 유명하다. 처자 없이 매화를 심고 학을 길러 '매처학자(梅妻鶴子)'라고 불렸다.(《宋史 卷457 林逋列傳》)

나머지는 사체(仕體)께서 마음을 어루만져 스스로 위로하시고 송구영신(送舊迎新)에 모두 규범대로 되시기를 빕니다. 격식을 갖추지 못하고 편지를 올립니다.

신축년(1901) 납월(臘月, 12월) 12일에 사생(査生) 김건동(金建東) 재배(再拜) 상사장(上謝狀).

이 편지는 1901년 12월 12일에 김건동(金建東)이 사돈 이중구(李中久)에게 보낸 《이중구가 5대 고문서, H402》이다.

도산서원의 위패 도난 사건에 대하여 《승정원일기(承政院日記)》(고종 38년 신축(1901) 11월 21일(계미, 양력 12월 31일))에는 장례원경(掌禮院卿) 이정로(李正魯)가 예안군수(禮安郡守) 조봉승(曺奉承)의 도산서원(陶山書院) 첩보(牒報)를 인용하여 위판(位版)이 도난당한 것을 보고하고, 아뢰기를 "조정에서 사액(賜額)한 서원에 이런 도난의 변고가 있으니, 너무도 놀랍습니다. 변고를 일으킨 죄인은 잡아들이거든 엄히 조사해서 처벌하고, 위판(位版)은 즉시 다시 만들어 택일하여 봉안(奉安)한 뒤에 본군(本郡)에서 위안제(慰安祭)를 설행하고, 예전의 위판은 기어이 찾아내 정결한 곳에 매안(埋安)하도록 아울러 분부하는 것이 어떻겠습니까? 삼가 상주합니다."하였다. 이에 대하여는 아뢴 대로 하라는 칙지를 받들었다고 하였다.

이 기사는 위의 편지에서 임금께서 본군(예안군)의 수령으로 하여금 치유(致侑)하게 하였다는 것과 합치된다. 신주(神主)를 만들 재목(材木)을 조정에서 보낸다는 것은 이 편지에서 더 보태서 전해진 것인데, 이에 대하여는 'H417'(1901년 12월 23일에 최현필(崔鉉弼)이 이중구(李中久)에게 보낸 편지)에 "도산서원(陶山書院)의 변고에 대해서는 … 이미 새로운 신주(神主)를 봉안(奉安)한 지 여러 날이 지났다는 말을 듣고 매우 위로되었다.(陶院之變, … 而聞已新奉有日, 頗用萬慰)"라고 하여, 봉안이 된 것을 확인할 수 있다.

김건동은 생몰년 미상으로 이중구(李中久)의 며느리 친정 큰아버지이다. 이중구의 아들 이석일(李錫日)의 장인이 김면동(金冕東)이고, 김면동의 형이 김건동이다.

46 박재화(朴在華, ?) 1902년 11월 12일 인생사에서 아들 결혼과 손자를 보는 경사

阻濶承
惠, 感荷良深. 而伏審
仕體連重, 貢禱貢禱. 弟素無
識見, 兼此才劣, 莅玆弊局,
每以事務之零瑣, 自惱無
益. 而惟幸家信之粗安耳.
示中將有抱孫之期者, 遠
聞欣足矣. 此則人間之一慶,
而弟則穉豚未成, 以是無
面於家庭矣. 爲悶爲悶耳. 昌
樂貴查宅, 與弟相資者久
矣. 而今聞于禮在近云. 于時
期於枉駕, 敍設(說)積阻之
懷, 伏企伏企. 鄙族福汝氏夏
間來此, 趂還矣. 在甲方在
於鄙邊, 往來間頻頻面設(說)
已耳. 餘不備謝禮.
弟朴在華拜謝.
壬至十二日.

소식이 끊긴 지 오래인데 은혜로운 편지 받아보니 감사함이 참으로 깊습니다. 게다가 사체(仕體)가 연이어 편하시다는 소식을 알게 되니 축하의 말을 올리고 올립니다.

저는 본디 아무런 식견도 없고 겸하여 이처럼 재주도 열등한데 이런 피폐한 관아에 부임하게 되니 매양 자잘한 사무들로 도움 되지 않는 번뇌만 하고 있습니다. 그러나 집안 소식이 그런대로 편안한 것이 다행스러운 일일 뿐입니다.

말씀하신 중에 곧 손자를 안게 되는 날이 있게 된다는 말은 멀리서 듣고서 기뻐하기에 충분하였습니다. 이는 인간의 한 가지 경사입니다. 저는 집의 아이가 아직 결혼하지 못해 이 일로 집안에 낯이 서지 못합니다. 고민스럽고 고민스러울 뿐입니다.

창락(昌樂)의 형의 사돈댁과는 제가 서로 돕고 산 지 오래입니다. 그런데 요사이 들으니 며느리 맞는 날이 머지않다고 합니다. 그때 기어코 이곳에 왕림하여 쌓이고 막힌 회포를 하나하나 풀어 놓을 수 있기를 삼가 바라고 바랍니다.

저희 집안 복여(福汝) 씨가 여름 사이에 이곳에 왔다가 곧 돌아갔고, 재갑(在甲)은 지금 이곳에 있어서 오가며 자주 만나 이야기하곤 합니다.

제(弟) 박재화(朴在華)는 절하고 절합니다.

임진년(壬辰年, 1902년) 11월 12일.

이 편지는 박재화가 1902년 11월 12일에 창녕군수 재임 시절 이중구(李中久)에게 보낸 《이중구가 5대 고문서, B194》이다.

이중구 며느리의 친정이 바로 손녀 사랑이 극진했던 창녕 김규화(金奎華)이다. 김규화는 의금부 도사(義禁府都事)를 지냈다. 당연히 서로의 관계가 남다를 수밖에 없다. 그래서 그 집의 며느리 보는 날 서로 만나서 회포를 푸는 일로 삼자고 한 것이다. 아울러 손자를 보게 되는 이중구를 축하하며 자신은 며느리를 보지 못해 집안에 체면이 서지 않는다는 고민을 털어놓았다. 혼인은 인륜의 대사라서 집안마다 이 일은 부모 된 자의 큰일이었다.

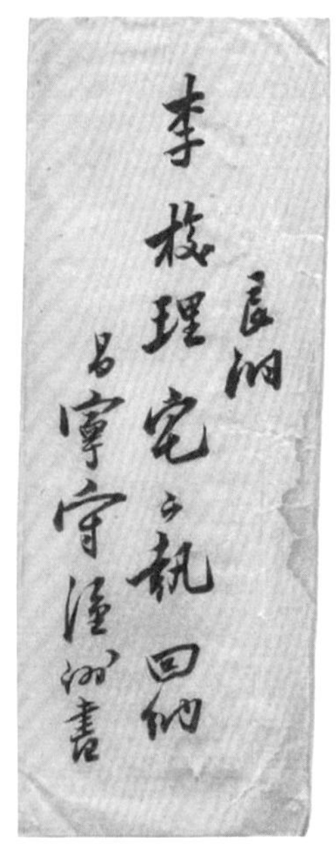

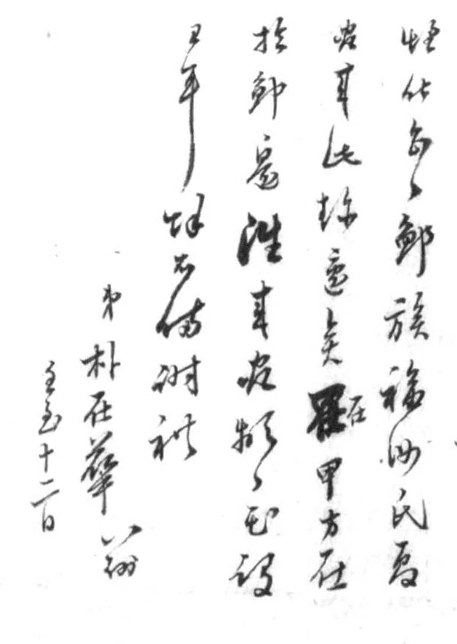

51.0×21.0 (8.0×21.2)

이 편지에서 고을 수령이 되었을 때 누가 찾는지를 살필 수 있다. 박재화의 친족이 다녀갔고 또 다른 친족이 근처에 와서 서로 오가며 지낸다고 말하고 있다. 이들이 오갈 때의 음식 대접은 당연히 관아에서 책임졌고 그것은 고을 아전의 책무였다.

또 피봉의 관인(官印)은 당시 국가가 정한 수령 관인이다. 이 관인을 잃었을 경우 수령이 파직당하는 일이 벌어지기도 하였다.

《이중구가 5대 고문서, H410》의 박재화가 이중구에게 보낸 1902년 12월의 편지에는 경주 군수를 지낸 '해창(海蒼, 권상문(權相文)의 호) 형이 근래 서울에 납부한 문제들로 지금 서울에 여러 날 머물고 있다니 듣고서 심히 별의별 고민을 하게 된다. [海蒼兄近以上納事, 滯在多日云, 聞甚歷悶耳.]'고 하였고, 《이중구가 5대 고문서, B616》의 김규화(金奎華)가 이중구에게 보낸 협지(夾紙)에는 '박재화(朴在華)는 평리원(平理院)에서 붙잡아가라는 명령이 있었다고 한다. 이 사람의 일이 가엽고 민망하다. 아마 이미 체포해 갔을 것이다. [朴在華自平理院有拿去之命云, 此人事可矜可悶, 似已捉去耳.]’라고 하였다. 《승정원일기(承政院日記), 고종 40년 계묘(1903) 6월 27일)》에 의하면 박재화를 세금 상납(上納)의 일로 면관시키고 법에 따라 엄히 징계하라는 명령이 내려졌다. 이미 권상문이 서울에서 곤욕을 치르는 일을 보고 부임하며 고민스러워한 박재화 역시 같은 길을 밟았다니 이 시대의 유행이었던가.

박재화는 본관이 함양(咸陽)이며, 자는 윤중(允中)이고, 호는 관재(觀齋)이다. 고종 37년(1900년) 12월에 황해도 장련군수(長連郡守)를 시작으로 1901년 경상남도 웅천군수(熊川郡守), 고종 40년(1903년) 창녕군수(昌寧郡守)를 지냈다. 《각사등록(各司謄錄) 16, 경상남북도 각군소장(慶尙南北道各郡訴狀)》에 의하면 창녕군수 시절 세금 미납 9천 냥의 문제가 발생해 현장에서 서울로 압송되는 치욕을 겪었다.

47 김면동(金冕東, ?) 1903년 3월 13일
사돈에게 전하는 딸에 대한 걱정

去月晦間, 以勿峰故, 汝三允友便, 所
仰數字候, 想已其間收鑒矣. 其
後月已改, 而春事將爛, 遠仰懷緖,
倍切難耐. 伏請玆辰,
仕體事連護萬旺, 允郎外內俱
得吉狀, 而所謂女阿行路德, 多有
不健之狀云, 此間亦爲充健耶. 此爲
外人, 而每入心念中, 亦多傷心之時,
所謂爲父母之情者, 皆如是耶. 自
顧噓唏, 遠溸仰祝. 査弟一
是憂愁中人, 何以得安間世上,
自顧自歎. 惟省事依昔, 犅
保餘集, 僅守前日之樣, 私情大
幸耳. 歉憂漸至竿頭之勢,
而前頭尙渺茫, 手亦爲弩
末之勢, 此將柰何. 無非惱界風
霜而已. 爲之奈何. 牙候也, 西信也,
並爲近久阻, 情私紆鬱, 何以枚
擧耶. 女阿向試羊肉四物湯云, 亦
有效應之望耶. 若此歉窮之時,
何以接應也. 顧念自已經歷, 皆
爲歷歷推仰於吾
兄應接經過大槩, 而只是無益

之慮而已. 沙谷內洞俱安云耶. 勿峰
亦安, 而翰山所聞, 亦有可聞說耶.
沙谷長髻內叔氏, 道東行公, 似
有從近經紀矣. 伊時亦可續信
知耶. 主官數日前, 有移拜之
說, 期於謝却, 更留因尊於此邑,
相依之地, 亦爲大幸大幸. 時狀去去
有奇怪之事, 可呵可歎. 日下進宴
今月望日, 而以洪大妣(妃)患候, 更退
於來月云, 此後事, 將未知何如耳.
餘因他便, 玆仰數字, 以望回奇大
安, 留不備候狀上.
癸暮春十三日, 査弟金冕東二拜.

지난달 그믐 무렵에 물봉(勿峰)의 일로 여삼(汝三)의 윤우(允友, 아들) 인편에 몇 글자 안부를 여쭈었는데 이미 그동안에 보셨을 것입니다. 그 이후로 달이 이미 바뀌고 봄 농사가 한창 진행되었는데 멀리 그리운 정은 갑절이나 일어나서 견디기 어렵습니다. 여쭈오니 이때에 사체(仕體)가 연이어 편안하시고 윤랑(允郞) 내외[19]도 모두 잘 있는지요. 말씀하신 딸내미가 먼 길의 피로로 꽤 건강치 못함이 있다는 말이 있었는데 요사이 회복되었습니까. 딸은 출가외인(出嫁外人)이지만 늘 생각이 나고 또 마음 쓰일 때가 많으니 이른바 부모 된 사람의 마음은 모두 이런 건가요. 자신을 되돌아보자니 한심스러우나 멀리 그리며 우러러 축원합니다.

사제(査弟)인 저는 한결같이 근심 속에 사는 사람이니 어떻게 편안하고 한가로운 세상이 있겠습니까. 스스로를 되돌아보며 스스로를 탄식합니다. 오직

19) 윤랑(允郞) 내외 : 윤(允)은 귀하의 아들이면서 랑(郞)은 나의 사위인 이석일(李錫日)을 말함. '내외'는 이석일과 그의 아내인 김면동의 딸을 말한다.

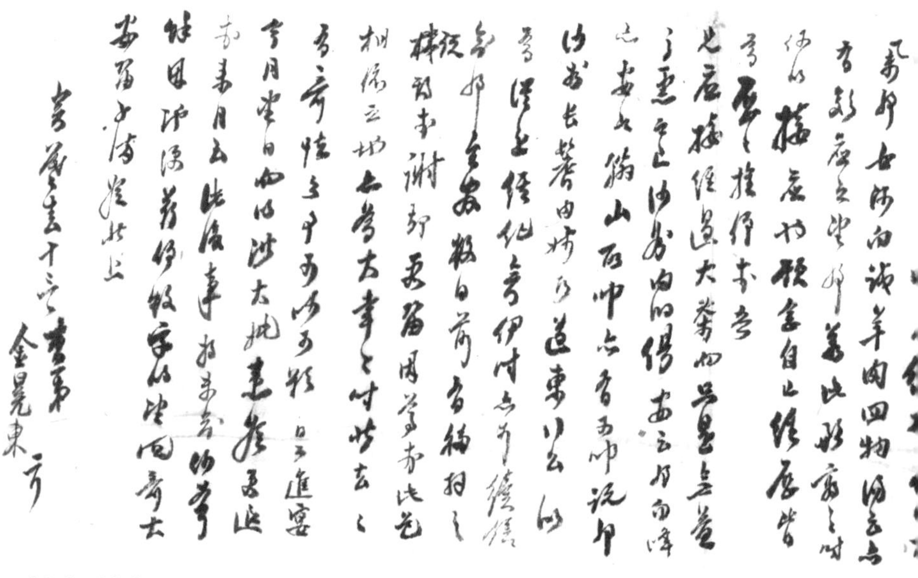

88.0×22.0

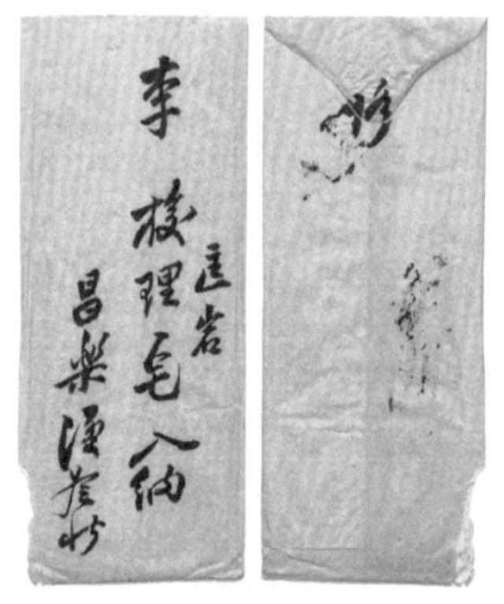

부모님 모시는 일이 이전과 같고 나머지 가족들도 대략 보전하여 가까스로 지난날의 모습을 지켜나가니 제 마음에 크게 다행으로 여깁니다. 흉년 걱정이 점점 백척간두(百尺竿頭)의 형세로 빠져들어, 앞길이 여전히 아득한데 제 수완마저 또한 쇠퇴하였으니[弩末之勢][20] 이를 장차 어찌하겠습니까. 두려운 겁재(刦災)의 간난신고[風霜]가 아닌 것이 없으니 이를 어찌하겠습니까. 아후(衙候, 관아의 안부)와 서울 편지가 모두 근래에 막히니 마음의 우울을 어찌 낱낱이 거론하겠습니까.

딸(이중구의 며느리)은 일전에 양육사물탕(羊肉四物湯)을 써 보았다고 하였는데 또한 효응(效應)이 있었습니까. 이러한 흉년에 어떻게 꾸려가시는지

20) 쇠퇴하였으니[弩末之勢] : 쇠뇌가 닿은 끝이라는 뜻으로, 역량이 다하여 약해짐을 말한다.

요. 되돌아보면 저의 지나온 일들은 모두 하나하나가 우리 사형(査兄)이 응대해 온 큰 법도를 모두 미루어 우러러 따른 것이었는데 다만 쓸데없는 생각일 뿐입니다. 사곡(沙谷), 내동(內洞)은 모두 편안합니까. 물봉(勿峰)도 편안하며 한산(翰山) 소식도 들을만한 것이 있습니까. 사곡의 장기 내숙씨(長鬐內叔氏, 장기 수령을 지낸 외삼촌)는 도동서원(道東書院)[21]의 공무를 수행하여 며칠 사이 결정할 일이 있을 듯한데 그때 또한 편지를 주셔서 알려주시겠습니까. 주관(主官, 현임 수령)은 수일 전에 인사이동이 있었다는 말이 있었는데 기어코 사양하고 다시 이 고을에 눌러있기로 했다고 하니, 서로 의지하는 처지에 또한 크게 다행입니다. 시대 상황은 갈수록 기괴한 일이 있어서 한탄스럽습니다. 일하진연(日下進宴, 서울의 잔치)은 이달 보름이었는데, 홍대비(洪大妃)[22]의 병환으로 다시 다음 달로 연기하였다고 하였으나, 그다음 일은 어찌

---

21) 도동서원(道東書院) : 대구 달성군 구지면 도동리에 있는데, 한훤당(寒暄堂) 김굉필(金宏弼, 1454~1504)을 제향하는 곳이다. 1568년에 지방 유림이 비슬산 동쪽 기슭에 세워 쌍계서원(雙溪書院)이라고 하였고, 1573년에 같은 이름으로 사액을 받았다. 임진왜란으로 소실되었다가, 1605년에 사림들이 지금의 자리에 사우를 중건하여, 보로동서원(甫勞洞書院)이라고 하였다가, 1607년에 도동서원으로 사액을 받았다.

될지 알지 못하겠습니다.

나머지는 다른 인편에 의하여 이에 몇 글자를 올리며 기별이 돌아올 적에 편안하시다는 말이 있기를 기대합니다. 이만 줄이고 편지를 올립니다.

계묘년(癸卯年, 1903) 3월 13일에 사제(查弟) 김면동(金冕東) 이배(二拜).

이 편지는 1903년 3월 13일에 김면동(金冕東)이 이중구(李中久)에게 보낸 《이중구가 5대 고문서, B362》이다.

편지에서 말하는 일하진연(日下進宴, 서울의 잔치)이 홍대비(洪大妃)의 병환으로 다시 다음 달로 연기했다는 말은 《승정원일기(承政院日記)》 고종 40년(1903) 3월 13일에 "양로연(養老宴)과 내진연(內進宴), 외진연(外進宴)의 날짜를 음력 7월 보름과 20일 사이로 다시 택하여 들이라."고 한 것에서 확인된다. 그러나 이 해의 진연은 시행되지 못하였다. 《승정원일기》 고종 40년(1903) 윤5월 5일에 "보리와 밀 농사가 흉작이어서 원근의 백성들이 모두 황급해 하고 있다. 이러한 때에 연회(宴會)를 거론해서는 안 되겠지만 한창 벼 이삭이 자라 가을의 수확을 기대해 볼 수 있으니, 양로연(養老宴)과 진연(進宴)을 모두 물려 내년 봄에 백성들의 힘이 조금 펴지거든 설행(設行)하도록 분부하라."고 하여 다음 해로 또 물린 것이다. 그러나 명헌왕후는 이해(1903) 11월 15일에 74세로 서거하여 (《승정원일기(承政院日記)》에 의함) 그 진연을 보지 못하였다.

편지 내용 중 '홍대비(洪大妃, 헌종계비 명헌왕후(明憲王后), 1831년~1904)의 병환[洪大妣(妃)患候]'이라는 표현이 있어 연대 표기의 '계모춘(癸暮春)'이 계묘(癸卯, 1903년) 3월임을 추정할 수 있다.

김면동은 철종 원년(1855)에 태어나 몰년 미상의 인물이다. 본관은 서흥(瑞興), 자는 이좌(伊佐)이고, 창녕(昌寧)에서 살았다. 김규화(金奎華, 1837~1927)의 아들이다. 딸이 이석일(李錫日)의 부인이자 이중구(李中久)의 며느리이다.

---

22) 홍대비(洪大妃, 1831~1904) : 헌종계비 명헌왕후(明憲王后)를 말한다.

48 이석일(李錫日, 1886~1950) 1939년 4월 27일 근대 조선의 사회 변화

寄寅兒書.

日前付書, 似間以得見, 而汝
之葉書, 日昨來到. 聖道昨夕
來言, 見汝於鍾路云. 書與傳
言, 以一月加治療爲的定, 是乃
有效, 而汝之自爲事耶. 或宜(醫)師
若爲一月加治, 則拔根快差云
耶. 遠未知如何也. 比旱太酷, 汝之
旅中, 眠食無恙. 主家老少節俱
安耶. 馳念不已. 此中姑依前樣, 而廚
雇將出去云, 鼎臼之役, 誰能任爲,
是爲大關念也. 麥農近爲刈打, 未
免大歉. 日旱如此, 野無青色, 畓亦
如田, 秧板亦龜坼矣. 大農似爲辦凶,
蒼生何以得生乎, 憂慮不啻耳.
所言糧米, 欲付而無便. 故不得已
因於鐵道便付送, 而物票受入於
書封中以送, 見書之日, 持物票, 去
停車場, 覓于米封也. 白米三斗, 以高
準斗付送, 更爲斗量以示也. 餘不具
一一.

己卯陰四月二十七日, 父草.

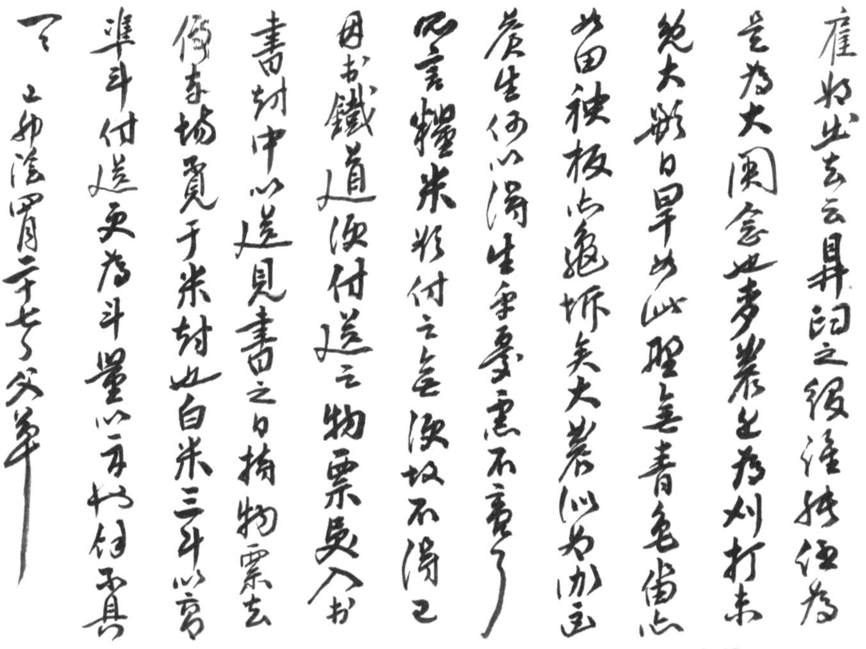

56.8×18.3

인아(寅兒)에게 부치는 편지.

지난번 보낸 편지는 아마도 중간에 받아보았을 것이며, 네가 보낸 엽서는 어제 도착하였다. 어제저녁에 성도(聖道)가 와서 말하기를, 종로(鐘路)에서 너를 보았다고 하더구나. 편지와 전하는 말에 따르면 1개월을 더 치료하기로 작정했다고 하니, 이것은 효과가 있었다는 것인데 네가 스스로 생각한 것이냐. 아니면 의사(宜(醫)師)[23]가 1개월을 더 치료해야 된다고 말했다면 뿌리가 뽑혀 병이 완전히 낫는다고 하더냐. 멀리 있어서 어떤 말인지 알지 못하겠다.

요즈음 가뭄이 너무 심한데 너의 객지 생활에 먹고 자는 일은 무탈하며, 주인집의 남녀노소도 모두 편안하냐. 염려가 그치지 않는구나.

---

23) 의사(宜(醫)師) : 의(宜)를 의(醫)로 통용하여, '의사' '宜師'로 표현한 것이다.

이곳은 이전 그대로인데, 부엌에서 일하는 사람이 나간다고 하니, 밥하고 절구질하는 일을 누가 맡아 잘 해낼 수 있을지 이것이 크게 마음에 걸리는구나.

보리농사는 최근에 베어 타작을 하였는데 흉년을 면치 못하였다. 가뭄이 이 같아 들녘에는 푸른빛이 없고 논도 밭처럼 메말랐으며, 못자리는 거북이 등딱지처럼 갈라져 있다. 농사 전체가 흉년으로 판가름날듯하니, 백성들이 어떻게 살아갈지 몹시 걱정이 된다.

부탁한 쌀은 부치려고 했는데 인편이 없었다. 그래서 어쩔 수 없이 철도편에 부쳐 보내고 물표(物票)[24]는 편지 봉투 안에 넣어 보냈으니, 편지 받는 날에 물표를 가지고 정거장에 가서 쌀 포대를 찾도록 하여라. 백미 3말을 고봉으로 부쳐 보냈으니, 다시 되나 말로 재어보고 알려다오.

---

24) 물표(物票) : 물건을 보내거나 맡긴 증거로 삼는 표지(標識)이다.

나머지는 하나하나 갖추지 못한다.

기묘년(己卯年, 1939) 음력 4월 27일에 아비 씀.

이 편지는 1939년 4월 27일에 이석일(李錫日)이 아들 인원(寅源)에게 보낸《이중구가 5대 고문서, E221》이다.

자운(紫雲, 이중구)가에 소장된 이석일의 편지는 모두 2통이다. 이 편지가 작성된 1939년의 조선은 그 이전 시대와는 다방면에서 판이하게 변모했을 것이다. 편지의 내용에서 이인원처럼 신병 치료를 목적으로 서양 선교사이면서 의사들이나 왜인들이 세운 신식병원에서 전통방식과는 전혀 다른 형태의 의료치료를 받을 수 있었을 것이며, 일제가 조선의 자원수탈 수단으로 깔아놓은 철도를 이용하여 이석일처럼 한양에서 병 치료 받는 아들을 위해 수화물을 신속하게 전달할 수 있는 색다른 시대가 도래되었다는 것을 엿볼 수 있다. 편지 끝의 '부초(父草)' 두 글자는 아버지가 자식에게 보내는 글의 끝에 쓰는 형식이다. 또 '부흠(父欠)'이라고 쓰는 경우도 있다. 아버지가 자식에게 보내며 아버지 '누구'라고 해야 할 자리에 '누구'라는 '이름' 표시를 뺀다는 뜻이다.

이석일의 아버지는 이중구(李中久)이며, 어머니는 밀양 손씨 손용석(孫龍錫)의 딸이다. 자는 공필(公弼)이며, 부인은 서흥(瑞興) 김씨 김면동(金冕東)의 딸이다.

49 서병오(徐丙五, 1862~1935) 작성일 불명 부인네들의 옷 짓는 일

稽顙. 伏拜
惠疏, 謹審夜回,
旅體寢節萬寧, 伏慰
哀祝.
敎意謹悉, 而此處鍼工,
與京不同, 等閒衣次, 動輒
過旬, 而況紗羅之屬乎.
若不計早晏, 則謹當謀諸
婦, 而刻期催督, 似難易
就. 故玆以還呈, 如有從
他速就處, 使之爲之. 而不
拘遲速, 更爲投擲, 若何若何.
四聯一楣, 謹銘肚裏矣.
餘迷不次. 謹謝疏上.
罪生徐丙五拜謝疏.

이마를 조아립니다[稽顙][25]. 삼가 은혜로운 편지를 잘 받고 밤사이 객지에서 건강이나 잠자리가 모두 안녕하시다는 소식을 정중히 알게 되니 삼가 상

25) 이마를 조아립니다(稽顙) : 무릎을 꿇고 이마를 땅에 닿도록 숙이는 극도의 존경이 담긴 절을 뜻한다. 이 절이 《의례(儀禮), 사상례(士喪禮)》에 '조문 온 사람이 군주의 명을 받고 왔음을 전하면 상주는 곡하고 절하는데 머리를 땅에 닿게 하고 펄쩍펄쩍 뛰는 예를 행한다.(弔者致命 主人哭拜, 稽顙成踊)'고 한데에서 삼년 상중의 상주는 늘 이 두 글자로 자신의 공경을 상대에게 표하였다.

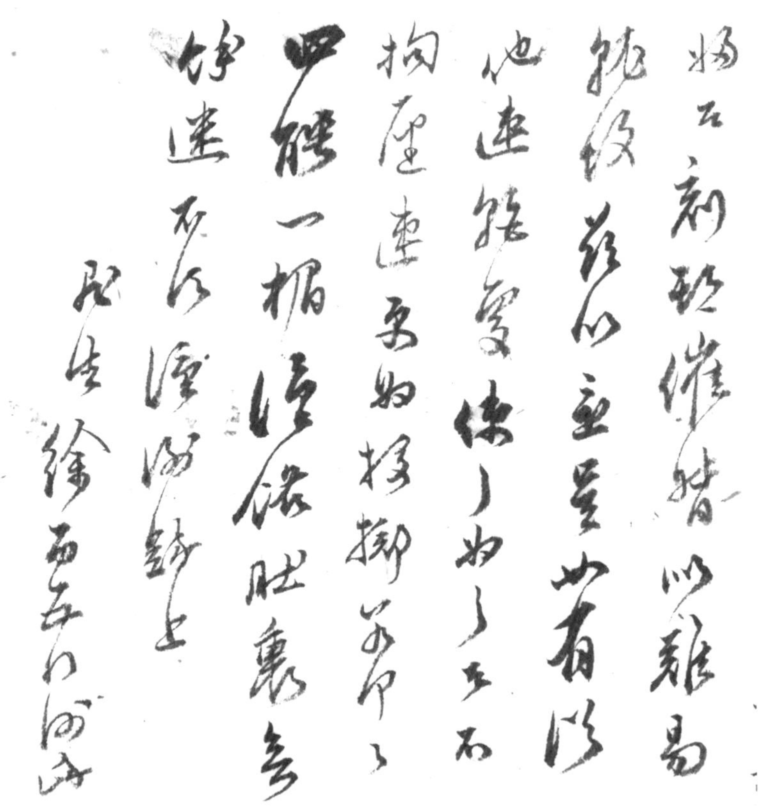

41.1×21.5

중에 축원하던 마음에 위로됩니다.

말씀하신 뜻은 잘 알았습니다마는 이곳의 바느질 솜씨는 서울과 달라 옷감에 대해 깊은 조예를 갖지 못해 번번이 열흘을 넘기곤 하는데 하물며 비단 종류야 말할 것이 있겠습니까. 만일 시일을 따지지 않는다면 삼가 여러 부인네[諸婦]에게 시켜보겠으나, 기한을 못 박아 재촉하는 옷이라면 선뜻 일에 손대기 어려울 것 같습니다. 그래서 돌려드리는 것이니 만일 다른 곳의 속히 만들 곳이 있다면 그곳에 시켜서 만들도록 하시고, 시간에 구애받지 않는다

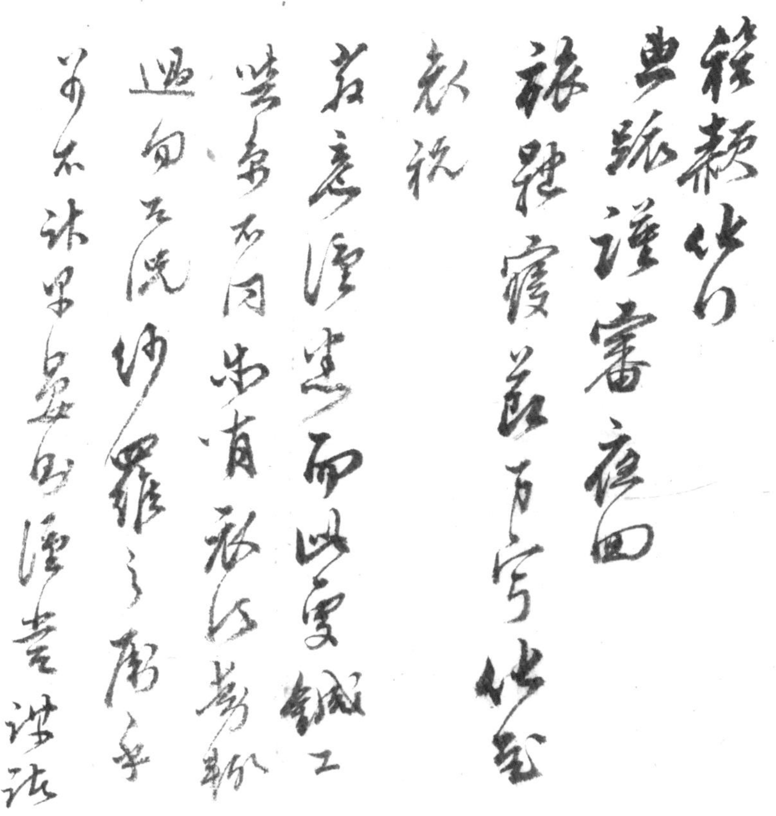

면 다시 보내주시는 것이 어떻겠습니까.

보내주신 주련서(柱聯書) 네 구절과 현판 글씨 한 폭은 그 은혜를 삼가 가슴속에 새기겠습니다.

나머지는 상중이라 정신이 혼미하여 차례가 없습니다. 삼가 답장 올립니다.

죄인 서병오(徐丙五)는 절하고 답합니다.

편지의 발신인이 서병오라는 사실 이외에 편지의 발신일과 수신인이 명기되지 않은 편지《이중구가 5대 고문서, B270》이다. 다만 주석에서 언급한 대로 당시 서병오가 상중임을 편지 문장의 계상(稽顙), 애축(哀祝)의 '애(哀)', 여미불차(餘迷不次)의 '미(迷)', 죄생(罪生) 등에서 알 수 있다.

여러 부인네[諸婦]는 옷 짓는 일을 직업 삼아 일하는 부녀자인지, 아니면 서병오 집안의 부인들인지는 분명하지 않다. 또 다른 서병오의 편지《이중구가 5대 고문서, B143》에 '전투복과 두루마기는 지금 막 옷 짓는 일이 끝났기에 올려드리니 받아보심이 어떻겠습니까? [戰服與周衣, 今纔落役, 玆以仰呈, 俯領若何.]'라고 하여, 앞서의 편지에서 운운한 옷들이 전투복과 두루마기였고, 그 짓는 일은 결국 서병오에게 되돌아왔음을 추정할 수 있다. 또 이 편지가 앞의 편지와 똑같이 계상(稽顙)으로 시작하여, 자신을 죄생(罪生)으로 지칭하고 있는 것에서 두 편지가 시간상으로 가까웠던 것도 짐작할 수 있다. 주의(周衣, 두루마기)는 조선시대에 없던 옷으로 고종시대 의제(衣制)가 바뀌며 생겨난 옷이다. 이 옷이 편지에 등장하는 것으로 볼 때 주의가 세상에 막 유행한 시기였을 것 같다. 고종 31년(1894년) 12월 16일에 반포한 칙령(勅令)에 '조신(朝臣)의 대례복(大禮服)은 흑단령(黑團領)을 입게 하고 궁궐에 나올 때의 통상복은 주의(周衣)와 탑호(搭護)를 입어야 한다.'에 비추어본다면 이때 조신들이 주의를 공식으로 입게 되었음을 알 수 있다. 중년 이후 서병오가 명필과 문인화로 이름을 날렸는데 누가 주련서와 현판 글씨를 써주었을까? 아무래도 당시 이런 부탁을 많이 받았던 이중구(李中久)가 아닐까 싶다.

서병오는 철종 13년(1862년)에 나서 1935년에 죽은 서화가이다. 본관은 달성(達城), 호는 석재(石齋). 건양 원년(建陽 1896년)에 대구부(大邱府) 주사(主事)에 오른 뒤 융희(隆熙) 2년(1908)에 신녕군수(新寧郡守)에 부임하였으나 이내 면직되었다. 1901년 전후에 중국 상해(上海)로 떠나 중국의 서화가 포화(蒲華), 조선의 오창석(吳昌碩) 등과 교류하며 후일 서예와 문인화에 큰 족적을 이뤘다. 영남 일원에 살면서 교남서화연구회(嶠南書畫硏究會)를 발족시켜 그 회장을 역임하였고, 1922년 서울에서 열린 조선미술전람회(朝鮮美術展覽會, 鮮展)의 서(書)와 사군자의 심사위원으로 위촉되며 선전(鮮展)의 발전에 기여하였다. 만석(萬石) 부자의 아들로 부유하게 지내면서 중국과 일본을 오가며 서화에 대한 견문을 넓히고 대원군(大院君)의 문객으로 활동하며 많은 문사들과 교유하였다. 그러나 만년에는 가산을 잃고 곤궁하게 생활을 이어갔다. 김진만(金鎭萬), 배효원(裵孝源) 등의 제자와 많은 작품이 전한다.

조병식(趙秉式, 1823~1907) 작성일 불명 충청감사의 시각으로 본 동학도(東學徒)

忠淸監司趙秉式曉諭文

夫道者先王之正道惟一, 學者聖人之正學爲宗. 其傳卽堯舜禹周孔程朱, 其文爲詩書易春秋禮樂.

書之範曰"偏無黨," 詩之頌曰"思無邪." 非先王之道, 則左道以歸之, 非聖人之學, 則異學以稱矣. 是故

老聃之學, 夫子不取, 許行之學, 亞聖有言. 詩人曲學, 被眞儒之討論, 宋世陸學, 見群賢之排斥.

猗歟, 今日聖明在上, 禮義我東. 五百年鴻休維新, 繼繼承典章之法, 三千里駿髦斯盛, 彬彬多絃誦之聲.

況此湖西, 鄒魯之鄉, 濂洛之士. 五十州喬木, 盡是世祿大家, 六七人冠童, 無非先賢後裔. 箕裘儒業, 相守靑氈之規, 粃糠俗徒, 敢售玄虛之說.

師行朱紫, 抑何意思, 官道蒼黃, 莫知事故. 君是君, 父是父, 冠吾冠, 衣吾衣. 奚獨師不是師乎, 故爲學非吾學也.

莫如改過爲善, 捨舊從新. 人人而火其書, 歷歷而更如日, 始晦終明, 無或怪矣, 昨非今是有誰毁之.

農者農, 商者商, 各安恒産之業, 行則行, 止則止, 莫非萃擾之端. 如是曉諭之後, 一樣不悛, 則上有鈇鉞之誅, 下有囹圄之繫. 放流有懲遠置極邊之方, 殄滅無遺盡劉化外之類.

在法當禁, 雖悔曷追. 嗟嗟諸子, 惜哉惜哉愛惜之方, 歸歟歸歟還歸于正. 遵先王之正道, 是亦望也. 講聖人之正學, 不亦悅乎.

26.8×20.5

충청감사(忠淸監司) 조병식(趙秉式)의 효유문(曉諭文).

무릇 도(道)는 선왕(先王)의 정도(正道)가 유일하고, 학(學)은 성인(聖人)의

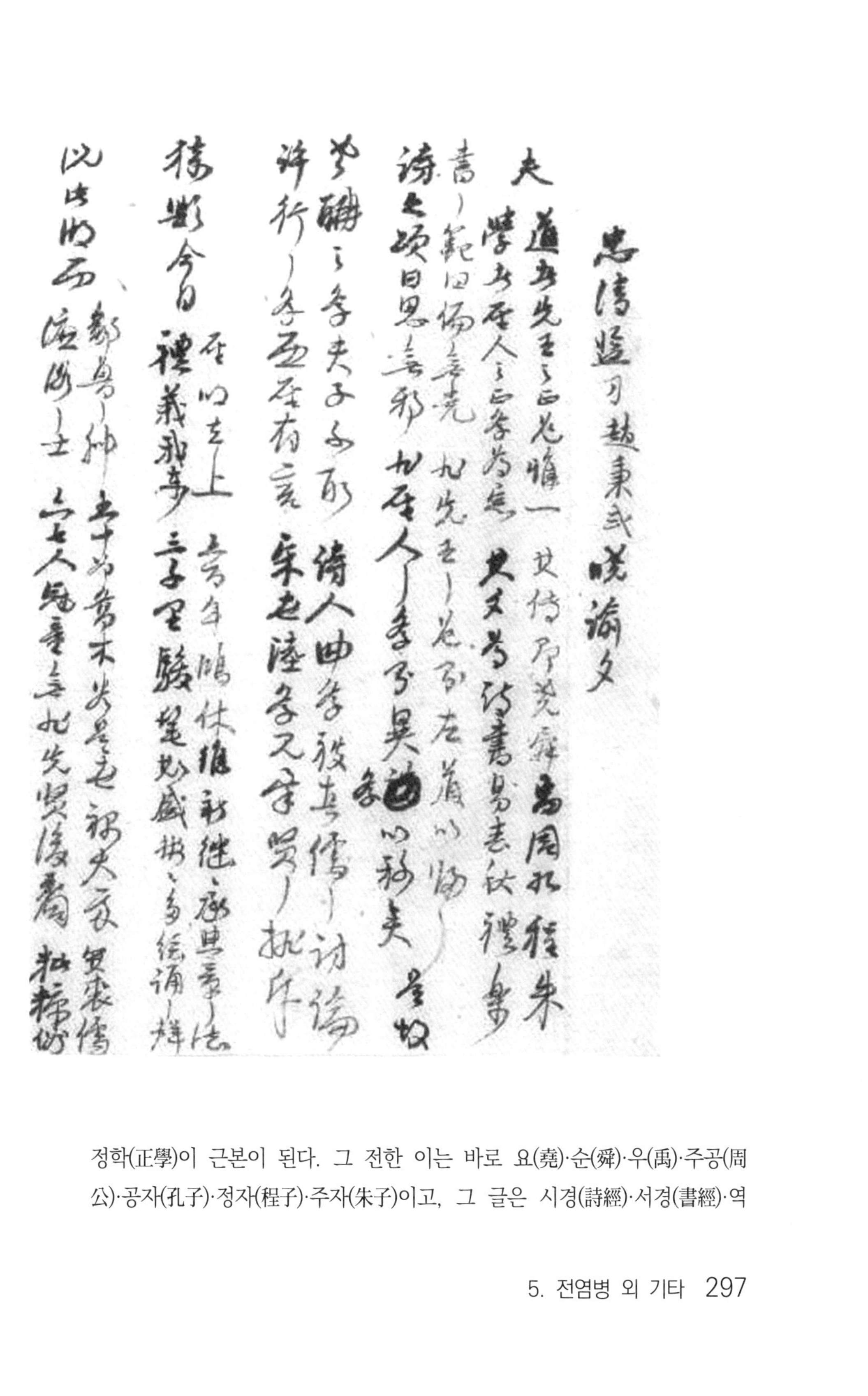

정학(正學)이 근본이 된다. 그 전한 이는 바로 요(堯)·순(舜)·우(禹)·주공(周公)·공자(孔子)·정자(程子)·주자(朱子)이고, 그 글은 시경(詩經)·서경(書經)·역

경(易經)·춘추(春秋)·예경(禮經)·악경(樂經)이다.

《서경》〈홍범(洪範)〉에 "편벽됨이 없고 편당함이 없다."라고 하였으며, 《시경》〈노송(魯頌) 경(駉)〉에 "생각함에 사특함이 없다."라고 하였으니, 선왕의 도가 아니면 그릇된 도로 돌아가게 되며, 성인의 학문이 아니면 이단(異端)의 학문이라고 일컫는다. 이 때문에 노담(老聃)의 학문을 공자(孔子)께서 취하시지 않았으며, 허행(許行)[26]의 학문을 맹자(孟子)께서 비판하였다.

시인(詩人)들의 왜곡된 학문은 참 선비들의 성토를 받았으며, 송나라 육상산(陸象山)의 학설(學說)은 여러 현인의 배척을 받았다.

아! 지금 성주(聖主)께서 위에 계시어 우리 조선(朝鮮)은 예의의 나라로 500년 동안 큰 복이 새롭게 이어져 전장(典章)의 법도를 계승하였고, 삼천리 강산에 준수한 선비들이 이에 등장하여 아름답게 글 읽는 소리가 울려 퍼졌다.

더구나 이곳 충청도는 공자와 맹자의 기풍이 있는 고을이며, 주렴계(周濂溪)와 정자(程子) 같은 선비들이 출현하여 경내 50고을에 여러 대에 걸쳐 중요한 지위에 오른 세가(世家)는 모두가 벼슬을 이어온 신료(臣僚)들의 집안이며, 소년들은 선현(先賢)의 후예들이다.

선대로부터 전해 내려온 유업(儒業)은 청전(靑氈)[27]의 법규를 고수하듯 했건마는 하찮은 세속의 무리들이 감히 공허한 학설을 내세우고 있다. 스승의 행실이 사이비처럼 될 것을 어찌 생각이나 하였겠는가.

관리들의 도리는 창황하여 일의 연고를 알지 못한다. 군주가 군주답고 아

---

26) 허행(許行) : 전국시대에 농가(農家)를 전공한 사람으로서 직접 농사를 지어서 살아갈 것을 주장하였다. 초(楚)나라로부터 등(滕)나라에 와서 살 때 초나라의 유자(儒者)인 진량(陳良)의 제자 진상(陳相) 형제가 등나라에 와서 허행을 보고 기뻐하여 자신의 학문을 버리고 허행을 따라 배웠다. 진상이 맹자를 보고 허행의 도리를 말하자, 맹자는 변설을 통하여 허행의 도리를 따르게 되면 백성들이 서로 거짓되게 되니 나라를 다스릴 수 없음을 말하였다.(《孟子 滕文公上》)

27) 청전(靑氈) : 푸른 모포라는 뜻으로, 선대로부터 전해진 귀한 유물이나 가문의 전통을 비유하는 말이다. 진(晉)나라 왕헌지(王獻之)가 누워 있는 방에 도둑이 들어와서 물건을 모조리 훔쳐 가려 할 적에, 그가 "도둑이여, 그 푸른 모포는 우리 집안의 유물이니, 그것만은 놓고 가는 것이 좋겠다.[偸兒 靑氈 我家舊物 可特置之]"라고 하자, 도둑이 질겁하고 도망쳤다는 고사에서 유래한 것이다.(《晉書 王羲之列傳 王獻之》)

비가 아비다우며, 갓은 우리의 갓을 쓰고 옷은 우리의 옷을 입는데 어찌하여 유독 스승이 스승답지 못한가. 그래서 학문도 우리의 학문이 아니다.

그들은 개과천선(改過遷善)하여 옛 잘못을 버리고 새롭게 되어야 할 것이며, 사람마다 그 책을 불태우고 또렷하게 고친다면 이를테면 해가 처음에는 어둡다가도 끝내는 밝아져 괴상한 것이 없어질 것이니, 어제는 그르고 오늘은 옳다면 누가 비난을 하겠는가.

그리하여 농사꾼은 농사짓고 장사꾼은 장사하여 각각 일정한 생업에 안주하여 행할 만하면 행하고 그칠 만하면 그치게 될 것이니, 근심의 실마리를 만들지 말아야 한다. 그러나 만일 이렇게 깨닫도록 일러 준 뒤에도 줄곧 고치지 않는다면 크게는 죽음의 형벌을 내리고 작게는 감옥에 가두는 처벌이 있을 것이며, 추방하고 유배하는 징벌을 내려 아주 먼 변두리 지방에 안치할 것이고, 남김없이 섬멸하여 교화되지 못한 부류는 다 죽일 것이다. 법으로 볼 때 마땅히 금지해야 할 일이니, 뉘우쳐본들 소용이 있겠는가.

아아! 슬프다. 그대들이여. 애석하고 애석하다. 너희들을 사랑하고 아끼는 방도이니, 다시 정도로 돌아가고 돌아가자. 선왕의 정도를 따르는 것이 또한 나의 바램이니, 성인의 바른 학문을 강론하면 또한 기쁘지 않겠는가.

이 글은 충청감사(忠淸監司) 조병식(趙秉式)이 관내 50고을에 내린 효유문(曉諭文) 사본《이중구가 5대 고문서, B111》이다.

자운(紫雲, 이중구)가에 소장된 조병식의 편지는 없고, 효유문(曉諭文)과 각국 외교관들이 회동(會同)하여 담화(談話)한 것을 기록한 초고(草稿) 2건만이 전한다. 위 효유문이 언제 반포되었는지 정확히 알 수 없다. 그러나《조선왕조실록》고종 30년(1893) 3월 25일 기사에 조병식이 '전라도와 충청도에서 동학도들이 일어났는데 이들은 타일러서 귀화할 수 없는 자들'이라고 장계(狀啓)를 올렸다는 기사가 보인다. 이 기사로 유추해 보면 위 효유문도 이 시기를 전후로 작성되었을 것으로 보이며, 효유문 작성 목적은 동학도들이 개과천선(改過遷善)하여 옛 잘못을 버리고 새롭게 되어야 한다는 취지에서 반포된 것으로 보인다.

조병식은 순조 23년(1823)에 출생하였으며, 아버지는 조유순(趙猷淳)이다. 본관은 양주(楊州)이며, 자는 공훈(公訓)이다. 철종 9년(1858)에 정시 문과에 병과로 급제하였으며, 철종 11년(1860)에 예문관 검열에 임명되었고, 이듬해 홍문관 정자(正字)를 거쳐 철종 13년(1862)에 전라우도 암행어사가 되었다. 고종 13년(1876) 충청감사 재임 때 탐욕이 많고 횡포가 심하였던 행적이 드러나 전라남도 지도(智島)에 유배되었다가 이듬해 풀려나왔으며, 고종 20년(1883) 형조참판이 되었으나 죄인을 함부로 형살(刑殺)시킨다는 죄로 다시 유배되었다. 광무 3년(1899)에 중추원 의장이 되었고, 이듬해 탁지부대신이 되었다. 광무 6년(1902)에 궁내부 특진관·외부대신을 역임하였고, 광무 7년(1903)에 서북철도국총재(西北鐵道局總裁)가 되었으며, 이듬해에 내부대신이 되었다. 시호는 문정(文靖)이다.

찾아보기

(ㄱ)

가묘(家廟) 79
가수(家數) 153
가언편(嘉言篇) 141
가장(家狀) 251
감시 방목(監試榜目) 152
감시(監試) 152
감영(監營) 165
감찰(監察) 155
갑과(甲科) 167
강귀상(姜龜相) 36
강원도 161
거류지(居留地) 25
거접 유생 80
격물치지(格物致知) 136
격쟁(擊錚) 79
경과(慶科) 141, 164, 165
경상감사(慶尙監司) 165
경상도 67
경연(經筵) 144
경절공(景節公) 108
경주 방(慶州榜) 152
계남(溪南) 258
계붕(季鵬) 165, 172. 186
계상(溪上) 144
계정(溪亭) 79, 81
계집종 248
고명정학(高明正學) 122
고산서당(高山書堂) 120
고왕록(考往錄) 79
고정(考亭) 99
공관(公館) 42
공령(功令) 137
공자(孔子) 298
과거(科擧) 183
곽종석(郭鍾錫) 36
관광(觀光) 236
관례(冠禮) 207
관록(關錄) 146
관서록(關西錄) 81
광암(匡岩) 218
괴질(怪疾) 236
구미(龜尾) 275
국모(國母) 39
권도(權鍍) 59
권분(權朌) 79
권상일(權相一) 99
권순성(權純性) 79
권응기(權應夔) 251
권진(權瑨) 79
궤연(几筵) 251
귀거래사(歸去來辭) 215
귀성(貴星) 221
극선(克善) 211

근암(謹巖) 145
금계(金溪) 270
김 봉사(奉事) 154
김건동(金建東) 277
김경락(金景洛) 50, 56
김공현(金公鉉) 164
김규화(金奎華) 197, 218
김면동(金冕東) 286
김사규(金士奎) 276
김성관(金聖觀) 152
김성일(金誠一) 50
김여서(金驪書) 146
김연덕(金然德) 203
김용락(金龍洛) 146
김용복(金容復) 207
김익모(金翊模) 262
김재성(金在晠) 165
김지평(金持平) 59
김천수(金天洙) 263
김해(金垓) 71
김훈(金壎) 73

(ㄴ)

남도(南道) 108
남인(南人) 154, 152
남중(南仲) 248
납폐(納幣) 200
내곡(內谷) 211, 222, 275, 276
내동(內洞) 285
내성(內城) 236
내자시 직장(內資寺直長) 167
노담(老聃) 298
노론(老論) 152
노비(奴婢) 80
노송(魯頌) 298
녹훈(錄勳) 163
뇌문(誄文) 251
능덕(能德) 164

(ㄷ)

달연(達淵) 184
담배 264
대과 회시(大科會試) 153
대구(大丘) 154
대구(大邱) 236
대구(大邱) 감영 165
대군주 폐하(大君主陛下) 29
대소과(大小科) 152
대전(大殿) 144
대평(大坪) 122, 144, 164
대평(大平) 236
대학(大學) 135
대황제 폐하 29
덕조(德祚) 158
도남단소(道南壇所) 50
도남서원(陶南書院) 107
도동서원(道東書院) 285
도맥(道脈) 110
도문연(到門宴) 186
도산 109

도산서원(陶山書院) 81, 276
독락당(獨樂堂) 89
독일 42
독일[德國] 영사 22, 25
돌림병 236, 246
동강서원(東江書院) 115, 120
동소문(東小門) 154
동학(東學) 257, 271
동해(東海) 150

(ㄹ)

러시아 공사 22
류 영감(柳令監) 144
류성룡(柳成龍) 50

(ㅁ)

만국 공관(萬國公館) 36
만송정(萬松亭) 67
만시(輓詩) 251
망건(網巾) 141
매화[梅妻] 276
맹자(孟子) 298
명동(明洞) 157, 164
명지(明紙) 152
모조(某條) 145
목만중(睦萬中) 99
목여(穆汝) 261
목인배(睦寅培) 155
묘촌(墓村) 251
문순공(文純公) 107
문원(文元) 89, 92, 93
문원공(文元公) 89, 99, 107, 109, 115
문현(文顯) 271
문희연(聞喜宴) 174
물봉(勿峰) 283, 285
물표(物票) 289
미국 42
미국 공사 19, 22
미동(尾洞) 164
미동(美洞) 68
민락(閩洛) 98

(ㅂ)

박덕중(朴德仲) 155
박석(博碩) 153
박재화(朴在華) 279
반계 최씨(盤溪崔氏) 113
반야점(半野店) 222
반인(泮人) 145
반정(半程) 222
반주인(泮主人) 145
방기(房妓) 78
방제(旁題) 78
백이(伯夷) 93
번포배(煩逋拜) 158
별단(別單) 122
별묘(別廟) 81

병산서원(屛山書院) 51, 69, 73
보리농사 289
보사자(輔嗣子) 92
복시(覆試) 189
복여(福汝) 279
복철(卜喆) 154
복합(伏閤) 144
봉미(封彌) 164
부석사(浮石寺) 186
부정자(副正字) 192
부채 237
분관(分館) 192
붓 247
비답(批答) 144

(ㅅ)

사견(士見) 243
사곡(沙谷) 218, 223, 234, 235, 258, 285
사대(使臺) 82
사변(事變) 82
사은숙배(謝恩肅拜) 167, 185
사주단자(四柱單子) 197
사촌(沙村) 144
삭벌(削罰) 69
삼여(三餘) 221
상량문[梁頌] 109, 110, 120, 122
상주(尙州) 97, 144, 145
상투 39
서경 298
서목(書目) 80
서병오(徐丙五) 293
서애(西厓) 50, 56, 59, 66, 71
서연(書筵) 144
석현(石峴) 151
선정 108, 110
설찬(設饌) 200
성관(聖觀) 153, 154
성균관 141, 144, 158
성도(聖道) 288
성의정심(誠意正心) 136
성저(城底) 263
성주(星州) 155
세손(世孫) 141
소금 260
소대(召對) 144
소수(疏首) 144
소청(疏廳) 145
소학(小學) 135
소호(蘇湖) 144
손씨(孫氏) 110, 115, 125
손우재(孫愚齋) 96
손중돈 96, 109, 115, 126
솔창(率倡) 181
수찬(修撰) 154
수필본(手筆本) 122
숙제(叔齊) 93
순(舜) 170
순흥(順興) 236
승학시(陞學試) 146
시감(試監) 154

시경 298
시문(時文) 135, 136
시좌(試座) 153
식년(式年) 164
식년시(式年試) 164
신관(新官) 258
신랑 197
신성단(神聖丹) 258
신주(神主) 276
신행(新行) 203, 217
실기(實記) 110, 121
심계석(沈啓錫) 146
심법(心法) 144
심희수(沈喜壽 79
쌀 289
쌀값 260

(ㅇ)

아라사[俄羅斯] 22, 25, 42
아라사 공사 24, 25
아후(亞候) 202, 276
안동(安東) 236, 145
안동 류 대감(柳大監) 154
안동부(安東府) 59
안선오(安善五) 256
안익상(安翊相) 239
안자(顔子) 56
안지(雁池) 153
암대(巖臺) 81
양동(良洞) 202, 239, 271
양산(梁山) 97
양육사물탕(羊肉四物湯) 284
양종사(讓宗祀) 92
어가(御駕) 38, 152
업학(業學) 108
여강서원(廬江書院) 50, 56, 59
여삼(汝三) 283
여운(汝雲) 146
연길(涓吉) 203
연원(淵源) 98, 99, 107, 108, 109, 113, 115, 121
연평(延平) 99
열성조(列聖朝) 110
영국 42
영국 영사 19, 22, 23, 26
영남(嶺南) 66, 68, 236
영산(靈山) 239
영주(榮州) 236
영지관(靈芝館) 215
영해(寧海) 151, 154
예서(禮書) 251
예안(禮安) 236
오릉(於陵) 275
오천서원(烏川書院) 56
오토리 게이스케(大鳥圭介) 25, 32, 39
옥강(玉剛) 78
옥리(玉李) 77, 80, 81, 82
옥산(玉山) 89
옥산서원(玉山書院) 78, 82, 107, 113, 115

옥산이씨(玉山李氏) 77
옥영(玉纓) 154
완부(完府) 225
완주성(完州城) 29
외할아버지 248
용이(龍伊) 247
용천(龍川) 271
우귀(于歸) 216
우재(愚齋) 97, 98, 99, 114, 126
우재가장(愚齋家狀) 98
우천(愚川) 68
원 총리(袁總理) 22
원세개(袁世凱) 22
원주(圓珠) 154
원천(院薦) 82
위기지학(爲己之學) 137
위패(位牌) 56, 59
유곡(酉谷) 144
유교영(柳喬榮) 128
유단성(柳丹城) 59
유도사(柳都事) 59, 60
유명전(有名錢) 145
유선록(儒先錄) 78
유업(儒業) 298
유이좌(柳台佐) 99
유적(儒籍) 57
유정(猶庭, 숙부) 215
유지호(柳止鎬) 59, 60
유치숭(俞致崇) 178
육상산(陸象山) 298
윤주하(尹冑夏) 36
은후(隱侯) 215
읍지(邑誌) 108
응교(應教) 141
응방(應榜) 178, 179
의방(義方) 121
의사(宜(醫)師) 288
이(耳) 영감 157
이덕현(李德鉉) 152
이두훈(李斗勳) 36
이만규(李晩煃) 99
이만도(李晩燾) 99
이명적(李明迪) 146
이병호(李炳鎬) 99
이비구(李泌久) 218
이상정(李象靖) 99
이성량(李成樑) 80
이성즙(李成楫) 80
이소(二所) 151, 155
이순(李淳) 79
이승희(李承熙) 36
이악(李噩) 81
이언적(李彦迪) 78, 126
이원익(李元翼) 79
이응인(李應仁) 81
이의담(李義聃) 80
이재립(李在立) 152, 165, 170
이전인(李全仁) 79, 81, 78, 82
이좌(而佐) 211
이주경(李周卿) 59, 62
이준(李浚) 79, 80
이중구 212

이진택(李眞宅) 82
이학년(李鶴年) 80
이헌국(李憲國) 99
이현(泥峴) 152
이호(二湖) 134
이호민(李好閔) 79
이회재 79, 99
이희성(李希誠) 81, 82
이희심(李希諶) 81
인동(仁同) 225
인아(寅兒) 288
인우(寅瑀) 137
인천(仁川) 24, 25
인천 거류지 26
일강십목소(一綱十目疏) 82
일관(日官) 203
일본 공사 19, 22, 23, 26
일본 군사 25
일소(一所) 154
일장(一場) 152
일하진연(日下進宴) 285
임오조약(壬午條約) 23
입문(入門) 200
입사자(立嗣子) 89, 93
입산(立山) 239

(ㅈ)

자계옹(紫溪翁) 99
자유(子由) 157
자화(子華) 183
잠계((潛溪) 92, 93
잠계유고(潛溪遺稿) 89, 92
장기(長髻) 251
장완상(張完相) 36
장원(壯元) 192
장지(壯紙) 154
재갑(在甲) 279
재한(在瀚) 170
재행(再行) 225
적수도맥(的授道脈) 121, 122
전답(田畓) 80
전안례(奠鴈禮) 200
전염병 154, 237, 239, 243, 257, 270
전인(全仁) 78
절선(節扇) 247
정 승지(鄭承旨) 192
정거장 289
정경세(鄭經世) 50, 56, 59
정득(丁得) 154
정문(程文) 137
정우복 61
정원용(鄭元容) 154
정자(程子) 298
정조(正祖) 98, 113, 115
정종로(鄭宗魯) 99
정주(程朱) 113
제목(題目) 153
제손사재문(祭孫四宰文) 109
조계(租界) 25
조곽(早藿) 258

조남명(曺南冥) 78
조두순(趙斗淳) 146
조병식(趙秉植) 19
조선 정부 23
조옥강(曺玉剛) 78
조유해(曺有海) 115
조윤손(曺潤孫) 78, 79
조의산(曺義山) 78
종가(宗家) 79
종기 141
종로(鐘路) 288
종장(終場) 152
종조유탁(宗祧有托) 92, 93
주당(周堂) 200
주련서(柱聯書) 293
주렴계(周濂溪) 298
주서(注書) 145
주자(朱子) 56, 99
죽첨광홍(竹添光鴻) 38
증광시(增廣試) 141
증자(曾子) 56
진보(珍寶) 236
진사 회시(進士會試) 153
진택(眞宅) 92

(ㅊ)

차동(車洞) 158
차자(箚剌) 144
차하(次下) 151
찬독(贊讀) 144
창락(昌樂) 211, 279
창방(唱榜) 174
채백정(蔡伯靜) 136
채제공(蔡濟恭) 99
채침(蔡沈) 56
천담복(淺淡服) 179
천상(川上) 236
천지축(天地軸) 152
철도 289
철로 271
청도(淸道) 276
청송(靑松) 186
초량(草梁) 239
초례(醮禮) 259
초시(初試) 164
초장(初場) 153, 154
최해면(崔海冕) 189
추과(秋科) 137
춘방(春坊) 141
춘복(春卜) 153
춘양(春陽) 236
춘직(春職) 144
출각(出脚) 222
출숙(出肅) 144
충주 도회 144
충청도 298
충효당(忠孝堂) 51
치유(致侑) 276
치제(致祭) 66
치제문(致祭文) 99, 115
칠서(七書) 186

(ㅌ)

태지(胎紙) 174
태황제(太皇帝) 99
통독(通讀) 152
통문(通文) 50
통청(通淸) 155
퇴계(退溪) 50, 56, 81, 98, 115, 136
퇴도 109, 113

(ㅍ)

파록(爬錄) 66
파천 38
판리교섭 대신(辦理交涉大臣) 32
팔규소(八規疏) 81, 82
포(脯) 192
포고문(布告文) 41
푸른 부채 237
풍기(豐基) 236
풍면(豐面) 69
풍산(豐山) 236
프랑스 42
프랑스[法國] 공사 22

(ㅎ)

하상(河上) 51, 68, 71
학봉(鶴峰) 50, 56, 59, 71
한경정(韓逕庭) 146
한산(翰山) 285
한성(漢城) 23, 24, 26
한성감시(漢城監試) 151
한식(寒食) 154
한양성 23
한운성(韓運聖) 93
합삼(合三) 167
해저(海底) 144
행록(行錄) 251
행장(行狀) 115, 251
향연(鄕燕) 59
허전(許傳) 99
허행(許行) 298
현록(賢錄) 67
현풍(玄風) 239
형지(亨之) 174
호중(湖中) 144
혼정신성(昏定晨省) 141, 242, 202, 225
홍대비(洪大妃) 285
홍범(洪範) 298
홍석주(洪奭周) 154
홍양호(洪良浩) 99
화부(花府) 56
화중(和仲) 258
환곡(還穀) 144
환장(換腸) 222
황간(黃幹) 56
회시(會試) 151, 152, 155
회시 도구 153
회연서원(檜淵書院) 126

회재(晦齋) 78, 81, 82, 97, 98, 99, 113, 114, 126
회재집(晦齋集) 98
회재행장(晦齋行狀) 98
효선(孝先) 172
훈령(訓令) 25
훈업[勳業] 69
훈업재상(勳業宰相) 67
흥해(興海) 271

◆ 편저자 약력

■ 연구책임자 : 李在鈴 단국대학교 사학과 교수, 한중관계연구소장,
동양학연구원 원장

■ 전임연구원 : 權奇甲 단국대학교 한중관계연구소 연구원
李忠九 단국대학교 한중관계연구소 연구원
金在烈 단국대학교 한중관계연구소 연구원
韓梓起 단국대학교 동양학연구원 초빙교수
林在完 단국대학교 한중관계연구소 연구원
金明煥 단국대학교 한중관계연구소 연구원

■ 공동연구원 : 朴性學 전 고려대학교 도서관 고서 담당관
金炫榮 전 국사편찬위원회 연구관
趙東永 성균관 한림원 교수
金瀓雄 단국대학교 자유교양대학 교수
金弘九 고려대학교 한문학과 강사
尹勝俊 단국대학교 자유교양대학 교수

단국대학교 한중관계연구소 학술총서

편지로 본 조선 선비의 일상 II

2023년 12월 29일 초판1쇄 인쇄
2023년 01월 08일 초판1쇄 발행

편저자 | 단국대학교 한중관계연구소
발행인 | 김 영 환
발행처 | 도서출판 다운샘 [多韻泉]

05661 서울특별시 송파구 중대로27길 1
전화 02-449-9172 팩스 02-431-4151
E-mail : dusbook@naver.com
등록 제1993-000028호

ISBN 978-89-5817-542-1 94810
ISBN 978-89-5817-540-7 (세트)

값 21,000원